高职高专跨境电商专业系列教材

跨境电商实务

◎ 黄亚萍　刘　勇　主编
◎ 唐夏韵　翟华锋　副主编

Cross-border
E-commerce Practice

電子工業出版社
Publishing House of Electronics Industry
北京 · BEIJING

图书在版编目（CIP）数据

跨境电商实务 / 黄亚萍，刘勇主编. —北京：电子工业出版社，2021.9
ISBN 978-7-121-41896-9

Ⅰ. ①跨… Ⅱ. ①黄… ②刘… Ⅲ. ①电子商务–商业经营–高等学校–教材 Ⅳ. ①F713.365.2

中国版本图书馆 CIP 数据核字（2021）第 172803 号

责任编辑：刘淑丽
印　　刷：河北鑫兆源印刷有限公司
装　　订：河北鑫兆源印刷有限公司
出版发行：电子工业出版社
北京市海淀区万寿路 173 信箱　　邮编 100036
开　　本：787×1 092　1/16　印张：17.25　字数：398 千字
版　　次：2021 年 9 月第 1 版
印　　次：2021 年 9 月第 1 次印刷
定　　价：59.00 元

凡所购买电子工业出版社图书有缺损问题，请向购买书店调换。若书店售缺，请与本社发行部联系，联系及邮购电话:（010）88254888，88258888。

质量投诉请发邮件至 zlts@phei.com.cn，盗版侵权举报请发邮件至 dbqq@phei.com.cn。

本书咨询联系方式：（010）88254199，sjb@phei.com.cn。

高职高专跨境电商专业系列教材
建设委员会

前言

跨境电商是指分属不同关境的交易主体，通过不同的跨境电商交易平台进行交易和支付并完成交易的一种国际贸易活动。随着我国经济的快速发展，在全球化和互联网的相互作用下，跨境电商行业进入了高速发展时期。随着跨境电商支付、物流、营销推广等各个环节的不断完善，跨境电商行业的产业供应链逐步形成，再加上国家政策的支持，跨境电商行业势必继续保持良好的发展势头。

跨境电商的持续良好发展吸引了更多的外贸企业和生产厂家涌入，同时也出现了各种不同模式的新兴跨境电商平台，第三方跨境电商服务商也如雨后春笋般出现。这对跨境电商从业者来说既是发展的良好机遇，又是巨大的挑战。如何选择合适的平台开展跨境电商业务，如何进行跨境市场调研，如何选品，如何运营新兴平台，如何选择合适的物流方式，如何进行跨境支付与收汇结汇，如何处理各种纠纷、提供良好的服务等，都是跨境电商从业者面临的问题。跨境电商行业对从业者的综合素质要求较高，从业者不仅要懂得平台运营，还要懂外语，更要具备相关的外贸知识。

鉴于以上情况，为了更好地培养符合行业需要的跨境电商人才，我们编写了本书。编者所在高校与跨境电商企业进行了深度校企合作，同时教师也定期进入企业参与实践，以便紧跟跨境电商发展潮流，掌握最新跨境电商平台的操作方法以满足教学需要。

结合跨境电商实际业务具体要求，课程团队对跨境电商实务课程进行了开发。通过分析目前跨境电商行业发展现状及不同地区主要跨境电商平台现状，使学生了解主要跨境电商平台的特点，学习主要跨境电商平台的操作方法，了解主要跨境电商物流方式，学习如何处理跨境电商订单与纠纷，从而提升跨境电商人才的实操能力。

本书在调研跨境电商相关从业者的工作能力和职业素养的基础上，依据跨境电商实务课程标准，以工作过程为主线，设置不同的学习情景，模拟真实的工作过程。此模式以学生为主体，以培养学生的工作能力和职业素养为核心目标，强调对跨境电商从业者各个工作环节的操作能力的训练，使学生在完成实操任务的同时学到相应的理论知识，锻炼实操能力。

基于跨境电商的实际业务流程，编者将本书框架分为导论和 6 个学习情景。导论使学生对跨境电商的相关基本概念和发展有一定了解，在此基础上，6 个学习情景使学生了解不同跨境电商平台的特点并学习如何选择合适的平台开展跨境电商业务，包括如何进行账号注册与店铺开通、跨境选品、产品上传、物流选择与运费模板设置、订单与纠纷处理及客户服务等，掌握完整的跨境电商业务实操体系。通过对本书的学习，学生能够掌握跨境电商实务的理论知识，提升跨境电商业务实操能力。

本书的编写得到了社会各界的支持，具体分工如下。导论、情景一和情景六由杭州万向职业技术学院的黄亚萍老师和唐夏韵老师共同完成；情景二和情景五由杭州万向职业技术学院的翟华锋老师和黄亚萍老师共同完成；情景三由杭州万向职业技术学院的翟华锋老师和嘉兴职业技术学院的刘勇老师共同完成；情景四由杭州万向职业技术学院的刘勇老师和黄亚萍老师共同完成。同时，本书也获得了浙江领聚数字技术有限公司程涛总经理、杭州金典布业有限公司、嘉兴赢享汇网络科技有限公司等相关企业及其一线工作人员的支持，使本书内容更具实操性。另外，本书在编写过程中也得到了嘉兴职业技术学院外语与贸易学院王艳副院长的大力帮助，在此深表感谢！

跨境电商当前处于高速发展阶段，跨境电商平台规则时有修改，跨境电商业务操作新方法日益涌现，鉴于图书出版的时效性，本书难免有疏漏之处，欢迎各界人士批评指正，以便在下一版时予以修改。

编者

目录

导论…………1

情景一　跨境电商平台选择与注册…………16
子情景一　跨境电商平台选择…………16
子情景二　速卖通注册…………41
子情景三　亚马逊账户注册…………73

情景二　跨境电商选品…………87
子情景一　速卖通选品…………87
子情景二　亚马逊选品…………101

情景三　跨境物流…………112
子情景一　邮政快递…………112
子情景二　国际商业快递…………130
子情景三　速卖通物流…………142
子情景四　跨境物流专线和海外仓…………156

情景四　商品发布…………174
子情景一　速卖通商品发布…………174
子情景二　运费模板设置…………197

情景五　店铺营销及推广…………207
子情景一　速卖通的营销及推广活动…………207
子情景二　亚马逊的营销及推广活动…………223

情景六　订单与纠纷处理…………233
子情景一　订单处理与发货…………233
子情景二　支付方式与纠纷处理…………250

参考文献…………268

导论

学习目标

知识目标

- 掌握跨境电商的定义。
- 了解跨境电商的分类。
- 熟悉主流跨境电商平台。
- 了解跨境电商供应链情况。

能力目标

- 能够运用跨境电商的基本知识分析未来发展趋势。
- 能够运用所学知识对跨境电商平台进行分析。

素质目标

- 能够洞察跨境电商进出口市场的发展趋势。
- 具备团队合作精神。
- 初步具备跨境电商运营的能力。

项目背景

近年来，随着我国传统对外贸易进出口增长速度渐缓，跨境电商逐渐兴起并迅速发展，其交易规模在我国进出口贸易中所占比重逐年上升。与传统的对外贸易相比，跨境电商减少了进出口商品交易流程中的中间环节，降低了交易成本，同时提高了交易利润，并提升了外贸企业的运营效率。随着跨境电商的快速发展，越来越多的外贸公司、传统工厂和品牌商也参与进来。这是因为传统的外贸越来越难做，工厂成本增加，企业利润减少，行业竞争加剧。外贸企业为了生存，不得不进行转型，寻找新的市场机会。那么，企业如果想要成功转型跨境电商，需要做好哪些工作呢？

任务实施

步骤一：了解跨境电商行业整体发展状况。

步骤二：了解国家对于跨境电商行业的相关政策。

步骤三：分析跨境电商公司的业务现状。

步骤四：评价公司是否适合开展跨境电商业务。

知识铺垫

一、跨境电商的定义及特点

（一）跨境电商的定义

跨境电商（Cross-Border Electronic Commence，简称 CBEC）是指分属不同关境的交易主体，通过跨境电商平台达成交易，进行支付结算，并通过跨境物流送达商品，完成交易的一种国际商业活动。

（二）跨境电商的特点

跨境电商是基于电子商务的发展而发展起来的，它既具有电子商务的基本特征，同时又有跨境交易的特点。电子商务的发展和互联网空间是密不可分的。互联网的特点深刻地影响着跨境电商，使它具有独特性。同时跨境电商又是真实存在的交易，只不过交易的双方分属于不同的国家和地区。这使得跨境电商具有以下特点：

1．全球性

互联网是没有一个边界的媒介体，具有全球性特征。随着经济全球化的发展趋势，在互联网技术的支撑下，跨境电商也迅速发展，依托于互联网进行销售使得跨境电商也具有全球性的特征。

2．匿名性

在跨境电商的交易过程中，交易双方的活动都是在互联网上进行，很难识别买家身份和具体的地理位置。与线下交易不同，线上交易过程不受买卖双方具体位置和身份的影响，买家在网上也可以选择匿名交易。

3．无形性

数字化商品及服务传输交易也是跨境电商的重要组成部分。跨境电商交易的对象以图片和文字形象呈现在互联网上，而数字化产品及服务传输则是通过不同类型的媒介，如数据、图像和声音在全球互联网环境中集中传输，这些媒介在互联网中主要以数据代码的形式存在，因而是无形的。

4．即时性

跨境交易时互联网上传输的商品信息及数字化商品的速度与信息和地理位置、距离无关。而传统交易主要以信函、传真、电报等传输信息，在信息的发送地与接收地之间，存在很长一段不确定的时间差。而在跨境电商中，信息交流则较为便捷，发送信息与接收信息几乎同步，具有明显的即时性特征。

5．无纸化

跨境电商主要采用无纸化的方式进行操作，这是以电子商务形式进行贸易的主要特点。在跨境电商交易过程中，计算机会记录交易相关的数据，同时所有数据信息的发送都不需要纸张，可实现全程无纸化交易。

二、跨境电商的分类

跨境电商根据不同的标准可以有以下几种分类方式。

（一）根据商品流向可分为跨境进口和跨境出口

1．跨境进口

跨境进口的传统模式是海淘，即境内买家直接到境外 B2C 电商网站上购物，然后卖家通过转运或直邮等方式把商品邮寄给买家的购物方式。除直邮类目，境内买家只能借助转运物流的方式完成收货。简单讲，就是由在境外设有转运仓库的转运公司代买家在位于境外的转运仓收货，之后再通过第三方或转运公司自营的跨国物流将商品发送至境内口岸。

此外，主要的跨境进口模式还有直购进口模式和保税进口模式。直购进口模式是指符合条件的电商平台与海关联网，在境内买家跨境网购后，电子订单、支付凭证、电子运单等由电商平台实时传输给海关，商品通过海关专门的跨境电商监管场所入境，按照个人邮递物品的标准征税。

保税进口模式则是指境外商品整批抵达境内海关监管场所——保税港区，买家下单后，商品从保税区直接发出，在海关、国家质检局等监管部门的监管下实现快速通关，可以在几天内送到买家手中。

与传统的海淘模式相比，直购进口模式更符合海关监管政策，清关操作更为阳光，消费信息也更透明，同时，商品来源和服务都比较有保障。

直购进口模式与保税进口模式是两种并行的跨境电商进口模式，适用于不同类型的跨境电商企业。其中，直购进口模式对代购、类目较宽泛的电商平台及境外电商来说比较适用，可从境外直接发货，在商品类目的多样性上具有优势。保税进口模式则在价格和时效上具有优势，适用于类目相对专注、备货量大的跨境电商企业。

2．跨境出口

跨境出口是指境内电子商务企业通过电子商务平台达成出口交易，进行支付结算，并通过跨境物流送达商品，完成交易的一种跨境商业活动。可分为一般跨境贸易和跨境零售。

（二）根据商业模式可分为跨境 B2B、跨境 B2C 和跨境 C2C 3 种类型

1．跨境 B2B 电子商务

跨境 B2B 电子商务是跨境电子商务的一种模式，B2B 是英文 Business to Business 的缩写，即商家对商家，或者说是企业间的跨境电子商务，是企业与企业通过互联网进行跨境的商品、服务及信息的交易。

跨境 B2B 电子商务模式在整体跨境电商市场上尤为重要，扮演着支柱型产业的角色，跨境 B2B 电子商务平台的交易规模始终占据着整体跨境电商市场的 90%以上。

2．跨境 B2C 电子商务

B2C 电子商务指的是企业针对个人买家开展的电子商务活动，B2C 即 Business to Customer，如企业为个人买家提供在线医疗咨询、在线商品购买等服务。

跨境 B2C 是指分属不同关境的企业直接面向个人买家开展在线商品销售和服务，通过跨境电商平台达成交易，进行支付结算，并通过跨境物流送达商品，完成交易的一种跨境商业活动。

3．跨境 C2C 电子商务

C2C 电子商务是个人与个人之间的电子商务。C2C 即 Customer to Customer 或 Consumer to Consumer，主要通过第三方电商平台实现个人对个人的电子交易活动。跨境 C2C 是指分属不同关境的个人卖家对个人买家开展在线商品销售和服务，个人卖家通过第三方电商平台发布商品和服务售卖信息、价格等内容，个人买家进行筛选，最终通过第三方跨境电商平台达成交易，进行支付结算，并通过跨境物流送达商品，完成交易的一种跨境商业活动。

三、中国跨境电商的发展

（一）中国跨境电商的发展历程

1999 年，中国跨境电商的雏形开始出现，境内企业首次尝试在互联网上直接面对境外买家，电子商务开始对中国的国际贸易产生影响。当时电子商务处于发展初期，互联网仅起到提供信息的作用。2008 年经济危机后，全球经济衰退导致国际市场需求不足，中国很多传统外贸企业都受到较大的影响，交易成本增加，利润减少，进入了发展的瓶颈期。随着互联网技术的发展，跨境电商减少了传统贸易的中间环节，降低了交易成本，经历十多年的发展，跨境电商如今已经成为具有较大影响力的新型贸易方式。中国跨境电商的发展可分为以下 3 个阶段。

1．跨境电商 1.0 阶段

1999—2003 年，是跨境电商发展的 1.0 阶段，即跨境电商发展的起步阶段，其主要商业模式是线上展示、线下交易的外贸信息服务模式。在这个发展阶段中，跨境电商平台主要是为外国企业买家提供中国企业卖家的相关信息，以及为商品提供线上的展示平台，交易环节主要还是在线下。平台盈利方式单一，通过向信息展示的企业收取会员费来获利。

在这一阶段的后期，逐步推出信息咨询及推广等增值服务。在这一阶段，较有代表性的网站是阿里巴巴国际站和环境资源网。

2．跨境电商 2.0 阶段

2004—2013 年是跨境电商发展的 2.0 阶段，这一阶段更能体现电子商务的本质。在这个阶段中，跨境电商开始进行线上交易、支付、物流等流程，实现了跨境贸易的电子化。这一阶段是跨境电商发展的一大跨越时期。在这个阶段，B2B 和 B2C 跨境平台模型形成，但 B2B 模式仍然占据主流，它通过与买家的直接对接缩短了产业链，受到众多卖家的追捧。同时平台的盈利模式也增加了“交易佣金”制。在跨境 B2B 阶段，跨境平台不仅仅是一种信息渠道，还参与到交易活动之中。

3．跨境电商 3.0 阶段

2013 年是跨境电商行业具有划时代意义的一年，是跨境电商实现重要转型的一年。这一年中，跨境电商全产业链都出现了商业模式的变化并一直持续更新。跨境平台卖家用户群体由个人创业者转向工厂和外贸公司。平台销售的商品也更加注重品质，发生了由网商、二手货源向注重商品品质、品牌为王的转变。在跨境电商 3.0 阶段，平台厂商卖家增多，品牌商品增加，移动端的客户增加，大额订单比例上升，跨境电商服务持续优化升级，跨境电商发展迎来了一个全新的时期。各个跨境电商综合试验区的建立也促进了中国跨境电商市场新发展。

（二）中国跨境电商的发展现状

中国跨境电商行业起步较晚，但是发展速度很快，整体表现较好。在传统外贸受到冲击的情况下，跨境电商行业持续快速增长。整体上以跨境 B2B 模式为主，占比达到 80%以上，跨境 B2C 模式自 2012 年起增长速度很快。

1．中国跨境进口电商的发展现状

跨境进口电商是指境外卖家将商品销售给境内买家的交易，一般是境内买家访问境外商家的购物网站选择商品，然后下单，由境外卖家发国际快递将商品送达境内买家。我国的跨境进口电商发展经历了个人代购、海淘和跨境进口电商 3 个时代。

个人代购时代可以称为跨境进口电商 1.0 时代。这是跨境进口电商发展的初期阶段。个人代购以境外留学生为主体，买家一般集中在境外留学生的亲戚朋友之间，范围较小且普及率不高。在 1.0 时代，买家主要通过境外的职业代购或买手购买商品，商品运送时间长，整个消费周期长且商品的质量及安全性难以保障。

海淘时代是跨境进口电商的 2.0 时代。这个阶段有了买卖双方交易主体的参与，跨境进口电商市场开始形成，消费群体也渐渐扩大，进口商品的种类也逐渐丰富起来。在这个阶段，不断有新的跨境电商平台成立，买家慢慢开始在跨境进口电商平台上购买商品。跨境进口的消费渠道从个人代购转向跨境进口电商平台。

2014 年跨境进口电商业务火爆，跨境进口电商进入 3.0 时代。随着国家政策变化和社会经济的发展，这一阶段我国跨境进口电商业务发展飞速，跨境购物市场逐渐规范。与此同时，越来越多的买家开始通过跨境进口电商平台购买境外商品。为满足买家日益增强的跨境购物需求，各类跨境进口电商平台相继出现，跨境购物进入常态化阶段。

目前我国主流的跨境进口电商平台有天猫国际、苏宁全球购、聚美极速免税店、京东全球购、1号店1号海购、唯品会全球特卖、洋码头、蜜芽、55海淘、海沃全球购等。

总体来说中国跨境进口电子商务交易额呈爆发式增长。各个跨境电商平台的跨境进口交易额迅速增长，跨境电商总体规模继续扩大。跨境进口商品种类增多，商品品质提升。我国买家已习惯于在跨境平台及各大实体专卖店或超市购买进口商品。同时国家也出台相关政策，大力支持跨境电商进口。

2．中国跨境电商出口发展现状

同跨境电商进口高速发展一样，近年来中国跨境电商出口也处于高速增长阶段。自2008年经济危机以来，中国跨境电商出口增速较快，已占全球交易量的40%以上，在数字经济快速发展的影响下仍会快速增长。我国的跨境出口商品中3C商品和服饰类商品占比较高，出口商品种类范围也在不断扩大，健康美容和母婴等商品增长势头强劲。

商品种类多元化，商品附加值提高。近年来，为了开拓跨境电商市场并提高在跨境电商市场的竞争力，中国企业越来越重视商品质量和品牌打造。跨境电商商品质量得到了提高，同时跨境商品种类越来越丰富，商品的附加值提高，商品的利润也增加了。

随着“一带一路”建设的不断深入，跨境电商出口业务也有了新的商机和发展机遇。“一带一路”沿线国家多为发展中国家，也是新兴的跨境电商市场，有着广阔的开发前景，对跨境电商企业而言，都是十分具有开发潜力的市场。

（三）中国跨境电商的交易特点

1．交易过程直接化

近年来，国际贸易摩擦加剧，经济整体发展趋势放缓，传统贸易的利润减少，企业生存压力巨大。在这种情况下，跨境电商依靠互联网技术，进行跨境支付和物流，缩减了国际贸易的中间环节，提升了进出口贸易的效率。解决了跨境贸易流程多导致的成本高问题，降低了贸易流通成本，提升了企业利润。使买家与生产者之间的中间交易环节大大缩减，提升了企业获利能力，降低了买家的消费成本。跨境电商的交易过程更直接，节省了时间与资金成本。传统贸易与跨境电商商品流通环节的对比如图0-1所示。

2．跨境交易订单小批量、高频度

从跨境电商的整体交易情况来看，交易订单呈现小批量、高频度的特点。每次的订单交易额很小，甚至只是一件商品。跨境电商跨过了中间各项环节，使得买家能较容易地买到自己想要的商品，平台的多样化也降低了销售门槛。因此，跨境交易的频率很高。跨境交易销售非常灵活，适应目前经济发展趋势。随着跨境支付与国际物流的快速发展，与传统外贸相比，跨境电商为企业的即时性采购、销售，和买家的消费、高频次购买提供了方便。

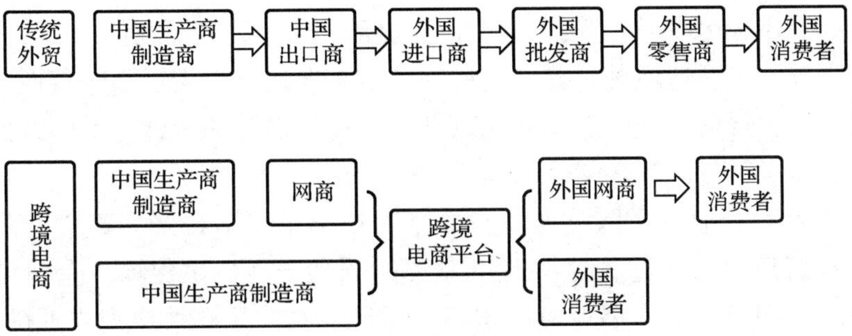

图 0-1　传统贸易与跨境电商商品流通环节对比图

四、跨境电商供应链情况介绍

跨境电商供应链涉及跨境电商企业、国际物流运输企业、跨境金融支付企业、第三方综合服务性企业、买家等众多业务主体。各业务主体相互联系，紧密合作，共同组成了跨境电商供应链。

（一）跨境电商企业

跨境电商企业主要包括跨境电商供应商、跨境电商平台型企业及跨境电商自营企业这 3 种。跨境电商供应商是整个交易过程中的主体，其生产的商品通过自营平台或跨境电商平台到达各国买家手中。平台型企业主要提供信息服务和交易服务，包括 B2B 平台和 B2C 平台两种类型。跨境电商自营企业一般通过自己的跨境平台进行销售。

（二）国际物流运输企业

与传统外贸不同，跨境电商的订单交易额小、频次高，服务于跨境电商的国际物流也和传统物流有所区别。目前跨境电商业务过程中常见的物流方式有商业快递、邮政小包、物流专线、海外仓等。B2C 业务主要以邮政小包（如中国邮政、中国香港地区邮政、新加坡邮政），商业快递（如 DHL、UPS、FedEx、TNT、顺丰快递），物流专线（如中东专线、中俄专线、燕文国际专线）等方式为主。B2B 业务的物流方式主要以海运集装箱、空运、陆运、国际多式联运为主。

（三）跨境金融支付企业

跨境电商由于涉及跨境支付结算和汇率结算，因而与传统的外贸支付方式有较大差别，也不同于境内电商采用的支付宝、网银、微信支付等方式。不同的跨境电商平台所采用的跨境支付方式也有所区别。整体而言，目前跨境支付的主流有线上支付和线下支付，线上支付方式主要有信用卡、第三方支付企业（如国际支付宝、PayPal 等）；线下支付方式主要有汇款、电汇（Telegraphic Transfer，T/T）等，适用于跨境 B2B 交易。

（四）第三方综合服务企业

随着跨境电商业务的快速发展，跨境电商第三方服务企业的发展也非常迅速，提供的服务也越来越多。目前跨境电商第三方服务企业包括综合服务企业和 IT、营销代运营企业。

综合性服务企业（如一达通），一般为中小企业提供进出口代理、通关、物流、退税、融资等一站式外包服务。除一达通外，提供这种服务的企业还有世贸通、快贸通、易单网等。其他的代运营企业主要为跨境电商企业提供技术支持、店铺的运营与推广或公司店铺代运营服务，如四海商舟、赛群互联网公司等。

总之，跨境电商企业通过跨境电商自营平台或第三方平台开展跨境电商业务，跨境金融支付企业和跨境物流企业为这些跨境业务的顺利开展提供保障。企业可以选择自营也可以借助第三方服务企业开展业务。这些主体共同构成了跨境电商产业的供应链。

五、跨境电商平台概况介绍

（一）跨境电商平台的分类

1．根据服务类型可分为信息服务平台和在线交易平台

信息服务平台主要是为境内外会员商户提供互联网营销平台，传递供应商、采购商等商家的商品或服务信息，促进双方完成交易。

在线交易平台不仅提供企业、商品、服务等多方面信息的展示，还可以通过线上平台完成搜索、咨询、对比、下单、支付、物流、评价等全部购物环节。在线交易平台模式正在逐渐成为跨境电商中的主流模式，该模式下诞生了众多跨境电商平台。

2．根据运营方式可分为第三方开放平台和自营型平台

第三方开放平台是指平台型电商通过在线上搭建商城，整合物流、支付、运营等服务资源，吸引卖家进驻，为其提供跨境电商交易服务。同时，平台以收取交易佣金及增值服务佣金为主要盈利模式。

自营型平台是指自营型电商通过在线上搭建平台，整合供应商资源，通过较低的进价采购商品，然后以较高的售价出售商品，自营型平台主要以赚取商品差价为盈利模式。

（二）主要跨境电商平台介绍

1．阿里巴巴

阿里巴巴的跨境电商平台有阿里巴巴国际站和速卖通。阿里巴巴国际站是全球最大的B2B跨境电商平台，其企业注册会员超过230万人，覆盖200多个国家和地区，包括30多个进出口行业。它曾连续7年被美国《福布斯》杂志评为全球最佳B2B网站，致力于帮助中小企业拓展出口贸易的营销推广。阿里巴巴国际站通过向境外买家展示、推广供应商及其商品，进而获得贸易商机和订单，是出口企业拓展国际贸易的首选互联网平台。

阿里巴巴国际站提供一站式的店铺装修、商品展示、营销推广、生意洽谈及店铺管理等全系列线上服务和工具，帮助企业降低成本，高效率地开拓外贸市场。在阿里巴巴国际站，境外买家可以搜索卖家并发布采购信息，卖家可以寻找买家并发布公司商品及商品信息。阿里巴巴国际站作为B2B交易平台，为买卖双方提供了沟通工具和账号管理工具，为买卖双方的互联网交易提供了诸多便利。

速卖通也是阿里巴巴旗下面向全球市场打造的在线交易平台，被广大卖家称为“国际

版淘宝”。自2010年4月上线以来，经过多年的迅猛发展，截至2020年年底，速卖通已经覆盖220多个国家和地区，海外成交买家数量突破1.5亿人。平台设有18个不同语种的站点，支持51个国家的当地支付方式，商品种类涵盖22个日常消费类目，备受海外买家欢迎。速卖通采用的商业模式是对成功交易收取一定佣金，交易不成功不收费，并正逐步向不同类目、不同支付方式、不同交易金额，收取不同手续费比率的模式发展。

速卖通在俄罗斯是最受欢迎的跨境电商平台，交易额占俄罗斯跨境电商市场总值的35%，紧随其后的是eBay，占比为30%。速卖通不仅拥有英语主站，还拥有俄语、葡语分站，并计划建立印尼分站，有向东南亚扩张的趋势。

速卖通的平台交易手续费率低，与其他竞争对手相比有明显的优势。速卖通拥有丰富的淘宝商品资源，其“淘代销”功能使卖家可以非常方便地将淘宝商品一键卖向全球，此外，速卖通还为卖家提供一站式翻译、商品上架、支付、物流等服务。阿里巴巴国际站的知名度，再加上各大洲相关联盟站点、谷歌等渠道的线上推广，为速卖通引入源源不断的优质流量。

2．eBay

eBay是跨境电商平台的全球领先者，利用其强大的平台优势和旗下全球市场占有率第一的支付工具PayPal为全球商家提供网上零售服务。eBay使中国卖家的支付、语言、政策、品牌、物流等问题得到很好的解决，同时可以在出口电商互联网零售领域发挥自身优势，将商品销售到世界各国，直接面对亿万买家。中国卖家可通过eBay推广自有品牌，提升国际市场地位及买家对品牌的认可度。eBay也帮助买卖双方削减中间环节，创造价格优势，降低运营成本。

eBay对进驻其平台进行跨境电商交易的商家收取两项费用，一项是刊登费，即商家在eBay上刊登商品所需缴纳的费用；另一项是成交费，即当交易成功时，会抽取一定比例的佣金。

eBay的优势在于品牌的国际影响力和较高的全球市场覆盖率，此外，还有健全的买家保障体系和与PayPal支付的紧密合作。在物流方面，eBay联合第三方合作伙伴中国邮政速递，为中国卖家提供便捷、快速、经济的国际e邮宝货运服务，并逐渐从美国、澳大利亚、德国等发达市场向俄罗斯等新兴市场延伸。eBay还推出卖家保护政策，通过大数据技术及买家质量评估，强化对卖家的支持和保护，助力卖家业务的便捷开展。

3．亚马逊

亚马逊成立于1995年7月，总部位于美国西雅图。亚马逊以优质的仓储物流系统和售后服务体系闻名于世，除了自营业务，平台还对第三方卖家开放。2015年，亚马逊全球开店业务进入中国，旨在帮助中国卖家借助亚马逊的全球资源抓住跨境电商新机遇，发展跨境电商业务，拓展全球市场，打造国际品牌，截至2021年，该平台的17个海外站点已面向中国卖家开放。根据卖家选择的服务不同，亚马逊采用不同的收费模式。卖家在亚马逊全球网站开店，亚马逊将收取平台月费和交易佣金，若无交易则不收取交易佣金。对选择亚马逊物流的卖家加收仓储和物流费用，而自主配送的卖家所选择的配送服务必须符合亚马逊对服务质量的相关要求。

亚马逊的优势在于品牌国际影响力和优质的买家服务体系，以及领先的国际物流仓储服务。亚马逊在北美市场提供FBA服务，能实现2～3天到货，最快次日送达；在欧洲市场，可以帮助卖家实现欧洲5国（英国、法国、德国、意大利、西班牙）的统一仓储和物流服务，并可配送至欧盟其他国家，方便卖家向亚马逊欧洲站的买家提供本地化买家服务及快捷的送货服务。亚马逊还提供免费的站内推广服务，以及针对买家的精准商品推荐服务。

4．敦煌网

敦煌网于2004年正式上线，是中国国内首个实现在线交易的跨境电商B2B平台，以中小额外贸批发业务为主，开创了“成功付费”的在线交易佣金模式，免卖家注册费，只有在买卖双方交易成功后才收取相应的手续费，将传统的外贸电子商务信息平台升级为真正的在线交易平台。

据敦煌网官网资料显示，截至2020年，敦煌网已累计拥有230多万家注册供应商，在线商品数量超过3200万个，累计注册买家超过3550万人，业务范围覆盖全球222个国家及地区，拥有100多条物流线路和10多个海外仓。该平台支持68个币种结算，在北美洲、拉丁美洲、欧洲等地设有业务机构。敦煌网实现了物流、资金流和信息流3大环节在平台上的整合。敦煌网采取佣金制，免注册费，只在买卖双方交易成功时收取佣金，是一个跨境B2B在线交易平台。

敦煌网提供第三方互联网交易平台，中国卖家通过商铺建设、商品展示等方式吸引境外买家，并在平台上达成交易意向，生成订单，可以选择直接批量采购，也可以选择先少量购买样品，再大量采购。并且提供集货源、境外营销、在线支付、国际物流、保险、金融、培训于一体的供应链整合服务体系，为买家提供一站式外贸购物体验。

敦煌网于2013年上半年推出“在线发货”物流服务，通过线上申请、线下发货的方式，简化了发货流程，为外贸商家提供更为便捷的快递服务。妥投时间为5～7天，覆盖了全球107个国家和地区。敦煌网综合物流平台DHLink与全球4大物流公司签约，目前可覆盖超过190个国家和地区，DHLink在物流渠道、价格等方面均具有明显优势。敦煌网在2021年拓展海外仓业务，联合多家服务商在全球多点布局海外仓，帮助优质卖家深度打造出海通道，携同卖家提升发货效率，实现高效完成跨境配送最后一公里。敦煌网还在保证时效的基础上让利卖家，推出多项针对卖家的优惠政策，为卖家谋求利益最大化。

敦煌网的优势在于较早地推出了增值金融服务，根据自身交易平台的数据为商户提供无实物抵押、无第三方担保的互联网融资服务。虽然速卖通后续也推出了类似商品，但时间上晚于敦煌网。敦煌网在行业内率先推出App，不仅解决了跨境电商交易中的沟通问题和时差问题，还打通了订单交易的整个流程。

5．环球资源（Global Sources）

环球资源成立于1970年，2000年在美国纳斯达克股票市场公开上市。环球资源是一家多渠道整合推广的B2B媒体公司，致力于拓展中国的对外贸易。环球资源为其所服务的行业提供最广泛的信息传播及出口市场推广服务，公司的核心业务是通过一系列英文媒体渠道，包括环球资源网站、印刷品及电子杂志、采购资讯报告、买家专场采购会、贸易展览会等形式促进亚洲各国的出口贸易。环球资源同时提供广告创作、教育项目和网上内容管理等支持服务。

未来，环球资源将继续发挥网上外贸交易中枢作用，在地区及行业层面上充分扩展其业务范围，为贸易社群中所有成员提供全套的网上外贸交易服务。同时，环球资源将继续发力跨境业务，积极顺应经济全球化的趋势，大力开拓境外市场。

6．兰亭集势

兰亭集势成立于2007年，是一家整合了供应链服务的在线B2C企业，集合了众多供应商，并拥有自己的数据仓库和长期的物流合作伙伴。兰亭集势的商品以国内的婚纱、家装、3C商品为主，这些商品毛利相对较低，其盈利主要源于制造成本的低廉与价格差。

兰亭集势的企业宣言是“One World，One Market”，公司目标是通过创新的商业模式、领先的精准互联网营销技术和世界一流的供应链体系，为全世界中小零售商提供一个基于互联网的全球整合供应链。兰亭集势希望能把多年来精心打造的配送体系、本地化体系、买家支持体系及数据分析系统开放出来，为卖家所用。同时，在国家对跨境电商的重视与扶持背景下，兰亭集势已经与多地合作，走通了跨境电商出口退税流程。在不久的将来，平台商家也有望自动享受跨境电商的出口退税优惠政策。此外，基于现有买家群和中国商品的特点，兰亭集势的开放平台将专注于服装类目，以15%利润分成的方式与商家合作，不收取年费。

兰亭集势在发展的过程中也不断地进行管理优化，该平台采用自营模式，在和供应商合作的过程中也对供应商也有一定的指标要求，如果供应商的表现达不到平台的要求，平台会给供应商一定的时间来提升自身的业务水平。在不断优化的过程中，兰亭集势对自己的供应链也逐步完成了升级，在整个供应链升级的过程中，兰亭集势不仅淘汰不合格的供应商，还拓展新的商品种类，发展新的供应商，使整个供应体系实现动态的平衡。

7．焦点科技

焦点科技旗下具有代表性的跨境B2B电商平台是中国制造网。中国制造网创建于1998年，是国内最早专门从事电子商务开发及应用高新技术的企业之一，主要为中国供应商和全球采购商提供信息发布与搜索等服务，已成为全球采购商采购中国制造商品的重要互联网渠道之一。

2015年6月，焦点科技海外仓储、物流系统成功打通，未来公司将在中国制造网上直接提供外贸综合服务，进一步加速外贸综合服务平台的成长。除了自建境外展示仓，公司还积极寻找并购标的，筹建境外销售互联网。同时，焦点科技拟设立互联网科技小额贷款公司，为中国制造网上的企业提供供应链金融服务。一方面，可以完善公司的商品服务线，增强买家黏性；另一方面，将有效增强公司盈利能力。

8. Wish

Wish 是一个基于移动客户端的商业平台，2011 年成立于美国硅谷，是一家高科技独角兽公司。最初它只是向用户推送信息，并不涉及商品交易，自 2013 年 3 月起升级为购物平台，正式开展跨境电商业务，是北美洲最大的移动跨境电商平台，平台上 90%的卖家来自中国。据其官网资料显示，截至 2021 年，平台移动用户达 3 亿人，日活跃用户在 1 000 万人次以上。Wish 销售的类目主要是服装服饰，尤其是时尚类服装服饰，同时也销售美妆、配饰、3C 配件商品、母婴用品、家居用品等。Wish 买家的浏览方式决定了平台上受欢迎的商品都具有以下特点：种类丰富、更换频率高、具有话题性。因为唯有如此，才容易激发买家用手机浏览的兴趣。

案例解析

随着跨境电商的快速发展，越来越多的企业谋求转型，开展跨境电商业务。对于转型的企业或想要开展跨境电商业务的人员来说，了解跨境电商的发展现状、交易平台，法规政策、物流及如何支付等信息是非常重要的。可通过以下途径进行了解。

一、关注跨境电商资讯和服务平台

跨境电商从业者可以通过跨境电商资讯和服务平台来了解行业信息。跨境电商行业主要的资讯和服务平台有雨果跨境、亿邦动力网和亿恩网等。这些平台为卖家提供跨境行业最新的资讯和一些增值服务。

1. 雨果跨境

雨果跨境于 2014 年 7 月正式上线，原名雨果网。是一家品牌出海产业互联网平台，平台秉持“帮助中国智造实现品牌出海”的使命，帮助跨境企业打造品牌，打开跨境市场。跨境卖家不但可以在该平台上找到最新的资讯，同时雨果跨境和亚马逊全球开店、速卖通，eBay、Wish、Lazada 等平台都有合作，因此跨境企业还可以通过雨果跨境的增值服务进行跨境电商业务运营。

2. 亿邦动力网

亿邦动力网是国内较专业的电商知识资源平台。在跨境电商方面有较大的影响力。亿邦动力网主要提供业内电商资讯、电商人社群、电商会展、电商培训、品牌营销等的全产业链知识服务内容。

3. 亿恩网

亿恩网是跨境电商行业的领先媒体，致力于提供最优质跨境电商行业资讯与跨境平台运营实操干货，同时也举办跨境电商业内线上和线下活动。

除了关注以上跨境电商资讯平台，还可以关注跨境电商微信公众号如“杭州跨境电商”“跨境电商鹰熊汇”“跨境电商海贸会”等。“杭州跨境电商”是杭州跨境电商协会旗下的微信公众号，主要发布一些跨境电商相关的政策规定，提供资源对接等服务。“跨境电商鹰熊汇”是深圳科极达盛投资有限公司旗下的微信公众号，主要发布一些较新、较专业的跨境电商新闻，跨境电商平台的最新规则与规定，同时还提供跨境电商相关的专业培训服务。“跨境电商海贸会”是深圳市海贸会科技有限公司旗下的微信公众号，主要发布不同跨境电商平台的最新政策，同时还有一些跨境电商平台操作方法的学习视频。

二、关注跨境电商平台官网了解官方信息

当卖家想要了解具体某一跨境电商平台的规则及资讯时，可以通过该跨境电商平台的官网进行了解。跨境电商平台面向买家和卖家有不同的网站或应用。如果想要从客户的角度去了解某一平台，那么可以打开跨境电商平台的交易网站如速卖通（http://www.aliexpress.com），在交易网站可以浏览该平台有哪些类目，热卖商品有哪些。如果更关注卖家在该平台要如何做，那么可以从跨境电商平台的卖家网站入手，了解平台的最新资讯与规则，如速卖通卖家平台（http://sell.aliexpress.com/）。

三、通过官方渠道了解跨境电商的相关政策

要了解我国跨境电商相关的政策可访问国务院、海关总署和商务部等部门的官方网站。国务院是跨境电商相关政策指导性意见的制定方。自 2013 年起，国务院办公厅已陆续颁布跨境电商相关的各类政策文件，文件涉及跨境电商基础设施建设及综合试验区的批准，跨境电商发展的建议及监督，跨境支付的规范等各方面。海关总署是通关相关政策的制定方，具体主要关于提高通关效率、规范通关流程等方面。国家税务总局主要参与制定跨境电商零售进口的税收政策。同时商务部、国家发展改革委员会、国家质量监督检验检疫总局等部门也会根据相关指导意见制定涉及跨境电商行业的政策。

要查找国家最新的跨境电商政策可以浏览国务院、海关总署和商务门等部门的官网。同时也可以查看这些部门对相关指导意见和政策文件的解读来理解这些意见和政策。表 0-1 是 2013 年以来部分跨境电商相关政策。

表 0-1　2013 年以来部分跨境电商相关政策

时　间	政　策	发布部门
2013 年 7 月	《国务院办公厅关于促进进出口稳增长、调结构的若干意见》	国务院办公厅
2013 年 8 月	《关于实施支持跨境电子商务零售出口有关政策意见的通知》	国务院办公厅
2013 年 12 月	《关于跨境电子商务零售出口税收政策的通知》	国家税务总局
2014 年 1 月	《关于增列海关监管方式代码的公告》海关总署公告 2014 年第 12 号	海关总署
2014 年 5 月	《关于支持外贸稳定增长的若干意见》	国务院办公厅
2015 年 3 月	《国务院关于同意设立中国（杭州）跨境电子商务综合试验区的批复》	国务院办公厅
2015 年 4 月	《国务院关于改进口岸工作支持外贸发展的若干意见》	国务院办公厅
2015 年 5 月	《关于大力发展电子商务加快培育经济新动力的意见》	国务院办公厅

续表

时　间	政　策	发布部门
2015 年 6 月	《国务院关于促进跨境电子商务健康快速发展的指导意见》	国务院办公厅
2016 年 1 月	《国务院关于同意在天津等 12 个城市设立跨境电子商务综合试验区的批复》	国务院办公厅
2016 年 3 月	《关于跨境电子商务零售进口税收政策的通知》财关税 2016 年第 18 号	财政部、海关总署、国家税务总局
2016 年 4 月	《关于跨境电子商务零售进出口商品有关监管事宜的公告》	海关总署
2016 年 5 月	《国务院关于促进外贸回稳向好的若干意见》	国务院办公厅
2017 年 11 月	《国务院关于调整部分消费品进口关税的通知》	国务院关税税则委员会
2018 年 3 月	《关于做好电子商务统计工作的通知》	商务部
2018 年 4 月	《关于规范跨境电子商务支付企业登记管理》	海关总署
2018 年 10 月	《国务院关于印发优化口岸营商环境促进跨境贸易便利化工作方案的通知》	国务院办公厅
2018 年 11 月	《关于完善跨境电子商务零售进口税收政策的通知》	财政部、海关总署、国家税务总局
2018 年 11 月	《关于实时获取跨境电子商务平台企业支付相关原始数据有关事宜的公告》	海关总署
2018 年 12 月	《关于跨境电子商务零售进出口商品有关监管事宜的公告》海关总署公告 2018 年第 194 号	海关总署
2020 年 4 月	《国务院关于同意在雄安新区等 46 个城市和地区设立跨境电子商务综合试验区的批复》	国务院办公厅

习题演练

一、名词解释

1. 跨境电商
2. 跨境 B2C 电子商务
3. 跨境 B2B 电子商务

二、简答题

1. 请用思维导图的方式总结跨境电商近十年的发展历史和重大事件，可按时间顺序纵向分析。

2. 请通过互联网搜索谈谈跨境电商和传统对外贸易的区别。

实践操作

实践任务一

请在招聘网站搜索 5 个跨境电商运营相关的招聘广告。分析各个公司对跨境电商运营人员的职业能力和素质要求，把查询到的相关信息填写到表 0-2 中；请尝试联系到 1 名从事跨境电商行业的职员或老板进行访谈，在访谈过程中完成表 0-3，并对你的访谈做不少于 500 字的总结，提供相关访谈的录音或录像。

表 0-2　跨境电商运营人员招聘调查

序号	职务	工作任务	任职要求	待遇	公司
1					
2					
3					
4					
5					

表 0-3　访谈记录

访谈主题	
访谈时间	
问题一	
问题二	
问题三	
问题四	

实践任务二

登录国务院、海关总署、商务部等部门的官方网站，了解 2019 年至今的跨境电商的相关政策，认真阅读政策原文并在下表记录。

表 0-4　2019 年至今跨境电商政策汇总

序号	政策发布时间	政策名称	政策主要内容	发布部门
1				
2				
3				
4				
5				
6				
7				

情景一

跨境电商平台选择与注册

子情景一　跨境电商平台选择

学习目标

知识目标

- 了解跨境电商平台交易模式。
- 熟悉常见跨境电商平台的特点与优劣势。

能力目标

- 能够对不同的跨境电商平台进行分析和分类。
- 能够根据企业具体情况选择合适的跨境电商平台。

素质目标

- 具有敏锐的观察力与较强的分析能力。
- 具有良好的沟通能力。

项目背景

杭州聚英电子商务有限公司是一家专注于 LED 照明商品的电子商务公司，集商品设计、研发和销售于一体。该公司一直在做传统的外贸业务。随着国际贸易市场变化与跨境电商的兴起，中国传统外贸公司面临较大压力，竞争的加剧使跨境电商处于快速发展阶段，各种技术手段与服务的创新使得跨境电商领域的物流、支付和销售等方面愈加完善，跨境电商市场的发展潜力依然巨大。为了开拓市场，增加新的利润点，该公司如今也计划开展跨境电商业务。那么，如何选择合适的跨境电商平台就成了该公司首先要面临的问题，作为传统外贸企业，在转型跨境电商时要如何选择跨境电商平台呢？

任务实施

步骤一：了解目前主流的跨境电商平台有哪些，分析这些跨境电商平台的特点。

步骤二：分析上述公司的现状，以及该公司的主营商品适合哪些平台。

步骤三：根据所收集的材料和分析的结果，帮助该公司选择合适的平台开展跨境电商业务。

知识铺垫

随着跨境电商的迅速发展，全球各地区不断有新兴跨境电商平台兴起，当前，大多数人都只对亚马逊、速卖通、eBay 和 Wish 等重要的、知名度较高的跨境电商平台有所了解，但事实上，在全球范围内还有很多综合性或专业性较强的跨境电商平台。在不同的跨境电商市场中都有在该地区或某个国家知名度较高的跨境电商平台。接下来我们就以主要的跨境电商市场为区分来了解这些跨境电商平台。

一、北美地区主要跨境电商平台

北美地区是跨境电商很重要的市场之一。北美地区主要的国家有美国、加拿大和墨西哥。作为世界上最大的电子商务市场之一，美国拥有 1.84 亿个在线买家。美国和加拿大的在线总销售额占到全球的 33.1%。尼尔森调查表明，美国是最受欢迎的跨境电商市场。北美地区的主要跨境电商平台有亚马逊、eBay、Wayfair、新蛋网、Tophatter 等。

（一）亚马逊

亚马逊（Amazon）成立于 1995 年，是美国最大的一家跨境电商公司，总部位于华盛顿州的西雅图。亚马逊是全球最早开展跨境电商业务的平台。亚马逊一开始只经营在线的书籍销售业务，是一个销售书籍和音像制品的“网上书店”。2000 年，亚马逊开始开拓国际市场，扩展了平台在售类目，现已成为全球商品品种最多的网络零售商。亚马逊零售商品线涵盖了图书、音像制品、软件、消费电子商品、家用电器、厨具、食品、玩具、母婴用品、化妆品、日化用品、运动用具、服装鞋帽、首饰等类目，亚马逊网站的首页如图 1-1 所示。

亚马逊从 2001 年开始大规模推广第三方开放平台，2002 年推出云计算平台（AWS），2005 年推出 Prime 服务，其会员多为国外的中高端消费群体，2007 年开始向第三方卖家提供外包物流服务 Fulfilment by Amazon（FBA），2010 年推出 KDP 的前身自助数字出版平台 Digital Text Platform（DTP）。亚马逊逐步推出这些服务，使其超越网络零售商的范畴，成为一家综合服务提供商。2019 年 10 月 23 日，《财富》杂志发布 2019 年《财富》未来 50 强榜单，亚马逊排名第 31。

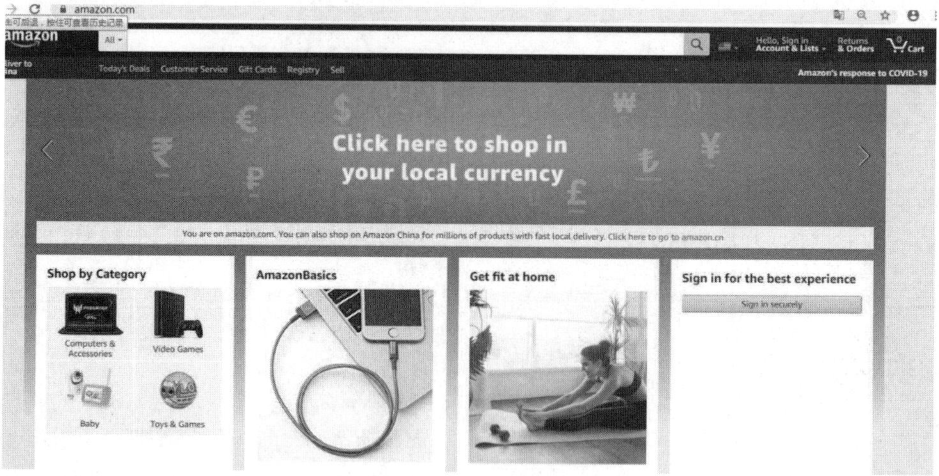

图 1-1 亚马逊网站首页

1. 亚马逊站点

亚马逊在多个国家和地区建立了本土化的站点，这些站点在商品、定价等方面存在一定的差异。亚马逊目前的站点（如表 1-1 所示）有美国站、加拿大站、墨西哥站、英国站、德国站、法国站、意大利站、土耳其站、西班牙站、荷兰站、巴西站、澳大利亚站、中国站、日本站、印度站、新加坡站、越南站和中东站。

表 1-1 亚马逊全球站点

地　域	国　家	域　名	建立时间
亚洲	中国	www.amazon.cn	2004 年 9 月
	印度	www.amazon.in	2013 年 6 月
	日本	www.amazon.co.jp	2000 年 11 月
	新加坡	www.amazon.sg	2017 年 7 月
欧洲	法 国	www.amazon.fr	2000 年 8 月
	德国	www.amazon.de	1998 年 10 月
	意大利	www.amazon.it	2010 年 11 月
	荷兰	www.amazon.nl	2014 年 11 月
	西班牙	www.amazon.es	2011 年 9 月
	英国	www.amazon.co.uk	1998 年 10 月
北美洲	加拿大	www.amazon.ca	2002 年 6 月
	墨西哥	www.amazon.com.mx	2013 年 8 月
	美国	www.amazon.com	1995 年 7 月
大洋洲	澳大利亚	www.amazon.com.au	2013 年 11 月
南美洲	巴西	www.amazon.com.br	2012 年 12 月

2. Amazon Business

Amazon Business 是亚马逊面向企业和机构买家的一站式商业采购站点。专注为企业长尾采购提供一站式解决方案。在全球设有 9 大站点（如图 1-2 所示），包括美国、加拿大、英国、法国、意大利、德国、西班牙、日本、印度（暂未开放），其中 8 大站点已向中国卖家开放。自 2015 年上线至 2020 年年底，Amazon Business 全球站点已服务逾 500 万家企业及机构客户，这些买家包括医院、教育机构、世界 500 强企业、政府机构、实验室、日托中心等。Amazon Business 的热门商品类目有办公及茶水间用品、工业品、酒店餐厨用品、科研医疗用品、3C 商品。

图 1-2 Amazon Business 全球站点

（二）Wayfair

Wayfair 是一家美国电子商务公司，成立于 2002 年，主要销售家居用品，其网站首页如图 1-3 所示。在线家居用品销售是美国电子商务体系的重要组成部分。2018 年，Wayfair 营收总额为 68 亿美元，而美国家居用品电商销售收入总额为 651 亿美元，Wayfair 占了美国整体家居用品电商收入总额的 10.45%。从营收体量上看，Wayfair 无疑是美国最大的家居电商平台。同时，它也是北美排名第一的专业家居电商销售平台，月均访问量在 6 000 万人次以上。

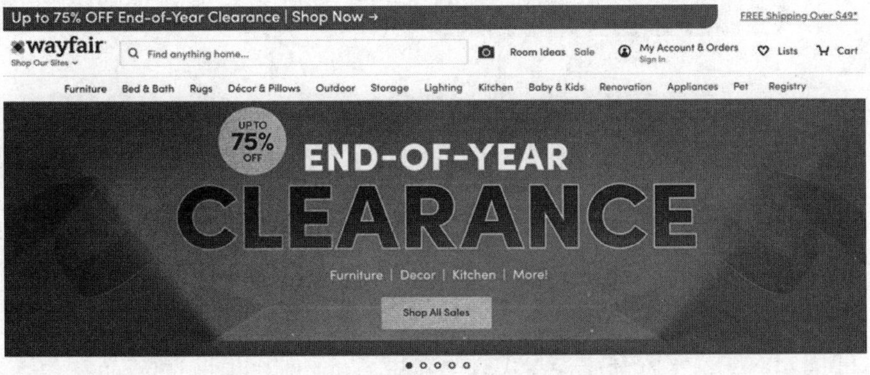

图 1-3 Wayfair 网站首页

Wayfair 平台已经有来自全球的 11 000 多家供应商的 1 400 万件商品。Wayfair 平台有 5 个站点，即美国站、加拿大站、英国站、法国站、德国站。卖家在该平台只要拥有一个账号，便可自由切换到其他站点，交易的售后和客服工作则由 Wayfair 负责。同时 Wayfair 在加拿大、德国、爱尔兰和英国设有办公室和仓库。Wayfair 平台的热销商品有家具、小家电、家纺、装饰品、灯具、建材和户外用品等，平台禁售侵权商品。Wayfair 的合作模式是邀请制的，这是它和其他跨境电商平台的不同之处，也就是说卖家需要被 Wayfair 的采购员认可并通过审核后，才有机会入驻平台。

（三）新蛋网

新蛋网（Newegg）成立于 2001 年，总部位于美国洛杉矶，是一家售卖计算机硬件和 3C 商品的在线零售商。2016 年中国科技公司网通过投资协议收购了新蛋网的多数股权。新蛋网是美国规模排名靠前的 IT 数码类在线零售商，受到全美买家信赖，也是美国 10 大在线零售商之一。

1．新蛋网介绍

新蛋网在售商品的种类高达 43 000 种，主要销售的类目有钟表、珠宝、家电、家居百货、婴儿用品、旅行及日用箱包、工具配件、鞋类、玩具、体育用品、户外花园装饰品及美妆保健用品等，图 1-4 为新蛋网首页。新蛋网日均访问流量 150 万人次，平均每天有超过 4 万个订单，一般核准的订单会在 24 小时内发货。该公司在美国的 3 个州设立了仓库。每笔交易平台收取 12%的佣金，收款方式可选用 PayPal。

图 1-4　新蛋网首页

2．新蛋网入驻要求

1）优先入驻要求

新蛋网的优先入驻要求较高。卖家须拥有企业营业执照和国际知名品牌，主打 3C 商品；卖家在亚马逊、eBay 或 Lazada 等平台每月的成交额超过 50 万美元或在子类目中有

TOP10 畅销商品 SKU；卖家在亚马逊或其他同类平台的店面获得了 1 000+的用户评价。

2）普通入驻要求

普通入驻要求相较于优先入驻要求较低，适用于主营科技类目相关商品（IT/3C/智能家居等）并从事跨境出口业务的 B2C 及 B2B 的一般卖家。卖家要拥有自己的电子商务运营团队；有亚马逊、eBay、Lazada 等其他同类跨境电商平台的开店经验；要有专门人员来操作卖家账户。

3．新蛋网的入驻流程

新蛋网入驻流程如图 1-5 所示。

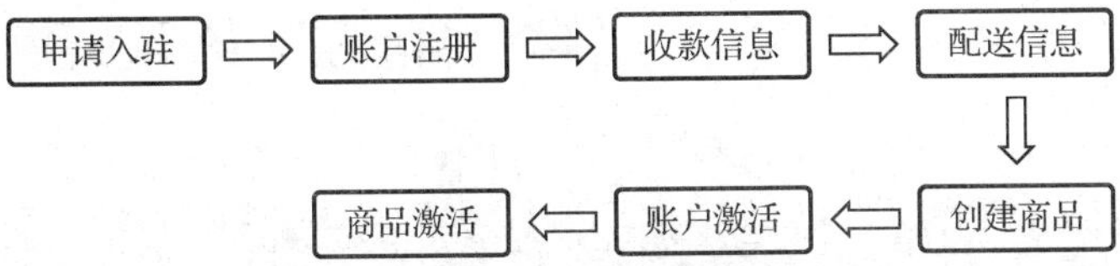

图 1-5　新蛋网入驻流程

（1）申请入驻：卖家向新蛋网提交入驻申请，通过平台初步审核后，账户经理将向卖家发送入驻邀请。

（2）账户注册：卖家需按照邀请邮件的注册链接，提供账号登录信息、基本账户信息、营业执照和 W-8 表格。

（3）收款信息：进入卖家管理系统（Seller Portal），确定要使用的收款方式，填写并完善收款信息，如果卖家选择使用电汇，则需要提供银行资信证明或作废支票。

（4）配送信息：合适的物流配送方式、退货处理信息及仓储配置。

（5）创建商品：卖家需要创建 1～5 个商品，提交账户经理审核，1 个工作日内审核完成。

（6）账户激活：账户经理对卖家设置填写的关键信息进行全部审核，1～2 个工作日审核完成并激活卖家账户。

（7）商品激活：账户激活后，卖家的商品将被激活，卖家可上传相关商品，在新蛋网开展业务。

（四）Tophatter

Tophatter 在 2012 年成立于美国硅谷，是一家新崛起的专注于移动端拍卖购物的新型跨境电商平台。公司在旧金山、上海和深圳均设有办公室。与传统的探索式购物不同，该平台是在美国硅谷创立的新一代闪拍平台，通过有趣的快速拍卖模式和精准的数据算法体系，为买家带来独特的游戏式购物体验。平台致力于打造一个有趣且让人欲罢不能的游戏寻宝体验式购物。Tophatter 平台首页如图 1-6 所示。

Tophatter 平台在全球 14 个国家拥有超过 2 500 万个忠实买家，连续 4 年销售额增长率超过 100%，创造了高于电商行业平均水平的参与度与销售速度。平台销售的主要类目有家居、3C、鞋服、美妆、配饰、饰品、母婴等。用户年龄为 30～55 岁，女性用户占比约为 55%，男性用户占比约为 45%。

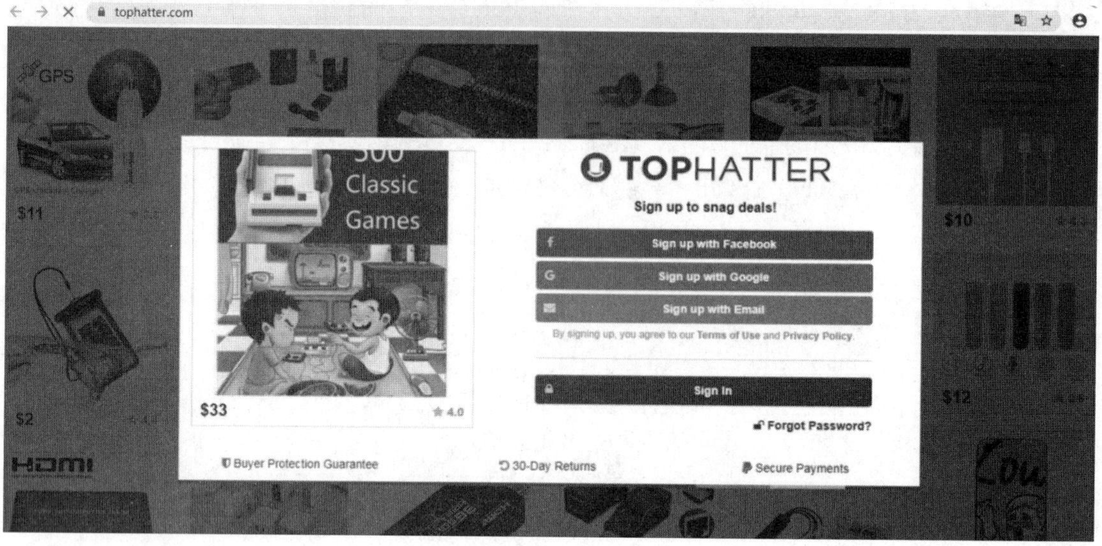

图 1-6　Tophatter 平台首页

（五）Etsy

Etsy 成立于 2005 年，正处于美国互联网公司初创和手工、复古物品的新设计趋势的高潮。该平台是一个以手工艺成品买卖为主要特色的网络商店平台，被誉为“祖母的地下室收藏”。该平台主要为买家和设计师、手工制品工匠、古董收藏家等搭建桥梁。

Etsy 销售的商品包括艺术品、服装、珠宝、其他装饰物品和工艺品，平台接受卖家入驻。2011 年 3 月，Etsy 推出了脸书风格的社交网络系统 People Search，以帮助买家和卖家彼此联系并成为朋友。2017 年 4 月，Etsy 宣布将推出新的手工艺品平台 Etsy Studio。

Etsy 是全球大型创意电商平台，平台的移动端销售额占总销售额比例约为 50%。对于手工制品的卖家来说，Etsy 平台的网站流量和买家群体还是很不错的。Etsy 数据调查显示，该网站以美国市场为主，却约有一半的流量来自英国、加拿大、澳大利亚等地方。

手工制造商品一直是平台上的主流商品，因此 Etsy 在卖家手工制造商品方面的要求比较严格。手工制造商品包括两类，一是卖家亲手或使用工具自制的，二是设计师自己设计的商品，但是商品由别人制作，这种情况需要向平台和买家说明。这两种都是被 Etsy 平台接受的手工制作商品。平台禁止销售从其他平台批发的商品，转卖在 Etsy 上也是被严格禁止的。

Etsy 的目标是打造独一无二的平台形象，即买家在该平台购买的商品是在其他地方都无法找到的。因此在该平台只能销售手工制作商品或 20 年以上的古董，或者工艺品原料。工艺品原料包括工具、原料或用于制作某项商品的原料等。工艺品原料可以是手工制造、古董也可以是普通商品。聚会用品也被称为工艺品，如小珠子、涂料、布匹、模型、DIY 小物件等。

（六）Opensky

Opensky 成立于 2009 年，是美国新兴的一家小众电商平台。2015 年得到了阿里巴巴的战略投资。有别于一般跨境电商平台，Opensky 的目标买家人群主要是 35～65 岁的高收入女性群体。Opensky 主营的商品包括服饰、家居、电子、珠宝、美妆、首饰及健身器材，面对的卖家为中小型企业。网站首页如图 1-7 所示。该平台采用智能推荐模式来进行推广，与 Wish 的商品推送类似。用户在网站搜索商品，平台通过大数据分析得出用户的喜好，根据不同的用户习惯，再通过场景实现智能推送。

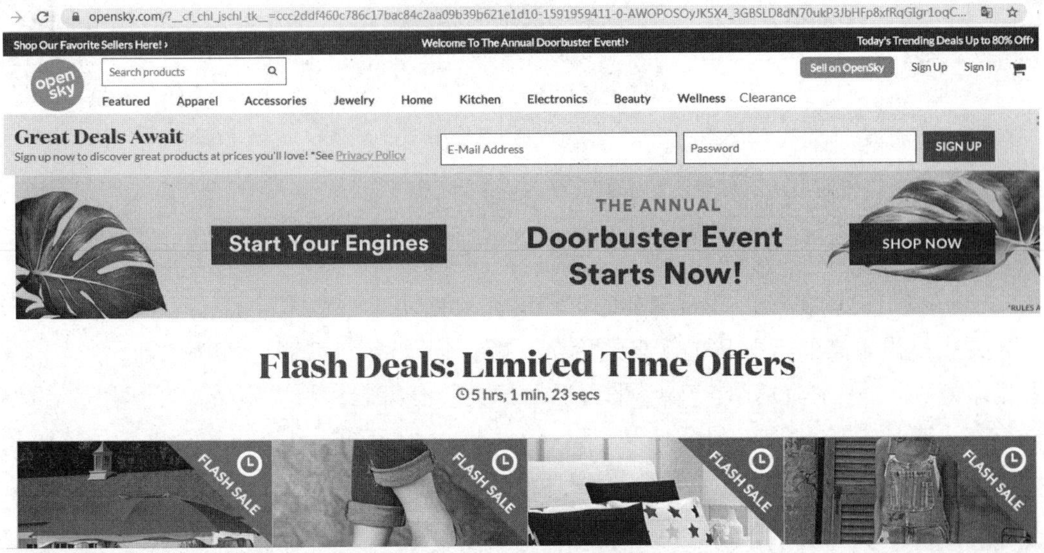

图 1-7　Opensky 网站首页

二、欧洲主要跨境电商平台

（一）Cdiscount

Cdiscount 成立于 1998 年，总部位于法国波尔多，是法国规模较大的电子商务网站之一。Cdiscount 是法国电商领军者，也是在欧洲广受欢迎的在线交易平台。网站首页如图 1-8 所示。成立之初，Cdiscount 是一家专注于销售自有商品的零售商。2011 年，公司推出了自己的电商平台。

Cdiscount 在法国、比利时、德国、西班牙、意大利和卢森堡运营，业务遍布全球 70 多个国家。销售范围超过 40 个商品类目和 2 000 个子类目，其主营商品有书籍和音像制品，计算机、摄影、电话和视听设备，家用电器、家庭用品和家具，熟食、葡萄酒和饮料，时装、化妆品、母婴用品和珠宝，乐器、宠物用品和行李箱。

Cdiscount 针对的是追求低价的买家，拥有 820 万名活跃用户。平台每月独立访问次数超过 1 100 万次，平均每分钟就有 114 个订单，年均营业额约为 16 亿欧元（约合 17.9 亿美元），总体销售额的 28.5%来自高科技电子商品和信息技术。Cdiscount 通过提供大幅折扣和优惠给买家带来惊喜，因此能够在数百万名欧洲买家和卖家心中占据一席之地。

图 1-8　Cdiscount 网站首页

（二）Vova

Vova 成立于 2018 年，是面向全球市场的新兴移动端一站式跨境电商平台。该平台致力于为买家提供更高的折扣和更优惠的价格，拥有数以百万计的物美价廉的商品，支持 20 种主流语言和 25 种主流货币。Vova 平台经营的类目有家居和厨房用品、行李箱包、女装、健康美容、饰品、3C 商品、母婴用品、鞋类。图 1-9 所示的平台首页充分展示了该平台的特点。

图 1-9　Vova 平台首页

与其他平台高门槛的运营方法不同，Vova 平台的特点是极简的商家运营。Vova 强化平台运营，弱化商家所需的运营能力，降低商家运营成本。平台每天有限时闪购优惠活动，吸引大量买家。平台通过大数据驱动产业带和工厂定制化生产，打造规模效益和大数据输出工厂，反向优化供应链。平台利用丰富的营销经验，通过社交营销、网红营销、粉丝营销等营销方式驱动高复购率、高转化率和低流量成本。

Vova 是一家新兴的跨境电商平台，卖家在平台售卖商品时不用交纳相关费用，经营类目也无限制，卖家可自由选择想要经营的产品类目。平台推出优质商家成长计划，在卖家入驻平台后，若卖家成长符合平台对关键客户（Key Account，KA）的要求，将得到平台的大促、专场、活动等资源扶持。平台向卖家免费提供推广营销活动，卖家的商品推广营销和宣传全部由平台负责，无须承担费用。工厂型卖家在填写入驻资料时，在备注中填写工厂卖家，将获得额外推广机会。

（三）Fnac

Fnac 成立于 1954 年，其母公司是 Darty。Fnac 是法国知名的文化商品和电器零售商，全称 Fédération Nationale d'Achats Cadres，意为“国家经理人采购联盟”。Fnac 的业务已覆盖法国、比利时、巴西、摩纳哥、葡萄牙、西班牙和瑞士 7 个国家，主营类目包括 3C 商品、文化音像制品、家居和厨具等。Fnac 平台首页如图 1-10 所示。

图 1-10 Fnac 平台首页

Fnac 平台在法国知名度较高，是欧洲增长速度最快的平台之一，也是继亚马逊和 Cdiscount 之后，法国访问量第三的电商网站，拥有超过 2 000 万名用户，每个月独立访客超过 1 000 万人次，流量可观。该平台出单快，适合卖家打造爆款。该平台的买家主要来自法国、比利时、葡萄牙和西班牙这 4 个欧洲发达国家，消费能力强。目前平台卖家还比较少，该平台对于卖家法语要求较高，适合品牌商和精品商入驻，平台注重品牌效应和买家体验，海外仓卖家和品牌商较有优势。平台月租为 39.99 欧元，不同类目平台收取的佣金比例不同。

（四）ManoMano

ManoMano 是一家来自法国巴黎的公司，成立于 2013 年。ManoMano 是欧洲第一家专注于园艺 DIY 和家居装饰市场的电商平台。目前，ManoMano 业务覆盖法国、意大利、英国、德国、比利时和西班牙 6 个国家，在全球拥有超过 2 000 个供应商，销售 160 万种不同的商品，独立访客超 1 600 万人次。

与传统实体店相比，ManoMano 平台的价格更便宜，平台也提供简单的 DIY 在线指导。ManoMano 平台热销类目有电动工具、园艺工具、游泳池/浴室相关商品。平台月租为 100 欧元（不含税），并根据商品范围收取相应佣金。

（五）Allegro

Allegro 成立于 1999 年，是波兰本土排名第一的电商平台，也是东欧最大拍卖网站。作为波兰最受欢迎的电商平台，Allegro 被称为“波兰版 eBay”，也有人认为 Allegro 在波兰的地位就相当于天猫和京东在中国的地位。截至 2020 年，Allegro 在波兰占有电子商务零售市场份额的 57%，拥有超过 125 000 名卖家，2 100 万名注册用户和 1 700 万名访问买家，月活跃用户有 1 400 万名，月访问量达 1.65 亿人次。该平台首页如图 1-11 所示。

图 1-11　Allegro 平台首页

2000 年 3 月在线拍卖网站 QXL Ricardo plc 收购了 Allegro 网站，为适应当地市场需求转变成为在线市场，给卖家和零售商创造了大量商机。对于 B2C 品牌和专业转售商而言，Allegro 平台是进军波兰在线市场的好机会。Allegro 畅销商品类目为 3C 商品、时尚商品、家庭用品、母婴用品和健康用品。Allegro 平台不向卖家收取基本费用，只按不同商品类别收取 3%～15%的成交佣金。

（六）ePRICE

ePRICE 是意大利电商平台，创建于 2000 年，ePRICE 是除亚马逊、eBay 外的意大利第三大电商平台，也是意大利最大的本土电商平台，占据着意大利 3C 商品电商市场最大份额。对卖家而言，要开拓意大利电商市场，ePRICE 是一个较好的选择。作为意大利本土最大的电商平台，ePRICE 可以给卖家的商品及品牌带来最大程度的曝光。平台有高效的支付系统和防欺诈机制，并且免费上架商品。

ePRICE 上热卖的商品类目有时装、家居和 3C 商品等类目，平台类目如图 1-12 所示。平台禁止售卖侵犯第三方权利的、冒犯性的和具有暴力倾向的商品，以及和性有关的商品，枪支毒药等违禁物品也都是不允许售卖的。平台的订阅费为 29.00 欧元每月，根据商品类目不同收取 5%～8%不等的销售佣金。在 API 对接方面，支持与 eBay、亚马逊、Cdiscount、Fnac、新蛋网等多个平台对接。

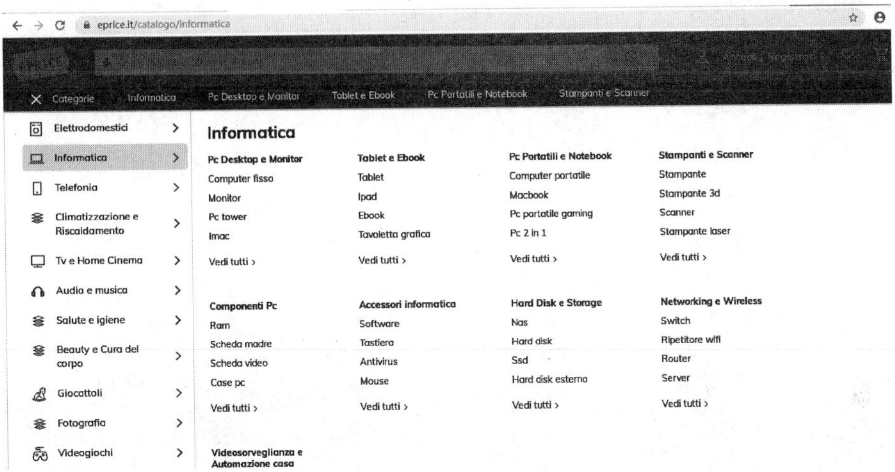

图 1-12　ePRICE 平台类目

（七）real.de

real.de 是德国一家大型连锁超市，成立于 1992 年，隶属于麦德龙集团（Metro AG），公司在全德国的线下门店多达 280 家。real.de 平台是德国第三大综合电商平台，拥有超过 1 500 万个 SKU，5 000 家以上注册卖家，网站月客访问量高达 1 900 万人次。公司丰富的零售经验和名牌优势，再加上成熟的电商技术，让 real.de 平台成为德国增长速度最快的电商平台，也是亚马逊和 eBay 最强有力的竞争对手。该平台的网站首页如图 1-13 所示，非常简洁明了。

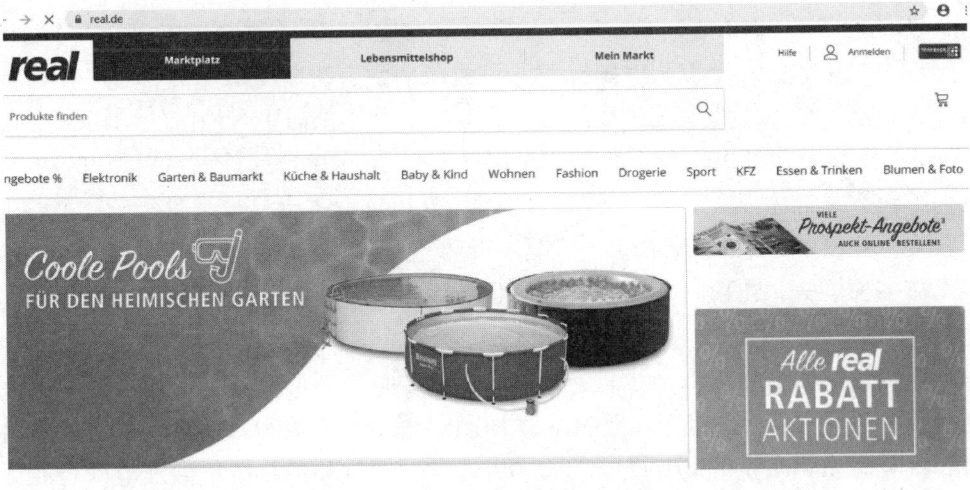

图 1-13　real.de 平台网站首页

real.de 平台热销类目有 3C 商品、家居用品、园艺及 DIY 商品。平台有专门的卖家客服团队，对中国卖家有一对一服务的招商经理，卖家可无限上传 SKU。real.de 平台禁售软件类、无商标或侵权商品，以及非法、违禁或政治敏感的商品。

三、中东地区跨境电商平台

（一）Noon

Noon 创立于 2016 年，为中东第二大电商平台，由主要投资方 Emaar 地产和沙特主权基金共同投资 10 亿美元打造。Noon 平台可售卖的商品类目繁多，涵盖范围较广，包括美容、时尚、3C 商品、家居、厨房和生活用品等。买家可以通过官方网站或下载 App 购物。Noon 平台有埃及站、阿联酋站、沙特站 3 大站点，Noon 平台首页如图 1-14 所示。

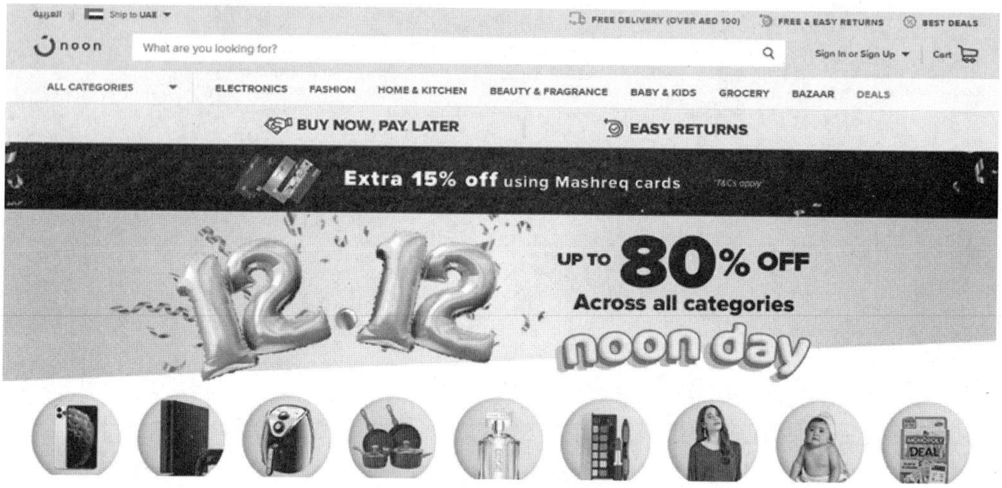

图 1-14　Noon 平台首页

（三）Jollychic

Jollychic 成立于 2012 年，是隶属浙江执御信息技术有限公司的一个 B2C 移动端购物平台，主打中东市场，总部位于中国杭州。目前该平台有超过 2 000 万个境外用户注册并下载 App，其范围覆盖了 80%的中东地区，Jollychic 常年位居中东地区的购物 App 前十。

Jollychic 平台首页如图 1-15 所示。从图中可以看出，平台的首页是甜美可爱的风格，这是因为平台买家群体以 25～40 岁的女性为主。Jollychic 平台是全类目经营，主要类目包括男女服装、鞋包、配饰、家居用品、文具、母婴童玩、美体护肤、3C 商品、智能商品等。该平台支持多种语言，包括阿拉伯语、英语、波兰语、土耳其语、繁体中文，同时还支持多币种结算。

在 Jollychic 平台，供应商以供货方形式入驻，供应商入驻后，会有对应类目的买手给出专业的选品建议协助供应商进行选品。供应商负责商品上传和根据订单及时发货至平台集货仓。供应商无须做任何运营推广，该平台尤其适合优质的传统厂商及电商企业无障碍快速转型跨境出口。

图 1-15　Jollychic 平台首页

四、南亚地区跨境电商平台

（一）Daraz

Daraz（达拉兹）由德国风险投资公司 Rocket Internet 于 2012 年成立，是一家中国跨境电商与跨境物流公司，公司总部在巴基斯坦，在南亚市场开展其业务。2018 年 5 月，Daraz 被阿里巴巴集团收购。Daraz 为阿里巴巴南亚电商平台，在巴基斯坦、孟加拉国、斯里兰卡、缅甸和尼泊尔 5 个国家开通了站点，是南亚地区最受欢迎的在线购物网站，在该地区购物类 App 里排名第一。Daraz 平台日常热销类目有 3C 商品、鞋服配饰、女士箱包、母婴童玩、户外运动、汽配（低价）、家居等，该平台首页如图 1-16 所示。

图 1-16　Daraz 平台首页

（二）Club Factory

Club Factory 是由中国公司嘉云数据科技于 2014 年创建的一家主营时尚、美容和生活用品的电子商务公司，总部位于中国浙江省杭州市。Club Factory 是 2016 年上线的一款跨境电商独立出口平台，利用大数据和人工智能技术，提升运营效率，降低供应链成本。Club Factory 成立之初的主打产品是“爆款易”，是针对出口跨境电商 B 端买家的第三方大数据分析平台，通过对 eBay、亚马逊、速卖通、Wish 等网站的数据抓取，获得服饰、家居等非标商品的销量、进价、售价等数据，通过数据分析，可以发现商机，并找到爆款。

2016 年 8 月，公司开始在跨境 C 端市场发力，为此开发了手机 App“Club Factory”，并努力把中国非标品、中低端商品销往国外。2016 年 10 月，Club Factory 进入印度市场，此后一直处于快速发展之中，是印度排名前三的电商平台。Club Factory 在印度市场提供零门槛货到付款服务，配送范围覆盖印度 70%以上的地区。

Club Factory 主营中低端商品，商品类目有服装、手机及配件、3C 商品、鞋服、家居类商品、美容美发商品。Club Factory 平台的首页如图 1-17 所示，从图中可以看出，首页展示的商品类目以 3C 商品和服饰为主。该平台的买家主要源于 Facebook、Instagram 等社交媒体，平台商品销往印度及其周边国家和地区。该平台已在 29 个国家和地区上线，拥有 8 000 多万名用户，SKU 数量超千万个。

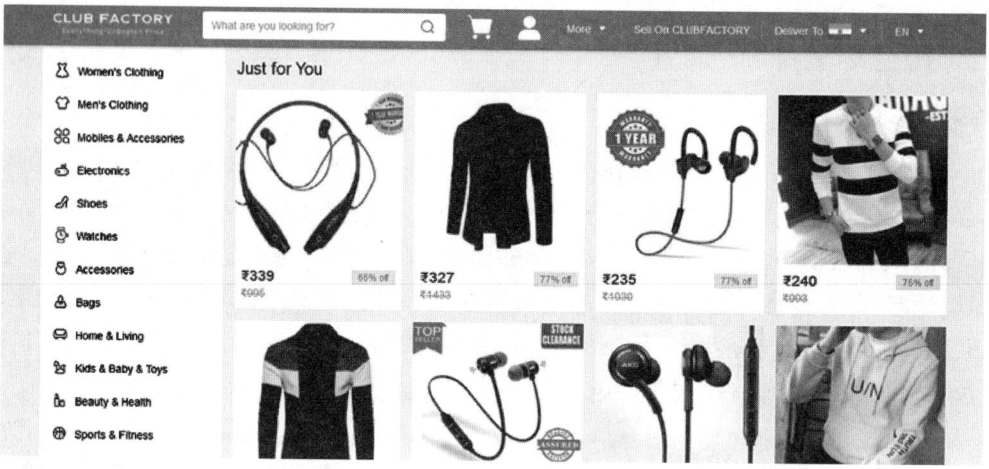

图 1-17　Club Factory 平台首页

（三）Meesho

Meesho 平台创建于 2015 年 12 月，是印度的第一大社交电商平台。它和其他跨境电商平台的区别在于，该平台允许小型企业和个人通过 WhatsApp、Facebook、Instagram 等社交媒体开设在线商店。目前平台注册的分销商达 1 000 万个，月活跃分销商达 50 万个。Meesho 作为印度领先的社交电商，瞄准印度社交电商增量市场，迎合了印度零售现状，更注重本土化社交与运营。2019 年 5 月获得了 Facebook 战略投资，进一步赋能给在线分销商，在 Facebook 生态体系上（Facebook、WhatsApp、Twitter 和 Instagram）进行商品展示和传播。

卖家可以零成本入驻 Meesho 平台分销商品，把商品供给 Meesho 平台，卖家无须支付印度关税、印度消费税及任何物流费（包括中国国内段、国际段和印度段）。Meesho 模式极大地降低了中国卖家进军印度市场的门槛。Meesho 平台产品类目有服装，时尚配饰，儿童周边，厨房用品，家具（仅限体积小、重量轻的物品），美妆类（仅包括彩妆工具），不带电、非蓝牙的电子商品。平台首页如图 1-18 所示。

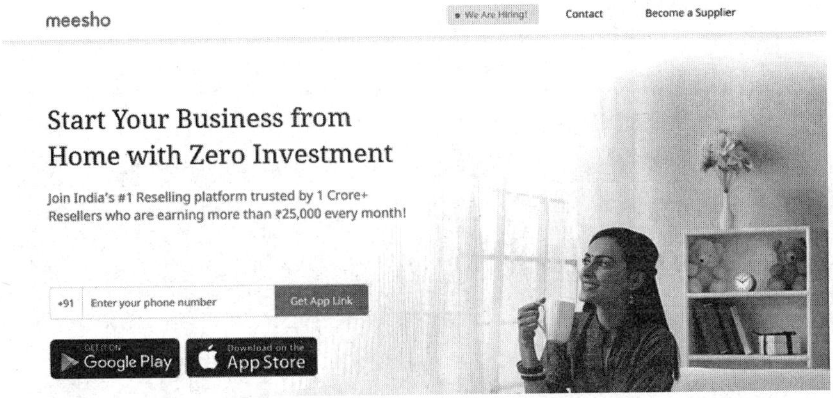

图 1-18　Meesho 平台首页

（四）Flipkart

Flipkart 成立于 2007 年，是一家注册于新加坡，总部位于班加罗尔的印度第一家大型电子商务公司。与亚马逊类似，Flipkart 发展之初也专门从事图书销售，之后逐渐扩展到其他类目，如 3C 商品、服饰、时尚用品等。2014 年，Flipkart 推出了自己的商品系列，名为“DigiFlip”，包括平板电脑、USB 闪存驱动器和笔记本电脑包。到 2017 年，Flipkart 在印度本土的市场占有率为 39.5%。2018 年 5 月，沃尔玛以 160 亿美元的价格收购了 Flipkart 77% 的股份，并最终于 2018 年 8 月完成收购行为。Flipkart 允许第三方厂商卖家入驻和销售商品。Flipkart 平台的物流体系完善，配送范围覆盖超过 1 000 座城市，因此卖家入驻平台后，只需要提供商品提货点给 Flipkart，平台的物流合作商便会协助卖家运输。

（五）Snapdeal

Snapdeal 创立于 2012 年，是一家印度电子商务公司，公司总部位于新德里，在印度比较有名气。起初 Snapdeal 只是一个折扣网站，之后逐渐发展成为一个全品类的电子商务门户网站，被称为“印度版阿里巴巴”。Snapdeal 拥有数百万名用户和超过 30 万名卖家，面向全印度的买家，为买卖双方提供交易平台。Snapdeal 平台热卖类目有手机和平板电脑、计算机等电子商品，家居、厨房用品。

五、澳大利亚跨境电商平台

（一）Trade me

Trade me 成立于 1999 年，是新西兰最大的电商平台。目前 Trade Me 有 390 万名用户，网站日访问量达 80 万人次。Trade me 平台有新西兰和澳大利亚两大站点，且市场覆盖范围仅局限在新西兰和澳大利亚，平台首页如图 1-19 所示。致力于开发这两个国家市场的卖家可以考虑使用这个跨境电商平台，对于中国卖家来说，可以在该平台销售反季节商品。

Trade me 平台热销的类目有玩具、家具、3C 商品（特别是手机）、品牌服装、汽车、摩托车和船配件等几大类，其中玩具类目中的乐高玩具在新西兰非常畅销，这个品牌在全球的知名度也是比较高的。

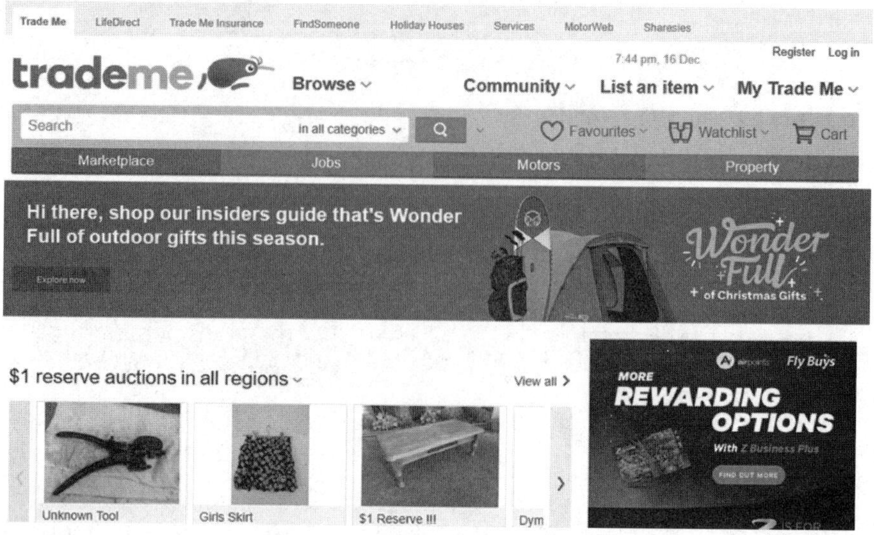

图 1-19 Trade me 平台首页

（二）Catch

Catch 平台于 2017 年成立，是澳大利亚最大的，日线上交易量最大的电商平台。该平台前身是 2006 年成立的知名折扣网站 catch of the day，多年来吸引了很多知名品牌入驻。2016 年，由于受到国际电商巨头亚马逊、eBay 等的冲击，改名为 Catch，同时允许第三方卖家入驻。

Catch 是澳大利亚发展较好的本地平台，除此之外，亚马逊、eBay 也是澳大利亚发展较好的电商平台。Catch 平台每周约有 200 万名网站访客，共拥有 400 万名符合资格的买家、超过 100 万名 App 活跃用户。目前平台有澳大利亚和新西兰两个站点。Catch 平台热销类目有时装配饰、运动服装、家居装饰、保健与生活用品、日用百货等。平台的目标用户群体以女性为主，多为 App 用户。图 1-20 为 Catch 平台首页截图。

图 1-20 Catch 平台首页

六、非洲地区跨境电商平台

（一）Kilimall

Kilimall 于 2014 年 7 月在肯尼亚内罗毕成立，是第一家进入非洲互联网行业的亚洲企业，是一个集多国订单、交易、支付、配送等功能于一体的一站式国际线上交易服务平台。Kilimall 是在非洲本土成长起来的电子商务交易平台，当前业务范围已经从肯尼亚本土扩张到乌干达和尼日利亚，拥有乌干达、肯尼亚和尼日利亚 3 大站点。

Kilimall 在成立之初就很好地融入了非洲当地市场，建立了非洲当地品牌营销、仓储物流、售后客服等运作团队和服务体系，并具备了全球供应链和国际支付系统，助力平台快速成长。Kilimall 平台热销时尚、家居、3C、母婴等类目商品，平台买家主要是当地的年轻消费群体。Kilimall 已成为非洲买家信赖和喜爱的购物渠道，是在非洲民众中颇具影响力的生活和工作服务平台。

（二）Jumia

Jumia 是非洲第一大电子零售商，在 Facebook 上的粉丝已经超过 1 000 万人。Jumia 市场遍布 23 个非洲国家，在埃及是唯一一家拿到国家电商牌照的平台。2012 年，Jumia 率先在尼日利亚的拉各斯市推出，并相继拓展至肯尼亚、埃及、摩洛哥、南非和科特迪瓦 5 个国家。2014 年，该公司在加纳、坦桑尼亚、乌干达、阿尔及利亚、突尼斯设立办事处。截至 2018 年，Jumia 已经在 14 个非洲国家开展了业务，逐渐成为被市场认可的、领先的电商巨头。

Jumia 平台站点有卢旺达站、乌干达站、坦桑尼亚站、塞内加尔站、加纳站、喀麦隆站、阿尔及利亚站、突尼斯站、南非站、科特迪瓦站、肯尼亚站、摩洛哥站、埃及站。各个站点是分开运营的，每个站点有独立的前后台，用本地货币支付和结算。该平台拥有自己的末端物流配送企业。Jumia 平台热销商品类目有 3C 商品、时尚商品、家居生活用品、健康与美容用品、书籍等类目。

（三）集酷（KiKUU）

集酷成立于 2015 年，是一家面向非洲市场的跨境电商公司，致力于帮助全球商家开拓非洲市场的跨境 B2C 业务。集酷拥有独立的物流供应链，在非洲具有较大规模的电子商务仓储能力，致力于通过线上买家端的营销方式拓展业务，打造非洲跨境电商经营新业态。平台现已在加纳、乌干达、坦桑尼亚、喀麦隆、卢旺达、刚果（金）、刚果（布）、尼日利亚、科特迪瓦、塞内加尔、埃塞俄比亚、加蓬这 12 个国家建有物流配送中心。卖家在集酷平台可经营全类目商品。

七、日韩地区跨境电商平台

作为亚洲经济强国，韩国凭借经济和科技上的优势，近年来电商迅猛发展，已成为全球第五大电商市场。据统计，2017 年韩国电商销售额为 760 亿美元，2018 年韩国电商销售额约为 1 000 亿美元，中国也已经成为韩国海淘市场的核心贸易国。除了韩国，日本的电商业务发展也很迅速，两个国家也各自有发展较好的跨境电商平台。

（一）11Street

11Street 创立于 2008 年，是韩国移动通信巨头 SK 旗下知名电商平台，2017 年交易额为 84 亿美元。11Street 平台首页如图 1-21 所示。11Street 的买家群体为 20～40 岁的买家，总会员 1 400 万人，每年有 19%的增长率。2018 年 11 月 11 日当日平台交易额达到 1.2 亿美元，创下韩国电商平台交易额的历史新高。该平台收取卖家的手续费为全类目的 12%，同时免刊登费用和店铺租金。

图 1-21　11Street 平台首页

（二）Gmarket

Gmarket 是韩国的在线电子商务平台，平台首页如图 1-22 所示。该公司成立于 2000 年，是 Interpark 的子公司，2009 年被韩国 eBay 收购。该平台的买家众多，韩国有 64%的人口在使用 Gmarket，几乎覆盖了韩国所有的优质流量。Gmarket 畅销的类目有服装鞋帽、家电及 3C 商品、母婴用品、家居用品、休闲运动用品等。Gmarket 上不可销售的类目有医药品、烟酒、视力矫正用品、刀枪、化学药品、毒品、野生动植物、军装及军用装备、淫秽色情物品。Gmarket 限制销售的类目有保健品、食品、化妆品、药品、医疗器械、广播通信设备、游戏、唱片及视频等，这些类目需要在韩国获取相关认证才可销售。

截至 2020 年，Gmarket 平台已有 2 000 多万名会员，每月网站独立访客量达 845 万人次，2017 年 Gmarket 的买家满意度指数为 77%，品牌竞争力指数为 76%，在韩国所有电商平台中排第一名。Gmarket 平台具有良好的口碑，买家使用率也高，平台营销手段丰富，对跨境卖家来说是一个较好的选择。

图 1-22　Gmarket 平台首页

（三）Unit808

Unit808 是韩国一家专注售卖境外商品的跨境电商平台，在其平台上销售的商品可以同时在 WeMakePrice、NAVER 两家韩国本土平台展示，NAVER 是韩国流量最大的门户网站，日均独立访客 3 000 万人以上。Unit808 平台热销的类目有时尚百货、3C 商品、家电、户外用品等。Unit808 平台首页如图 1-23 所示。

图 1-23　Unit808 平台首页

（四）Coupang

成立于 2010 年的 Coupang 是一家韩国电子商务公司，总部位于首尔。Coupang 是韩国最大的在线零售商，年收入超过 40 亿美元。Coupang 平台销售的商品类目非常丰富，包括 3C 商品、美容用品、书籍、母婴用品、家居装饰用品、时尚用品、玩具、体育用品、门票、旅游和文化活动策划等。

火箭运输（Rocket Delivery）是 Coupang 公司的物流配送网络，配送效率较高，能在当日或次日交付超过 500 万件物品。Coupang 平台的自营商品，在半夜 12 点前下单，第二天就能配送到买家手中，包括周六和周日。Coupang 平台的物流品牌“Coupang Fresh 黎明快递（Dawn Delivery）”能确保买家在半夜下的订单于第二天早上 7 点准时送达。Coupang 平台还确保容易腐坏的商品和有机商品在买家购买后的几个小时内配送。

Coupang 平台的电子付款方式对买家来说也非常方便，使用简单快速的一键式付款，同时买家使用该电子付款还可获得 2%的现金返还，这一举措能够有效提高买家满意率。同时平台支付系统和后台操作系统也支持各种 API 对接。

（五）Auction

Auction 成立于 1998 年，是韩国第一个电商平台，同时也是韩国首个拍卖类电商平台，引进了所有卖家都可以自由销售购买的 Open Market 模式，目前作为韩国主流综合性电商平台，用户群覆盖韩国 48%的人口。Auction 现在是韩国 eBay 旗下平台。平台首页如图 1-24 所示。

图 1-24　Auction 平台首页

作为韩国 eBay 旗下的综合性电商平台，Auction 平台畅销类目有服装鞋帽、家电及 3C 商品、母婴用品、家居用品、休闲运动用品等。卖家在 Auction 平台不可销售医药品、烟酒、视力矫正用品、刀枪、化学药品、毒品、野生动植物、军装及军用装备、淫秽色情物品等。

（六）日本乐天（Rakuten）

乐天株式会社成立于 1997 年，是日本最大电子商务平台日本乐天的经营者，旗下企业包括日本电商平台日本乐天、门户网站 Infoseek 等。日本乐天在日本电商平台中排名第一，占据了 27.8%的市场份额。日本乐天总部设在日本，有日本、法国、中国台湾、德国 4 个站点。平台首页如图 1-25 所示。

平台经营的热销商品包括玩具、DIY 商品、家具家电、食品和个人护理用品等。日本乐天有 4.6 万名卖家，有 9 850 万名买家，约占日本总人口的 80%，买家覆盖日本各年龄层和各收入阶层。日本将近 1/3 的网购买家通过乐天购物，几乎所有的东西都能在该平台上买到，其全球总交易额达到 1 000 亿美元。

（七）Starday

Starday 成立于 2015 年，总部设在日本，是面向日本市场的电商平台。Starday 和亚马逊、eBay、日本乐天并为日本顶级电商平台。Starday 在日本拥有自营海外仓，并在中国有物流中转站，依托在全球建立的供应链体系，在配送时效、安全性、价格、服务等方面拥有巨大优势。Starday 平台上的热销类目有 3C 商品、服饰、户外用品、办公用品、宠物用品等。个人和企业均可入驻 Starday 平台。

图 1-25　Starday 平台首页

案例解析

小华是 A 公司的新员工，经过半个月的实习，她已经对公司的商品和跨境电商业务有了基础了解。根据公司跨境电商市场战略目标，接下来要开拓东南亚市场。经理让她查找东南亚地区的相关跨境电商平台的资料并选择适于公司的平台，以便开展下一步的业务。根据经理要求，小华开始着手查找东南亚地区的相关资料并对资料进行分析，然后根据平台特点并结合公司实际商品及业务现状给出业务开展建议。

一、东南亚地区概况

东南亚地区包括中南半岛和马来群岛两大部分，地处亚洲东南部。中南半岛因位于中国以南而得名，而南部的细长部分则是马来半岛。马来群岛散布在太平洋和印度洋之间的广阔海域，是世界上最大的群岛，共有两万多个岛屿，分属印度尼西亚、马来西亚、东帝汶、文莱和菲律宾等国。

东南亚地区共有 11 个国家：越南、老挝、柬埔寨、泰国、缅甸、马来西亚、新加坡、印度尼西亚、文莱、菲律宾、东帝汶，面积约 457 万平方千米。在东南亚所有国家中，老挝是唯一的内陆国。

东南亚各国除了新加坡都为发展中国家。各国拥有丰富的自然资源和人力资源，为经济发展提供了良好的条件。东南亚地区经济结构比较单一。20 世纪 60 年代以后，各国建立了外向型市场经济与国家干预相结合的经济发展模式。

1967 年，东南亚地区成立了一个政府性国际组织，即东南亚国家联盟（简称“东盟”），发展至今已有 10 个成员国，东帝汶不是东盟成员。东南亚是当今世界经济发展最有活力和潜力的地区之一。

二、东南亚地区主要跨境电商平台

（一）虾皮购物（Shopee）

虾皮购物是总部设在新加坡的一个电子商务平台，隶属 Sea 集团（以前称为 Garena），该公司于 2009 年创立。虾皮购物于 2015 年首次在新加坡推出，当前有新加坡、马来西亚、泰国、印度尼西亚、越南、菲律宾、中国台湾和巴西 8 个站点。虾皮购物售卖服装配饰、美妆、母婴、家居装饰、流行鞋包等类目，备受女性用户的青睐。随着男性用户及不同消费需求的增加，虾皮购物的经营范围在向 3C 商品、男装、户外用品等全类目拓展。

（二）Lazada

Lazada 成立于 2012 年，是东南亚地区领先的电子商务平台。Lazada 已经在 6 个国家（印度尼西亚、马来西亚、菲律宾、新加坡、泰国和越南）开展业务。2016 年，Lazada 被阿里巴巴集团收购，成为阿里巴巴集团的区域旗舰，并得到了阿里巴巴一流的基础技术设施的支持。在 Lazada 平台上热销的类目有 3C 商品、鞋服配饰、家居用品、美容美发用品、汽车摩托车零配件、母婴童玩、户外运动用品等。

（三）TiKi

TiKi 于 2010 年成立，是越南发展非常迅速的一家 B2C 电商平台，公司以其独特的物流产品 TikiNow 实现 2 小时速递服务而闻名，经营模式与京东类似，有指定物流和自建仓。该平台最初只销售电子书，随着公司不断发展壮大，形成了一个多元化的电商市场，平台销售的商品包括玩具、3C 商品、生活用品和美容用品等。目前平台已上架 30 多万种不同的商品。据统计，平台的买家70%以上为女性。平台收取佣金，对3C商品类目收取6%的佣金，非3C商品类目收取10%的佣金。需要注意的是，在该平台销售商品还会产生末端配送费、支付手续费等。

（四）Qoo10

Qoo10是一家新加坡电商平台，其前身是Gmarket在新加坡的分站。eBay于2009年收购Gmarket，并于2010年在新加坡成立了Qoo10公司。2012年5月，Gmarket新加坡分站更名为Qoo10，成为在亚洲国家非常受欢迎的电子商务平台。目前平台在印度尼西亚、马来西亚、中国内地、中国香港、新加坡这5个国家和地区运营本土化在线电商市场。Qoo10网站的月访问量达665万人次，其中大部分流量都来自自然搜索。Qoo10平台主营类目有女装、餐饮、男士及运动用品、家居生活用品、母婴用品、数字和移动商品。Qoo10平台把卖家分3个等级，即标准、优秀和高级。平台根据卖家等级收取相应的平台佣金，最开始向卖家收取的佣金为成交额的12%，随着店铺销量增加，平台会给店铺进行评分，也会相应地降低佣金。

（五）Zalora

Zalora成立于2012年，总部位于新加坡，是一个在线时装及美容商品购物平台，为男女买家提供时装、饰物、鞋履、化妆品、护肤品。Zalora于不同地区设有分区网页，包括中国香港、中国台湾、新加坡、印度尼西亚、菲律宾、泰国、越南、马来西亚，打开Zalora网站，可以单击分区名字相应按钮进入分区首页。Zalora售卖国际品牌，各个分区网页亦会售卖本地品牌，是亚洲增长最快的在线时尚零售商之一，网站月访问量达数千万人次。中国卖家如要入驻Zalora平台售卖商品，可联系中国香港地区的招商经理协助处理入驻事宜。

（六）Zilingo

Zilingo成立于2015年，总部位于新加坡，是一家面向东南亚市场，以服装类商品为主的时尚电商平台。公司秉承“移动先行”理念，如今该平台拥有2万多家卖家，有5个站点，分别是泰国、新加坡、印度尼西亚、马来西亚、菲律宾。Zilingo平台是一家中高端时尚电商平台，无广告和促销，使用指定物流，运费固定，卖家只需要在后台上传SKU，平台会负责新加坡、泰国、印度尼西亚及菲律宾市场站点的上架，同时收取25%的佣金。

三、公司跨境电商业务开展建议

小华收集东南亚地区的主流跨境电商平台资料后，分析整理成文档。然后对公司已有跨境业务进行了分析，根据目前公司在速卖通的业务开展情况，以及竞争对手的跨境业务开展情况，建议公司先入驻虾皮购物平台马来西亚站。在虾皮购物平台，有大量的新手学习指南文件与视频，同时虾皮购物平台后台操作界面相对容易，这使公司跨境业务运营人员能相对较快地熟悉操作该平台。近几年，该平台发展势头不错，平台也较容易出订单，因此只要运营人员做好基础操作与管理，处理好商品的相关信息，公司店铺就有望陆续出现订单。虾皮购物平台目前大力拓展中国市场，其提供的服务与支持也使公司能更顺畅地在该平台上开展业务。

习题演练

一、单选题

1. 亚马逊的创始人是（　　）。

A. 马云　　B. Jeff Bezos　　C. Pierre Omidyar　　D. 王树彤

2. 亚马逊是最早开始经营电子商务的公司之一，成立于（　　）年。

A. 1991　　B. 1995　　C. 1998　　D. 2010

二、多选题

1. 关于亚马逊以下站点域名正确的有（　　）。

A. 美国站点域名为 www.amazon.com

B. 加拿大站点域名为 www.amazon.ca

C. 法国站点域名为 www.amazon.fr

D. 日本站点域名为 www.amazon.co.jp

2. 目前，亚马逊美国站后台，除了有美国站点，还有什么站点？（　　）

A. 英国、法国　　B. 加拿大、墨西哥

C. 葡萄牙、加拿大　　D. 墨西哥、德国

3. 以下哪个平台属于 B2C 跨境电商平台？（　　）

A. Amazon　　B. eBay　　C. Wish　　D. 阿里巴巴国际站

三、判断题

1. 亚马逊目前共有 13 个站点。（　　）

2. Zilingo 平台收取 30%佣金。（　　）

3. Qoo10 平台只在印度尼西亚和马来西亚两个国家和地区运营本土化在线电商市场。（　　）

4. 2012 年，Lazada 被阿里巴巴集团收购，成为阿里巴巴集团的区域旗舰。（　　）

实践操作

实践任务一

根据本情景所学整理跨境电商平台资料，完成下表。

序号	平台名称	平台经营类目	平台特点	平台面向市场
1				
2				
3				
4				
5				
6				
7				
8				
9				
10				
11				
12				
13				
14				

实践任务二

选择一个跨境电商平台，搜索并整理其资料，进行平台情况汇报。

任务要求

1. 每小组成员 4～6 人，以小组的形式汇报该跨境电商平台的情况。组长根据平台内容分配每个成员负责查询的资料。

2. 利用百度、Bing、平台官网等搜索本组选定的跨境电商平台的相关资料，如该平台的发展历史、特点、优势劣势、市场范围、平台注册步骤等内容。

3. 汇总搜集的资料，讨论并制作平台汇报 PPT。以 PPT 的形式进行小组汇报，各小组间进行沟通互评。PPT 应图文并茂，简洁明了。

子情景二　速卖通注册

学习目标

知识目标

- 掌握速卖通的账号和店铺注册流程，以及实名认证的相关知识。
- 了解速卖通的特点。
- 了解速卖通的业务模式。

能力目标

- 根据所学知识分析速卖通的特点，能分析公司的业务现状并根据业务现状判断是否适合注册速卖通账号。
- 能够熟悉速卖通的店铺注册规定和要求。
- 能够准备速卖通注册所需的资料。
- 能够完成速卖通账号注册并通过平台审核。

素质目标

- 培养学生的团队合作能力和分析能力。
- 能够在速卖通账号注册过程中养成认真、谨慎的工作作风。

项目背景

近年来，随着计算机技术和移动网络技术的发展，跨境电商发展迅速，许多外贸公司都开展了跨境电商业务并取得了不错的成绩。杭州景慧贸易有限公司长期从事外贸业务，为了顺应经济形势的变化，公司今年也计划开展跨境电商业务。经过对平台的选择比较，公司决定先开通速卖通店铺。跨境电商专业毕业的小张进入公司后接手了这一任务。那么他需要完成哪些工作，才能开通公司的速卖通店铺呢？

任务实施

步骤一：了解速卖通注册的规则。
步骤二：掌握速卖通注册的方法。
步骤三：根据速卖通注册的相关要求，准备注册需要的资料。
步骤四：在速卖通上进行账号注册并完成认证。
步骤五：在速卖通上进行支付账号注册并完成绑定。
步骤六：缴纳保证金，开通公司店铺。

知识铺垫

一、了解速卖通

速卖通（AliExpress）是阿里巴巴集团面向全球市场打造的在线交易平台，帮助中小企业直接接触境外终端买家市场，进行小批量、多批次快速在线交易，拓展企业的利润空间，是集订单、支付、物流于一体的跨境在线交易平台。

在全球贸易新形势下，全球买家采购方式发生剧烈变化，正在形成一种新的采购潮流，更多的终端批发零售商直接上网采购。简便的在线交易，更短的零售流通渠道，直接的在线支付和收款，拓展了零售交易的利润空间，为批发零售商创造了更多的收益。

速卖通秉承阿里巴巴“让天下没有难做的生意”的理念，立足于把速卖通打造成国际小额批发在线交易平台。无论卖家是否具有外贸经验，利用速卖通都可以实现 3 分钟商品上架，3 个小时处理买卖信息、获得订单，3 天通过快递将商品发往全球。

（一）速卖通发展历程

速卖通于 2009 年 9 月 9 日上线，2010 年 4 月正式在境外开业。经过多年的高速发展，平台日趋成熟。速卖通目前已覆盖全球 230 个国家和地区，其主要交易市场为俄罗斯、美国、西班牙、巴西、法国等国家。速卖通流量巨大，平均每日境外买家的访问量已经超过 5 000 万人次，境外成交买家数量突破 1.5 亿个，已成为全球主流的跨境交易平台之一。速卖通手机应用 AliExpress App 境外装机量超过 6 亿次，入围全球应用榜单 TOP 10。

速卖通上共有 22 个行业，囊括了日常消费的主要类目，平台上的商品备受境外买家欢迎。速卖通在境外电视、报纸、杂志及欧美主流网站投放了巨额广告，在 Google 投入了数十万个热卖商品关键词，利用 SNS、电子邮件的方式扩大影响。

2010 年速卖通刚刚成立时商家是免费入驻的，由于平台人气比较低，想要尽快丰富商品种类以提高平台知名度，所以对卖家的资质要求很低，个人和企业都可以入驻平台以商家身份进行跨境商品出口销售。同时平台也鼓励商家上传更多的商品，对于商家商品是否有品牌也没有进行限制。速卖通花大力气推广自己的平台，对于一些个人卖家和中小型企业来说也是比较有利的。

从 2010 年上线到 2014 年期间，速卖通每年成交额保持 300%～500%的增长，在线商品数量已达到亿级，订单成功覆盖全球 230 个国家和地区，平台卖家 20 多万个，注册的速卖通账号包含未开店的已接近 200 万个。

2014 年，速卖通第一次参加全球化“双 11”，24 小时创下 684 万笔交易订单的记录，当天的有效订单覆盖了 211 个国家和地区。

2015 年 4 月，速卖通提出了“Smart shopping，Better living”（智能购物，更好生活）的理念，后又提出了“全球速卖，货通天下”的理念，继续给全球 230 个国家和地区的买家提供更丰富、性价比更高同时兼具品质的一站式购物体验。

2015 年，速卖通上来自全球的买家人数达到 3 400 万个，时至今日，速卖通境外成交买家数量已突破 1.5 亿个。

在快速发展的过程中，速卖通也遇到了一些问题。2016 年，速卖通为了更好地服务各个国家的买家，根据许多买家的反馈意见对平台政策进行了调整，加强了对纠纷的管理，同时也改善了网站平台给买家带来的购物体验。为了让买家更快地收到商品，速卖通把精力集中在物流上面，优化了物流系统，对于卖家的备货时间等提出了更高的要求。

速卖通在 2016 年重新定位，更改相关政策，从 C2C 平台转型到 B2C 平台并开始根据类目对商品进行收费，入驻也需要更多资质条件，在商品质量等方面加强管理，严打侵权行为，并且把不付费的、资质考核不通过的商家清退，这大大增加了卖家入驻的难度，一些中小型企业和个人卖家达不到要求最后只能被清退。

速卖通于 2018 年 8 月启动针对中东市场的“石油计划”，致力于为中东地区的买家提供更好的跨境购物服务。在物流上，发往中东的包裹物流时效提升显著，包裹已经可以最快 7 天送达当地买家手中。在营销方面，速卖通把沙特阿拉伯和阿联酋两个国家作为中东地区的重点，加大营销推广力度，增强与当地网红、社交媒体和传统媒体的合作。

速卖通全球战略将围绕“新市场、新用户、更智能、更简单”这 4 个关键词把购物平台升级为境外买家的生活平台，从单一的购物平台发展到能够为买家赋予更多的价值。围绕这个目标，速卖通致力于为境外买家提供更加丰富的、多元化的商品，并进一步提升跨境购物支付、物流和服务体验，通过深耕境外的社交网站和平台，为境外买家提供更好的本地化服务。

时至今日，每天有数以万计的境外买家在速卖通上采购到理想的商品，平台上也有了大量优秀卖家，当前的速卖通正处在高速发展时期。

（二）速卖通的优势

与较知名的跨境电商平台如亚马逊、eBay、Wish、敦煌网相比，速卖通具有较大优势，非常适合国内新手卖家。

1. 速卖通具有较大的流量

据统计，速卖通 App 境外装机量达到 6 亿次，在全球 43 个国家和地区的 iOS 版购物类 App 中排名第一，在 35 个国家和地区的安卓版购物类 App 中排名第一。在以往的促销节日中，速卖通成交额也非常可观。对于新手卖家说，利用好平台的流量完全可以开展公司的跨境电商业务。

2. 卖家后台操作方便

对于中国卖家来说，速卖通卖家后台全中文的操作界面非常方便，不会因为语言障碍产生问题。同时平台还提供商品上架模板和店铺装修模板，这对于大部分卖家来说，比较容易上手操作。在速卖通卖家后台，还有各项数据分析和商品表现数据，这些功能对新老卖家优化商品和店铺及营销推广都非常实用。

3. 平台服务较好

速卖通有多语种版本，卖家无须掌握多种语言即可开启跨境业务。同时速卖通也提供多种物流解决方案，卖家可自由选择合适的物流方式，避免由平台提供物流导致的纠纷。在国内主流跨境电商平台中，速卖通对账户关联要求最低，基本不会封闭店铺，卖家开店安全系数高。

（三）适合在速卖通上售卖的商品

速卖通是一个在线的全球跨境交易平台，在平台上的售卖的商品一定要能够在网络销售并且能在一定时效内送达买家手中。否则商品销量没有，运输时间又长，成本增加，对卖家非常不利。在速卖通出售的商品需要符合以下条件。

1．体积重量适宜

商品包装后的体积要小，重量要合适，要适用于邮政或快递运输，以便降低国际物流运输成本。如果是走海外仓的，那么商品的体积也要在规定范围内。

2．商品价值合适

商品有一定的价值，存在合理的利润空间。商品价值过低，综合商品交易成本后利润空间太小甚至没有的商品是不合适的。

3．价格合理

平台上的商品价格要符合当地市场情况，与当地市场的商品价格相比有竞争力，如果商品同质而价格偏高，就很难销售出去。因此商品价格要合理，要充分考虑目标市场所在地的特点。

4．商品独特

在跨境电商平台上，一些新颖、独特的商品会吸引买家的注意，创新性的商品往往都有一定的市场。因此需要不断创新商品，刺激买家购买。

因此，如果要在速卖通开通店铺销售商品，那么在以下类目中选择商品较为合适：服装服饰、美容美妆、珠宝首饰、园艺灯具、家居用品、3C 商品、汽车配件、体育与户外用品等。图 1-26 为速卖通上售卖的商品类目。

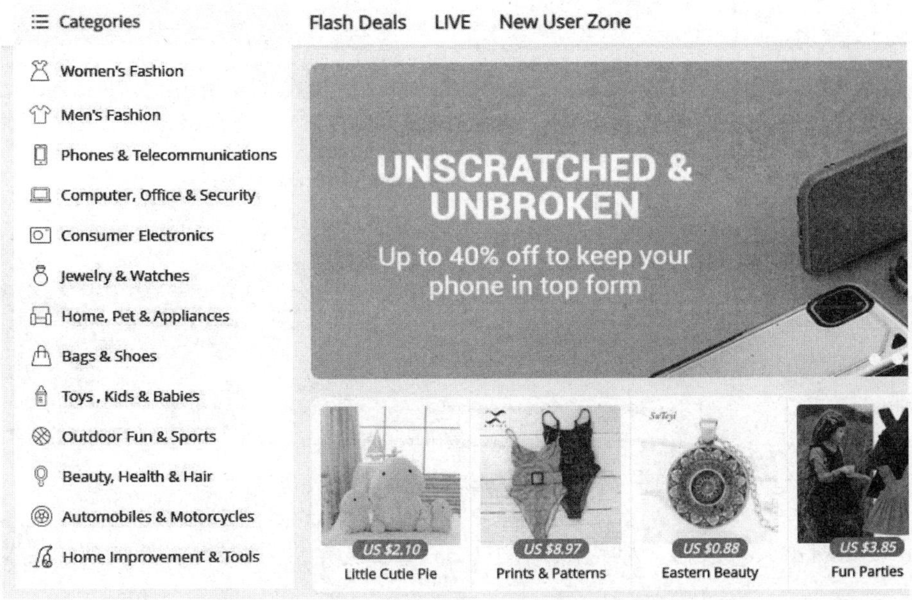

图 1-26　速卖通上的商品类目

（四）速卖通的买家群体

在速卖通成立之初，主要以在线小额批发业务为重点，因此在其起始阶段，买家一般为国外小商家、小额批发商等。但随着其业务的发展和知名度的提升，速卖通以其良好的商品品质和有竞争力的价格慢慢地吸引了广大的境外个人买家。因此，平台也将境外个人买家定位为其目标买家。

随着时间的推移，以及速卖通的战略调速，速卖通上的个人买家也已经发生改变。巴西市场主要是比较低端的消费，而且售后问题偏多，已经不再是订单和流量大国，现在速卖通的市场已经往欧洲地区转移，重点逐渐转为高端消费的国家。现在，速卖通的主要市场是俄罗斯、美国、英国、西班牙、法国等。来自全球的速卖通数据显示，在 1.5 亿境外买家中，女性和年龄在 25～34 岁的人群已经成为消费主力军。

二、速卖通的规则

为了维护买卖双方的利益，保障卖家在平台的权益，也为了保障平台上的文明交易，维护速卖通上的秩序，速卖通制定了卖家规则和买家规则。作为跨境卖家，有必要了解速卖通的卖家经营相关规则，以免因触犯平台规则而受到处罚。接下来将对速卖通的相关规则做详细解释，以便卖家对速卖通规则进行了解，做到不违反平台规则，从而避免受到处罚。

卖家只有了解了速卖通的各项规则，才能保证店铺合法运营，使交易顺利进行，在交易过程中出现纠纷时，才能依据规则维护自己的最大权益。因此，在开设速卖通店铺之前，一定要了解速卖通的各项规则，做到有备无患。

速卖通的规则网址为 https://sell.aliexpress.com/rules/，首页如图 1-27 所示。

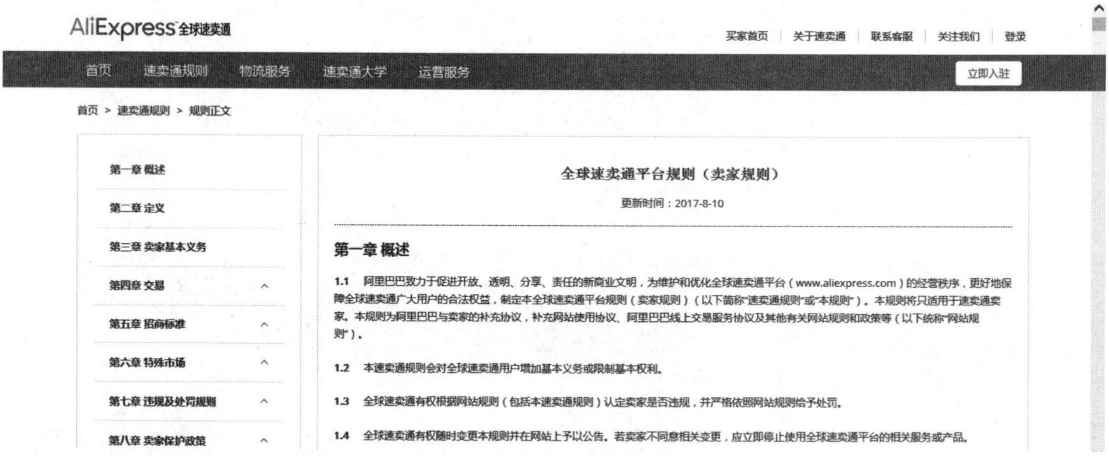

AliExpress全球速卖通
买家首页
关于速卖通
联系客服
关注我们
登录
首页
速卖通规则
物流服务
速卖通大学
运营服务
立即入驻
首页 > 速卖通规则 > 规则正文
第一章 概述
第二章 定义
第三章 卖家基本义务
第四章 交易
第五章 招商标准
第六章 特殊市场
第七章 违规及处罚规则
第八章 卖家保护政策
全球速卖通平台规则（卖家规则）
更新时间：2017-8-10
第一章 概述
1.1 阿里巴巴致力于促进开放、透明、分享、责任的新商业文明，为维护和优化全球速卖通平台（www.aliexpress.com）的经营秩序，更好地保障全球速卖通广大用户的合法权益，制定本全球速卖通平台规则（卖家规则）（以下简称"速卖通规则"或"本规则"）。本规则将只适用于速卖通卖家。本规则为阿里巴巴与卖家的补充协议，补充网站使用协议、阿里巴巴线上交易服务协议及其他有关网站规则和政策等（以下统称"网站规则"）。
1.2 本速卖通规则会对全球速卖通用户增加基本义务或限制基本权利。
1.3 全球速卖通有权根据网站规则（包括本速卖通规则）认定卖家是否违规，并严格依照网站规则给予处罚。
1.4 全球速卖通有权随时变更本规则并在网站上予以公告。若卖家不同意相关变更，应立即停止使用全球速卖通平台的相关服务或产品。

图 1-27　速卖通的规则首页

单击“规则正文”按钮，则进入如图 1-28 所示的全球速卖通平台规则（卖家规则）正文页面。

（一）注册规则

（1）速卖通的注册规则相对比较简单，卖家在平台注册账号时，一定要事先了解清楚速卖通的注册规则，以防止账号注册失败或无法正常使用。

https://sell.aliexpress.com/zh/__pc/rule_detail.htm?spm=5261.8113035.1
AliExpress 全球速卖通
首页
招商计划
卖家故事
最新动态
商家成长
经营支持
中文
注册
登录
概述
基础规则
行业标准
知识产权规则
禁限售规则
营销规则
招商规则
物流规则
卖家保护政策
搜索橱窗规则
特定国家规则
规则公示公告
海外疫情相关政策
全球速卖通平台规则（卖家规则）
更新时间：2020-11-09
概述
阿里巴巴全球速卖通（"速卖通"，"平台"或"我们"）致力于促进开放、透明、分享、责任的新商业文明，为维护和优化速卖通平台（www.aliexpress.com）的经营秩序，更好地保障全球速卖通广大用户的合法权益，速卖通制定本全球速卖通平台规则（卖家规则）（以下简称"速卖通规则"或"本规则"）。本规则包括【基础规则、行业标准、知识产权规则、禁限售规则、营销规则、招商规则、卖家保护政策及其他平台不时制定的约束相关卖家的规则】只适用于来自中国（含港、澳、台地区）的速卖通卖家，本规则为速卖通与卖家的商户服务协议的一部分，与平台其他协议和规则（并称"平台规则"），包括但不限于网站使用协议、隐私政策、网站注册会员协议、阿里巴巴线上交易服务协议等一道具有拘束力。为维护平台秩序、保障卖家权益及消费者利益，速卖通保留变更本规则的权利，并将在变更本规则时通过平台网站予以公告，相关变更在公告规定的合理期限后生效。若卖家不同意相关变更，在相关变更生效前应立即停止使用速卖通平台的相关服务或产品；相反，视为您接受本规则变更。
基础规则
第一章 卖家基本义务
第一条 卖家在平台的任何行为应遵守中国及其他国家可适用的法律、法规、规章、政令、判决等规范性文件。对任何涉嫌违法的行为，平台有权依照本规则进行处罚或处理。同时，速卖通对卖家的处理不免除其应尽的任何法律责任。
第二条 作为交易市场的卖方，卖家应就双方达成买卖交易自主对买家负责，切实履行卖家的信息披露、质量保证、发货与服务、售后及质保等义务。同时，卖家有义务了解并熟悉交易过程中的平台对买家市场规定，遵守并提供善意、合理的配合。
第三条 遵守平台各类目的商品发布规则；禁止发布禁限售的商品或信息，详见全球速卖通禁限售商品目录。
第四条 尊重他人的知识产权，严禁未经授权发布、销售侵犯第三方知识产权的商品，包括但不限于商标、著作权、专利等，详见全球速卖通知识产权规则。
第五条 卖家应恪守诚信经营原则，及时履行订单要求，兑现服务承诺等，不得出现虚假交易、虚假发货、货不对版等不诚信行为，详见交易类规则。

图 1-28 全球速卖通平台规则（卖家规则）正文

（2）卖家在速卖通注册时需要使用邮箱并给店铺取名，其所使用的邮箱和店铺名均不得包含违反国家法律法规、涉嫌侵犯他人权利或干扰速卖通运营秩序的相关信息，否则速卖通有权要求卖家更换相关信息。

（3）卖家在速卖通注册使用的邮箱、联系信息等必须属于卖家授权代表本人，速卖通有权对该邮箱进行验证，否则速卖通有权拒绝提供服务。

（4）卖家要妥善保管速卖通账号的访问权限。卖家账号下所有的操作及经营活动均视为卖家的行为，包括但不限于卖家在账号下开设的子账号内的经营活动。

（5）速卖通有权终止、收回未通过身份认证，或者 1 年中连续 180 天未登录速卖通或 TradeManager 的账户。

（6）卖家在速卖通的账号因严重违规被关闭后，不得再重新注册账号；如被发现重新注册了账号，速卖通有权立即停止服务，关闭卖家账户。

（7）在速卖通账号注册后，由系统自动分配会员 ID，会员 ID 不可修改。

（8）卖家在速卖通注册时提供的所有相关信息均需真实有效，不得做假。

（二）认证、准入及开通店铺规则

（1）依法注册并正常存续的个体工商户或公司可以在速卖通开店。速卖通有权对卖家的主体状态进行核查、认证，包括但不限于委托支付宝进行实名认证。

（2）通过支付宝实名认证的卖家，在对速卖通账号与支付宝账户进行绑定的过程中，应提供真实有效的法定代表人身份信息、联系地址、注册地址、营业执照等信息。

（3）若卖家的账号已通过认证，卖家需选择销售计划类型，速卖通有两种销售计划类型可以供卖家选择，即标准销售计划和基础销售计划。对卖家来说，一个店铺只能选择一种销售计划类型。

（4）卖家无论选择哪种销售计划，都需要根据速卖通流程完成类目招商准入，然后才可以发布商品。卖家要按要求设置收款账户。

（5）卖家同意在速卖通开立店铺时要按入驻的经营类目在其指定的支付宝账号内缴存一笔资金，并由支付宝冻结作为平台规则的履约保证金。如果卖家的店铺入驻多个经营类目，则该店铺卖家应缴纳多个经营类目中金额要求最高的保证金。

（6）商品发布后，卖家将在平台自动开通店铺。完成认证的卖家在速卖通可最多开设 6 个虚拟店铺。店铺不具独立性或可分性，是平台提供的技术服务，卖家不得就店铺进行转让或任何交易。

（7）完成认证的卖家不得在速卖通注册或使用买家账户，如速卖通有合理依据怀疑卖家以任何方式在速卖通注册买家账户，速卖通有权立即关闭卖家账户，且对卖家依据规则进行市场管理。情节严重的，速卖通有权立即停止对卖家的服务。

（8）卖家不得以任何方式交易速卖通账号（或其他卖家的权利义务），包括但不限于转让、出租或出借账户，否则平台会根据规则进行处罚。

（9）速卖通店铺名和二级域名需要遵守《速卖通二级域名申请及使用规范》，不得包含违反国家法律法规、涉嫌侵犯他人权利或干扰速卖通运营秩序等相关信息，否则速卖通有权拒绝卖家使用相关店铺名和二级域名，或者经发现后取消店铺名和二级域名。

（10）为保证买家权益，卖家在申请经营商标商品时，需提供系统要求的商标注册证、授权书或进货发票，审核通过后方可发布商标商品。这里说的商标是指已获得法定商标管理部门颁发的商标注册证或商标受理通知书的商标。

（三）限制类商标的准入和经营限制

1. 限制类商标说明

卖家店铺不得销售涉嫌不正当竞争的相关商标（限制类商标），该类商标是指属于任一下列类型的商标或品牌。

（1）与速卖通已有的品牌、频道、业务、类目等相同或近似的。

（2）包含行业名称、通用名称或行业热搜词的。

（3）包含知名人士、地名或品牌的。

（4）与知名品牌相同或近似的。

（5）纯图形商标。

（6）违反经营品牌封闭管理规则的行业，不属于行业邀约品牌名单且未通过品牌审核的。

2．经营过程中品牌使用不当不得继续经营的情况

卖家经营的品牌在准入中或准入后出现下列情况，速卖通有权按规则下架该品牌的商品，卖家则不得继续经营。

（1）卖家经营的品牌商品被速卖通或第三方专业机构证明是由不具备生产资质的生产商生产的，不符合国家、地方、行业、企业强制性标准的，不得继续经营。

（2）卖家经营的品牌经速卖通或第三方专业机构判定为对他人商标、商品名称、包装和装潢、企业名称、商品质量标志等构成仿冒或容易使买家混淆、误认的，不得继续经营。

（3）卖家经营的品牌在经营期间被证明存在高纠纷率、高投诉率、低市场认可度，品牌商品描述平均分严重低于行业平均水平，严重影响买家体验，经平台告知后在 1 个月内无明显改善的，不得继续经营。

（四）禁限售规则

卖家在速卖通售卖商品时一定要事先了解平台的禁限售规则。速卖通禁止发布任何含有指向性描述的禁限售信息。对于任何违反禁限售规则的行为，平台有权依据《阿里巴巴速卖通的禁限售规则》进行处罚。卖家也不得通过任何方式规避禁限售规则规定、平台发布的其他禁售商品管理规定及公告规定的内容，否则将被加重处罚。卖家可在速卖通卖家规则页面查找禁限售规则，在速卖通禁限售违禁信息解读页面可以查看对此条的解释，并找到最新的有关毒品、易制毒化学品及毒品工具的解释说明，如图 1-29 所示。

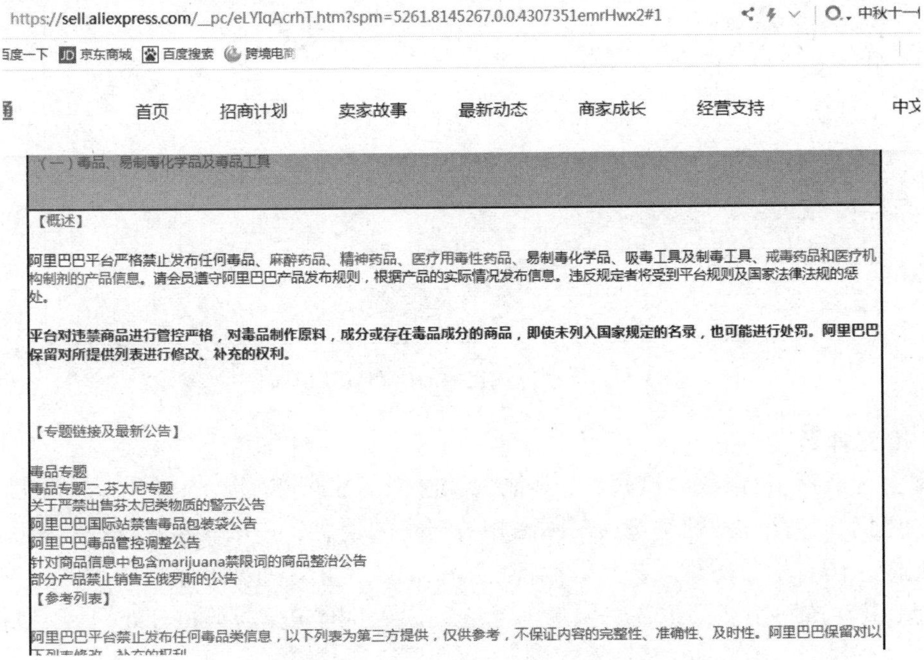
https://sell.aliexpress.com/__pc/eLYIqAcrhT.htm?spm=5261.8145267.0.0.4307351emrHwx2#1
京东商城
百度搜索
跨境电商
首页
招商计划
卖家故事
最新动态
商家成长
经营支持
中文
（一）毒品、易制毒化学品及毒品工具
【概述】
阿里巴巴平台严格禁止发布任何毒品、麻醉药品、精神药品、医疗用毒性药品、易制毒化学品、吸毒工具及制毒工具、戒毒药品和医疗机构制剂的产品信息。请会员遵守阿里巴巴产品发布规则，根据产品的实际情况发布信息。违反规定者将受到平台规则及国家法律法规的惩处。
平台对违禁商品进行管控严格，对毒品制作原料，成分或存在毒品成分的商品，即使未列入国家规定的名录，也可能进行处罚。阿里巴巴保留对所提供列表进行修改、补充的权利。
【专题链接及最新公告】
毒品专题
毒品专题二-芬太尼专题
关于严禁出售芬太尼类物质的警示公告
阿里巴巴国际站禁售毒品包装袋公告
阿里巴巴毒品管控调整公告
针对商品信息中包含marijuana禁限词的商品整治公告
部分产品禁止销售至俄罗斯的公告
【参考列表】
阿里巴巴平台禁止发布任何毒品类信息，以下列表为第三方提供，仅供参考，不保证内容的完整性、准确性、及时性。阿里巴巴保留对以

图 1-29　有关毒品、易制毒化学品及毒品工具的解释说明

1．毒品、易制毒化学品及毒品工具

速卖通严禁发布任何有关毒品、麻醉药品、精神药品、医疗用毒性药品、易制毒化学品、吸毒工具及制毒工具、戒毒药品和医疗机构制剂的信息。卖家需要遵守速卖通商品发布规则，根据商品的实际情况发布信息。卖家违反规定后会受到平台及国家的处罚。

速卖通对违禁商品的管控非常严格，对毒品制作原料或存在毒品成分的商品，即使未列入国家规定的名录，也可能进行处罚。因此卖家务必注意不要触犯此规定。关于毒品、易制毒化学品及毒品工具的扣分处罚规定如图 1-30 所示。

(一)毒品、易制毒化学品及毒品工具 详解	
1. 麻醉镇定类、精神药品、天然类毒品、合成类毒品、一类易制毒化学品；	严重违规，最高扣除48分
2. 二类易制毒化学品、类固醇；	一般违规，6分/次
3. 三类易制毒化学品；	一般违规，2分/次
4.毒品吸食、注射工具及配件；	一般违规，2分/次
5. 帮助走私、存储、贩卖、运输、制造毒品的工具；	一般违规，1分/次
6. 制作毒品的方法、书籍；	一般违规，1分/次

图 1-30　关于毒品、易制毒化学品及毒品工具的扣分处罚规定

2．危险化学品

速卖通禁止发布有毒、剧毒、易燃、易爆、放射性、消耗臭氧层物质等化学品，有害或危险物质的信息。卖家如对商品归属不确定，可以查看中国化学品名录，同时也可咨询速卖通客服。速卖通关于此条规定的扣分处罚说明可见图 1-31。

(二) 危险化学品 详解	
1. 爆炸物及引爆装置；	严重违规，最高扣除48分
2. 易燃易爆化学品；	一般违规，6分/次
3. 放射性物质；	一般违规，6分/次
4. 剧毒化学品；	一般违规，6分/次
5.有毒化学品；	一般违规，2分/次
6. 消耗臭氧层物质；	一般违规，1分/次
7. 石棉及含有石棉的产品；	一般违规，1分/次
8. 烟花爆竹及配件；	一般违规，0.5分/次

图 1-31　关于危险化学品的扣分处罚说明

3．枪支弹药

任何生化武器/化学武器/核武器、其他大规模杀伤性武器，以及任何为其提供服务、使用说明、咨询、生产、助剂，违反国际法相关规定的信息、军用武器及设备、枪支弹药及其主要配件、仿真枪及仿真工艺品等危害性商品都是禁止在速卖通进行售卖的。卖家需要注意的是，潜在威胁工艺品也在禁限售商品之列。关于枪支弹药类扣分处罚规定如图 1-32 所示。

(三) 枪支弹药 ： 详解	
1. 大规模杀伤性武器、真枪、弹药、军用设备及相关器材	严重违规，最高扣除48分
2. 仿真枪及枪支部件；	一般违规，6分/次
3. 潜在威胁工艺品；	一般违规，2分/次

图 1-32　关于枪支弹药类的扣分处罚规定

4．管制器具和军警用品

速卖通禁止发布任何危害他人人身安全的管制器具，禁止发布中国及境外国家和地区的行政机关、执法部门及交通运输部门的制服、标志、设备等相关制品。平台有权对所有被认定为管制器具和军警用品的商品做下架及扣分处理。关于管制器具和军警用品扣分处罚规定如图 1-33 所示。

(四) 管制器具　详解：	
1.　刑具及限制自由工具	一般违规，6分/次
2.　管制刀具；	一般违规，6分/次
3.　严重危害他人人身安全的管制器具；	一般违规，6分/次
4.　一般危害他人人身安全的管制器具；	一般违规，2分/次
5.　弩；	一般违规，0.5分/次
(五) 军警用品： 详解	
1.　制服、标志、设备及制品 ；	一般违规，2分/次
2.　限制发布的警用品；	一般违规，0.5分/次

图 1-33　关于管制器具和军警用品的扣分处罚规定

5．药品和医疗器械

药品和医疗器械也是速卖通禁限售的商品类目。平台严格禁止发布处方药、精神麻醉类药品、有毒中药材、口服性药及含有违禁成分的减肥药或保健品等。处方药指由国家卫生行政部门规定或审定的，需凭医师或其他有处方权的医疗专业人员开写处方出售，并在医师、药师或其他医疗专业人员的指导下方可使用的药品。主要包括人体服用后可能会产生依赖性、药物毒性较大、特定疾病使用的特殊药品，以及需要进一步观察药物活性和副作用的新药，这类药品必须经医疗机构确认后才能服用和使用。

医疗器械是指单独或组合使用于人体的仪器、设备、器具、材料及其他物品，包括所需要的软件；其用于人体体表及体内的作用不是用药理学、免疫学或代谢的手段获得，但是可能有这些手段参与并起一定的辅助作用。为了加强对医疗器械的监督管理，保证医疗器械的安全、有效，保障人体健康和生命安全，我国制定了《医疗器械监督管理条例》，国家对医疗器械实行分类管理。平台禁止发布医疗咨询服务信息如医疗、康复、预防接种、健康检查、心理辅导、营养学、整形外科、按摩等和医疗旅游服务信息如境外医疗旅游等。卖家需要注意不要触犯本条例。关于药品和医疗器械扣分处罚规定参见图 1-34。

(六) 药品 详解：	
1. 处方药、激素类、放射类药品；	一般违规，6分/次
2. 特殊药制品；	一般违规，6分/次
3. 有毒中药材	一般违规，2分/次
4. 口服性药及含违禁成分的减肥药、保健品；	一般违规，2分/次
5. 非处方药；	一般违规，2分/次
(七) 医疗器械 详解：	
1. 医疗咨询和医疗服务；	一般违规，6分/次
2. 三类医疗器械；	一般违规，0.5分/次
3. 其他医疗器械：除三类医疗器械外，其他需要专业人员指导操作的医疗器械；	一般违规，0.5分/次

图 1-34 关于药品和医疗器械的扣分处罚规定

6．色情和非法用途的服务类商品

根据多国法律及社会道德标准，任何涉及色情淫秽、儿童色情、暴力及低俗的商品或服务在速卖通上都是严禁发布的。任何涉嫌用于监听目的、窃取隐私或机密的软件及设备都不能在速卖通进行发布。非法电子软件、游戏烧录卡、盗取或破解账号密码的软件/工具/教程/产物、黑客软件及相关设备都是不允许在速卖通发布的。关于本类商品的扣分处罚规定如图 1-35 所示。

(九) 非法用途产品 详解:	
1. 用于监听、窃取隐私或机密的软件及设备；	一般违规，6分/次
2. 信号干扰器；	一般违规，6分/次
3. 非法软件及黑客类产品；	一般违规，2分/次
4. 用于非法摄像、录音、取证等用途的设备；	一般违规，2分/次
5. 非法用途工具（如盗窃工具、开锁工具、银行卡复制器）；	一般违规，2分/次
6. 用来获取需授权方可访问的内容的译码机或其他设备 (如 卫星信号收发装置及软件、电视棒)；	一般违规，2分/次

图 1-35 关于非法用途商品的扣分处罚规定

7．收藏类商品

收藏类商品包括货币、金融票证、虚拟货币（如比特币）、金、银和其他贵重金属、国家保护的文物、化石及其他收藏品等。根据各国法律法规及监管机构要求，速卖通严禁发布文物、贵金属、流通货币，并严禁发布任何明示或暗示用于伪造、变造货币的主要材料、印制设备，以及传授和介绍伪造/变造货币方法的信息。具有金融价值或流通价值的股票、期票、本票、汇票、证券、债券、邮票等商品及伪造品也不能在速卖通发布。金、银、铂等贵金属的原矿、原石、粗加工及半加工原材料也不允许在速卖通发布。

具有投资及收藏价值的贵金属材质纪念品，包括但不限于国内外中央银行、国际组织等机构授权、国家铸币厂发行的贵金属材质硬币，卖家在信息发布前应提供销售许可证书，以及证明贵金属含量的文件。

卖家在发布部分商品时需要注意相关信息。如贵金属纪念品需标注真实材质，如镀金材质，卖家要在标题中标明“Gold Plated”，若因未明确标准真实材质误导买家而引起纠纷，将被视为欺诈行为。卖家售卖纪念币的仿制品时，在商品本身及商品信息描述中应明确标注“COPY”“REPLICA”“REPRODUCTION”字样，并需确保不违反任何国家的法律法规。关于收藏类商品的处罚扣分规定如图 1-36 所示。

(十一) 收藏 详解类：	
1. 货币、金融票证，明示或暗示用于伪造、变造货币、金融票证的主要材料、工具及方法；	严重违规，最高扣除48分
2. 虚拟货币（如比特币）；	一般违规，6分/次
3. 金、银和其他贵重金属；	一般违规，2分/次
4. 国家保护的文物、化石及其他收藏品；	一般违规，2分/次

图 1-36 关于收藏类商品的处罚扣分规定

8. 保护动植物及捕杀工具

速卖通严格禁止用户发布保护动植物的活体及制成品，以及非法动物捕杀工具的相关信息。卖家在发布商品时需要遵照《濒危野生动植物种国际贸易公约》（CITES）及相关国家法律规定，确保所发布的商品符合国际公约、卖家所在国及司法管辖区的法律规定及网站的特殊规则。卖家需要注意，含有保护动植物成分的保健品、化妆品也有可能带有风险。速卖通严禁销售 CITES 保护植物，包括原木、锯木、木材、木屑等。卖家可以发布红木家具制成品，但红木板材、锯木、木屑等商品禁止发布。卖家可登录 CITES 官网（https://cites.org/）、中华人民共和国濒危物种科学委员会官网（http://www.cites.org.cn/）、中国濒危物种进出口信息网（http://www.cites.gov.cn/index.aspx）、中国海关禁止出口商品目录（http://www.customs.gov.cn/publish/portal0/tab3400/info5329.html）了解相关规定。关于保护动植物的活体及制成品的处罚扣分规定如图 1-37 所示。

(十二) 人体器官、保护动植物及捕杀工具 详解:	
1. 人体器官、遗体；	严重违规，最高扣除48分
2. 重点和濒危保护动物活体、身体部分、制品及工具；	一般违规，2分/次
3. 鲨鱼、熊、猫、狗等动物的活体、身体部分、制品及任何加工机器；	一般违规，2分/次
4. 重点和濒危保护植物、制品；	一般违规，1分/次
5. 其他受管制的动植物及其制品；	一般违规，0分/次

图 1-37 关于保护动植物的活体及制成品的处罚扣分规定

9. 烟草

根据各国法律法规及监管机构要求，速卖通禁止发布烟草制品和电子烟及相关商品。为避免误导买家，速卖通不允许滥用烟草图片。电子烟为速卖通限售商品，电子烟器具、部件及配件等相关商品需要类目准入方可发布，且需要发布在指定类目“Consumer Electronics>Electronic Cigarettes”下，若错放类目，平台将按照无准入授权处理。

不同国家和地区关于电子烟的法律法规有差异，电子烟器具在阿联酋、阿根廷、巴西、中国香港、黎巴嫩、马来西亚、墨西哥、新西兰、新加坡、土耳其、美国等国家和地区均有特殊的管控规定，卖家需要严格遵守这些法律规定，根据各个国家和地区的规定修改运费模板。避免因违反相关法律规定导致包裹无法送达而造成损失。关于烟草类商品的处罚扣分规定如图 1-38 所示。

(十四) 烟草 详解:	
1. 成品烟及烟草制品 ；	一般违规，6分/次
2. 电子烟液；	一般违规，6分/次
3. 电子烟器具、部件及配件；	需要类目准入，若错放类目，0.5分/次
4. 制烟材料及烟草专用机械；	一般违规，0.5分/次
5. 烟草图片禁售（使用含有烟液的图片或图片中有烟液展示）	一般违规，1分/次

图 1-38　关于烟草类商品的处罚扣分规定

10. 赌博和制裁及其他管制商品

赌博和制裁及其他管制商品也属于速卖通禁限售商品。平台禁止发布任何线上赌博信息和服务，以及可直接使用金钱交易的赌博工具。受联合国或中国、美国等国家制裁的商品也是不能在平台售卖的。关于赌博和制裁及其他管制商品的处罚扣分规定见图 1-39。

(十五) 赌博 详解:	
1. 在线赌博信息 ；	一般违规，2分/次
2. 赌博工具；	一般违规，2分/次
(十六) 制裁及其他管制商品 详解:	
1. 禁运物；	一般违规，1分/次
2. 其他制裁商品；	一般违规，1分/次

图 1-39　关于赌博和制裁及其他管制商品的处罚扣分规定

11. 其他禁限售商品

违反目的国或本国商品质量技术法规、法令及标准的、劣质的、存在风险的商品和部分国家法律规定的禁限售商品及因商品属性不适合跨境销售而不应售卖的商品都是禁止在速卖通销售的。具体信息卖家可通过关注速卖通公告获取。关于其他禁限售商品的处罚扣分规定参见图 1-40。

(十七) 违反目的国/本国产品质量技术法规/法令/标准的、劣质的、存在风险的商品 详解:	
1. 经权威质检部门或生产商认定、公布或召回的商品；各国明令淘汰或停止销售的商品；过期、失效、变质的商品、无生产日期、无保质期、无生产厂家的商品；	一般违规，2分/次
2. 高风险及安全隐患类商品；	一般违规，1分/次
(十八) 部分国家法律规定禁限售商品及因商品属性不适合跨境销售而不应售卖的商品 详解:	
1. 部分国家法律规定不允许或限制售卖的商品	根据不允许售卖商品的类别，平台有权按照禁限售违禁信息列表中已约定类别处理，包括扣分、商品屏蔽、删除等处置。
2. 因商品属性不适合跨境销售而不应售卖的商品（如香水；茶叶、粉末状动/植物提取物等食用保健品、食品、种子、活体植物、活体动物等）	根据发布的此类商品禁售清单，卖家不应通过类目错放等方式发布任何平台不许售卖的产品，一经发现，平台有权采取退回、下架、冻结或关闭账号的处置。

图 1-40　关于其他禁限售商品的处罚扣分规定

速卖通会根据发布信息本身的违规情况及卖家的恶意行为做加重处罚的处理。卖家的恶意行为包括但不限于采用对商品信息隐藏、遮挡、模糊处理等隐匿的手段，采用暗示性描述或故意通过模糊描述、错放类目等方式规避监控规则，同时发布大量违禁商品，重复上传违规信息，恶意测试规则等行为。对于卖家的恶意行为，平台视情节的严重性做加重处罚处理，如一般违规处罚翻倍，或达到严重违规程度，将关闭账号等。具体违规加重处罚扣分规定见图 1-41。

处罚依据	行为类型	违规行为情节或频次	其他处罚
《禁限售规则》	发布禁限售商品	严重违规：48 分/次（关闭账户）	1. 退回或删除违规信息 2. 若核查到订单中涉及禁限售商品，速卖通将关闭订单，如买家已付款，无论物流状况均全额退款给买家，卖家承担全部责任
		一般违规：0.5～6 分/次（1 天内累计不超过 12 分）	

图 1-41　违规加重处罚扣分规定

一般违规加重处罚：对于被认定为恶意行为的一般违规将做加重处罚处理（如发现同类重复违规行为，二次处罚分数加倍）。

禁限售违规和知识产权一般侵权将累计积分，积分累计到一定数值，将执行账号处罚。知识产权和禁限售违规处罚如图 1-42 所示。

积分类型	扣分节点	处罚
知识产权和禁限售违规	2 分	严重警告
	6 分	限制商品操作 3 天
	12 分	冻结账号 7 天
	24 分	冻结账号 14 天
	36 分	冻结账号 30 天
	48 分	关闭

图 1-42　知识产权和禁限售违规处罚

一般违规是一天内（首次违规处罚时间起 24 小时内）累计扣分不超过 12 分；严重违规每次扣 48 分并关闭账号。针对恶意规避等情节特别严重的行为，经平台合理判断账号使用人本人或其控制的其他账号已因严重违规事件被处罚，或者账号使用人本人或其控制的其他账号被国内外监管部门立案调查，或者虽未立案但平台有理由认为有重大嫌疑等严重影响平台管理秩序或造成一定负面影响的情况，平台保留直接扣除 48 分并关闭其账号的权利。

（五）知识产权规则

速卖通严禁卖家未经授权发布、销售涉嫌侵犯第三方知识产权的商品。若卖家发布、销售涉嫌侵犯第三方知识产权的商品，则有可能被知识产权所有人或买家投诉，平台也会随机对商品（包含下架商品）信息、组名进行抽查，若核实涉嫌侵权，则信息会被退回或删除，并根据侵权类型执行处罚。具体的侵权类型及处罚规则参见表 1-2。

表 1-2　知识产权侵权类型及处罚规则表

侵权类型	定　义	处罚规则
商标侵权	严重违规：未经注册商标权人许可，在同一种商品上使用与其注册商标相同或相似的商标	三次违规者关闭账号
	一般违规：其他未经权利人许可使用他人商标的情况	（1）首次违规扣 0 分 （2）其后每次重复违规扣 6 分 （3）累达 48 分者关闭账号
著作权侵权	未经权利人授权，擅自使用受版权保护的作品材料，如文本、照片、视频、音乐和软件，构成著作权侵权 实物层面侵权： （1）实体商品或其包装被盗版 （2）实体商品或其包装非盗版，但包括未经授权的受版权保护的内容或图像 信息层面信息： （1）图片未经授权被使用在详情页上 （2）文字未经授权被使用在详情页上	（1）首次违规扣 0 分 （2）其后每次重复违规扣 6 分 （3）累达 48 分者关闭账号
专利侵权	外观专利、实用新型专利、发明专利的侵权情况（一般违规或严重违规的判定视个案而定）	（1）首次违规扣 0 分 （2）其后每次重复违规扣 6 分 （3）累达 48 分者关闭账号 （严重违规情况、三次违规者关闭账号）

备注：

（1）速卖通会按照侵权商品投诉被受理时的状态，根据相关规定对相关卖家实施适用处罚

（2）一天内所有一般违规及著作权侵权投诉，包括所有投诉成立（商标权或专利权：被投诉方被同

续表

一知识产权投诉，在规定期限内未发起反通知，或者虽发起反通知，但反通知不成立；著作权：被投诉方被同一著作权人投诉，在规定期限内未发起反通知，或者虽发起反通知，但反通知不成立），以及速卖通抽样检查，扣分累计不超过 6 分
（3）三天内所有严重违规，包括所有投诉成立（被投诉方被同一知识产权投诉，在规定期限内未发起反通知；或者虽发起反通知，但反通知不成立）及速卖通抽样检查，只会做一次违规计算；三次严重违规者关闭账号，严重违规次数记录累计不区分侵权类型
（4）速卖通有权对卖家商品违规及侵权行为及卖家店铺采取处罚措施，包括但不限于退回或删除商品或信息、限制商品发布、暂时冻结账户及关闭账号。对于账号被关闭的卖家，速卖通有权采取措施防止该卖家再次在速卖通上进行登记（5）每项违规行为由处罚之日起有效 365 天
（6）卖家侵权情节特别显著或极端时，速卖通有权对卖家单方面采取解除速卖通商户服务协议及免费会员资格协议、直接关闭卖家账号及速卖通酌情判断与其相关联的所有账号、采取其他为保护买家或权利人的合法权益和平台正常的经营秩序，由速卖通酌情判断认为适当的措施。该等情况下，速卖通除有权直接关闭账号外，还有权冻结卖家关联的国际支付宝账户资金及速卖通账户资金，其中依据包括为确保买家或权利人在行使投诉、举报、诉讼等救济权利时，其合法权益得到保障
（7）速卖通保留以上处理措施等的最终解释权及决定权，也会保留与之相关的一切权利
（8）规则如中文和非中文版本存在不一致、歧义或冲突，应以中文版为准

卖家在速卖通售卖商品时要尊重知识产权。严格排查自己售卖的商品，避免产生侵权行为，严格把控进货来源，杜绝来源不明的商品。发展有品质的自营品牌对卖家而言也是一种很好的选择，卖家可以利用速卖通扩大自营品牌影响力。卖家具有自营品牌后，要完成品牌准入流程。只有完成品牌准入才能发布品牌商品，平台不允许发布未获得发布权限的品牌商品。

三、速卖通店铺开通流程

（一）开通账户

以企业身份进行卖家账户注册，并绑定企业支付宝账户。

（二）提交入驻资料

1．商品清单

卖家进入招商准入系统单击“我要入驻”按钮，选择相应的经营类目选项，下载商品清单，填写并上传资料，等待平台审核通过。

2．类目资质

卖家要在招商准入系统里继续提交想要经营的类目和店铺类型，准备相关材料，等待平台审核通过。

3. 商标资质

卖家还需要在招商准入系统里提交商标资质申请，等待平台审核通过。如果公司的商标在商标资质申请页面查询不到，可在系统内进行商标添加。

（三）缴纳保证金

卖家提交的各项材料和资质申请通过速卖通审核之后，需要在招商系统内根据所选的经营类目缴纳对应的保证金。在速卖通，不同的类目交纳的保证金是不一样的，具体的交纳标准参照表 1-3 速卖通 2020 年度各类目保证金一览表。

表 1-3　速卖通 2020 年度各类目保证金一览表

（1）一个速卖通账号只准选取一个经营范围，并可在该经营范围下经营一个或多个经营大类（只有 9 和 10 经营范围下有多个经营大类）

（2）保证金按店铺入驻的经营大类收取，如果店铺入驻多个经营大类（仅涉及 9 和 10 经营范围下），则保证金为多个经营大类中的最高金额

（3）保证金规则适用于 2019 年 11 月 27 日后入驻的新卖家，针对之前已经入驻的卖家，仍按照年费规则收费

（4）部分经营大类下的类目需要额外提供资质证明

经营范围	经营大类	保证金	经营大类下可发布的类目
1	珠宝手表 （含精品珠宝）	1 万元	Jewelry & Accessories 珠宝饰品及配件 Watches 手表 **以下类目可共享发布：** Apparel Accessories 服饰配饰（男女、儿童配件，婴儿配饰发到婴儿服装） Men's Clothing 男装 Women's Clothing 女装 Novelty & Special Use 特殊用途服装 Underwear，Socks，Sleep & Lounge Wear 男女内衣、家居服、袜子 Weddings & EventsWedding Accessories 婚庆配饰 Consumer Electronics>Smart Electronics>Wearable Devices>Wristbands 腕带 Consumer Electronics>Smart Electronics>Wearable Devices>Smart Watches 智能手表
2	服装服饰	1 万元	**以下类目可共享发布（详见下载表格）：** Jewelry & Accessories 珠宝饰品及配件、手表 Luggage & Bags 箱包部分类目 Mother & Kids >Children's Clothing>Family Matching Outfits

续表

经营范围	经营大类	保证金	经营大类下可发布的类目
2	服装服饰	1 万元	孕婴童 > 儿童服装（2 岁以上）> 亲子装 Women's & Men’s Shoes 男女鞋类目 Swim Suits 泳装类目 Apparel Fabrics & Textiles 服装面辅料&纺织品
3	婚纱礼服	1 万元	Weddings & Events 婚礼及重要场合用品 **以下类目可共享发布：** Jewelry & Accessories Fashion Jewelry 流行饰品 Apparel Fabrics & Textiles 服装面辅料、纺织品
4	美容个护（含护肤品）	1 万元	Beauty & Health Tools & Accessories 工具或配件 Beauty & Health Tattoo & Body Art 文身及身体彩绘用品 Beauty & Health Skin Care Tool 护肤工具 Beauty & Health Shaving & Hair Removal 剃须及脱毛商品 Beauty & Health Sanitary Paper 卫生用纸 Beauty & Health Oral Hygiene 口腔清洁用品 Beauty & Health Nail Art & Tools 美甲用品及修甲工具 Beauty & Health Makeup 彩妆 Beauty & Health Hair Care & Styling 头发护理或造型用品 Beauty & Health Bath & Shower 沐浴用品 Beauty & Health Fragrances & Deodorants 香氛或除臭芳香用品 Beauty & Health Skin Care 护肤品 Home Appliances>Personal Care Appliances 家庭电器>个人护理用品部分类目 **以下类目可共享发布：** Massage & Relaxation 按摩 Massage Products 按摩商品 Massage Appliance 按摩器具
5	真人发（定向邀约制）	5 万元	Hair Extensions & Wigs Beauty Supply 接发和假发美容用品 Hair Extensions & Wigs Hair Salon Supply 供应发廊美发用品 Hair Extensions & Wigs Human Wigs 假发 Hair Extensions & Wigs Human Hair 1 接发和假发 1 Hair Extensions & Wigs Human Hair 2 接发和假发 2 **以下类目可共享发布** Beauty & Health-Hair Care & Styling 美容保健、护发造型

续表

经营范围	经营大类	保证金	经营大类下可发布的类目
6	化纤发 （定向邀约制）	1 万元	Hair Extensions & Wigs Synthetic Hair　化纤发 以下类目可共享发布 Beauty & Health-Hair Care & Styling 美容保健、护发造型
7	母婴玩具	1 万元	Mother & Kids　孕婴童 Toys & Hobbies　玩具 以下类目可共享发布： Shoes　鞋子
8	箱包鞋类	1 万元	Luggage & Bags　箱包 Shoes　鞋子 以下类目可共享发布： Mother & Kids Children's Shoes　童鞋 Men's Clothing　男装 Women's Clothing　女装 Mother & Kids Baby Shoes　婴儿鞋 Apparel Accessories　服饰配饰（男女、儿童配件，婴儿配饰发到婴儿服装） Novelty & Special Use World Apparel　世界民族服饰 Novelty & Special Use Stage & Dance Wear　舞台表演服和舞蹈服
9	健康保健	1 万元	Beauty & Health Care　美容保健用品 以下类目可共享发布： Beauty & Health -Sex Products-Safer Sex 安全或避孕用品 Skin Care Tool 护肤工具
	成人用品	1 万元	Beauty & Health Sex Products　成人用品 以下类目可共享发布： Novelty & Special Use-Exotic Apparel 情趣服装（不要发布日常穿着的性感内衣）
10	3C 商品 （除内置存储、移动硬盘、U 盘、刻录盘、电子烟、手机、电子元器件） （投影仪定向邀约）	1 万元	Security & Protection　安全防护 Office & School Supplies　办公文教用品 Phones & Telecommunications　电话和通信 Computer & Office　电脑和办公 Consumer Electronics　消费电子
	内置存储、移动硬盘、U 盘、刻录盘	1 万元	Computer & Office Internal Storage　内置存储（包含内置固态硬盘、储存卡、存储卡配件、读卡器、存储卡卡套、适配器、转卡器、内存卡盒、固态硬盘托架和支架） Computer & Office External Storage　移动硬盘、U 盘、刻录

续表

经营范围	经营大类	保证金	经营大类下可发布的类目
10	内置存储、移动硬盘、U 盘、刻录盘	1 万元	盘（包含刻录盘、外置机械移动硬盘、外置固态硬盘、硬盘壳包、硬盘盒、U 盘）
	电子烟	3 万元	Consumer Electronics Electronic Cigarettes 电子烟
	手机	3 万元	Phones & Telecommunications Mobile Phones 手机
11	电子元器件（定向邀约制）	1 万元	Electronic Components & Supplies 电子元器件
12	汽摩配	1 万元	Automobiles & Motorcycles 汽车、摩托车
13	家居家具家装灯具工具	1 万元	Furniture 家具和室内装饰品 Home & Garden 家居用品 Home Improvement 家装（硬装） Lights & Lighting 照明灯饰 Tools 工具
14	家用电器	1 万元	Home Appliances 家用电器
15	运动娱乐（含电动滑板车）	1 万元	Sports & Entertainment 运动及娱乐用品 Sports & Entertainment Cycling Self Balance Scooters 平衡车 Sports & Entertainment Roller,Skateboard &Scooters Scooters Electric Scooters 电动滑板车
16	特殊类		Special Category（特殊类）

（四）完善店铺信息

卖家缴纳店铺年费后，进入卖家后台—店铺—店铺资产管理进行店铺名称和二级域名设置，并可了解《速卖通店铺二级域名申请及使用规范》。如果申请的是官方店，还需要同步设置品牌官方直达及品牌故事内容。

（五）店铺装修及开通

完成以上步骤后，可成功入驻速卖通，卖家开始发布商品并对店铺进行装修，装修完成后店铺便可正式开张！

四、入驻全球速卖通

速卖通为卖家提供了速卖通的开店全指南。打开 seller.aliexpress.com 网页如图 1-43 所示，单击“招商计划”按钮，选择“开店全指南”选项，即可进入速卖通全球卖家开店全指南页面。可以单击右上角的“中文”按钮进行界面的语言切换。

（一）注册申请

卖家注册店铺前期需要着重了解开店意向准备期的内容。在准备阶段，列表共有平台介绍、可销售类目及费用、如何选品、知识产权禁限售及自查和信息准备等内容如图 1-44 所示。

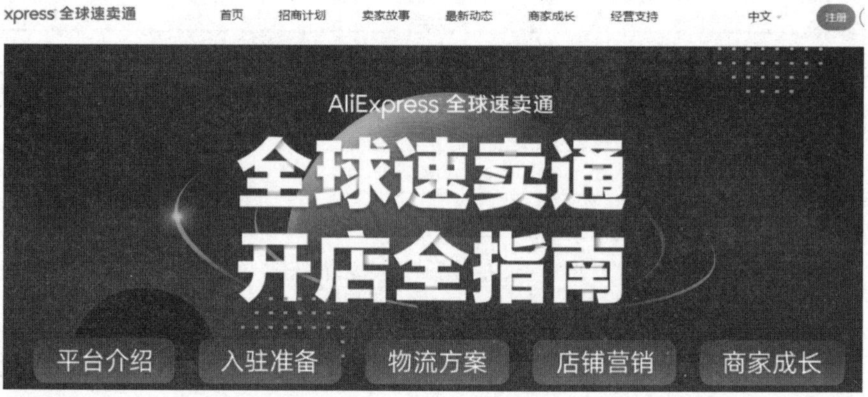

图 1-43　速卖通卖家版首页

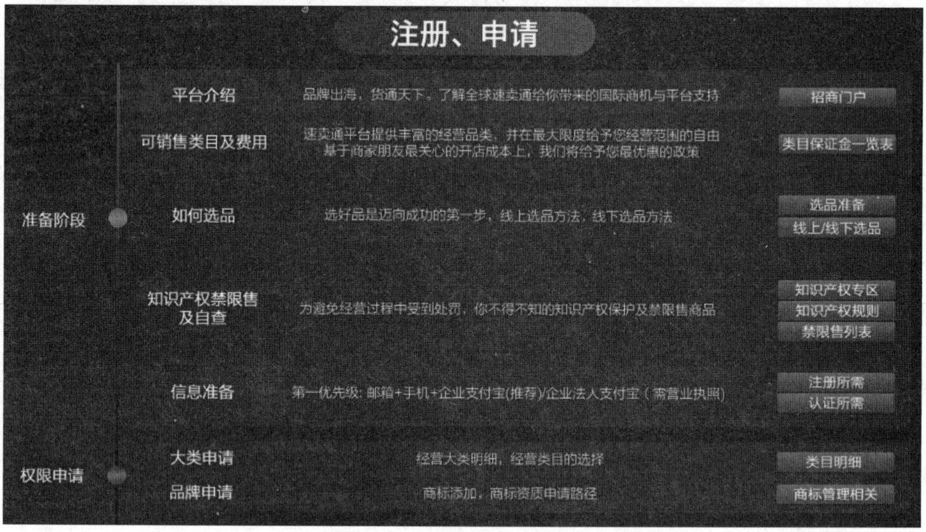

图 1-44　速卖通注册申请准备阶段工作内容

卖家需要在招商门户查看速卖通当年的招商说明，速卖通 2020 年的招商公告如图 1-45 所示。在公告中会对当年招商的续签及年费退还保证金处理及招商的类目进行一一说明，卖家可打开续签公告页面进行详细了解。速卖通针对不同经营范围收取保证金的规则如表 1-3 所示。

卖家确定好经营类目后，通过类目保证金一览表查看不同类目对应的保证金。然后了解如何选择合适的商品在速卖通进行销售，同时还需要了解禁限售规则和知识产权规则，明白哪些商品是不能在速卖通售卖的。把基本的情况了解清楚后，卖家需要着手准备开店的相关材料，了解注册和认证账户需要完成的相关工作。

权限申请包括大类申请和品牌申请两部分，具体内容如图 1-46 所示。大类申请需要在账号及认证页面，单击“我的申请”按钮，根据详情选择经营大类，确认下分类目。从下分类目可回溯确认要入驻哪个经营大类。大类申请完成后可以提交品牌申请，一般在 3～5 个工作日审核完成。

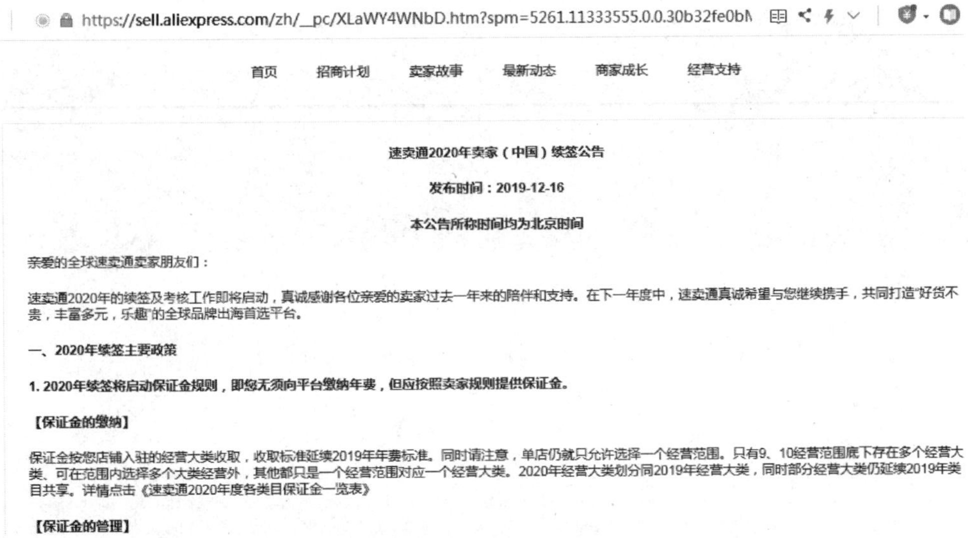

速卖通2020年卖家（中国）续签公告

发布时间：2019-12-16

本公告所称时间均为北京时间

亲爱的全球速卖通卖家朋友们：

速卖通2020年的续签及考核工作即将启动，真诚感谢各位亲爱的卖家过去一年来的陪伴和支持。在下一年度中，速卖通真诚希望与您继续携手，共同打造"好货不贵，丰富多元，乐趣"的全球品牌出海首选平台。

一、2020年续签主要政策

1. 2020年续签将启动保证金规则，即您无须向平台缴纳年费，但应按照卖家规则提供保证金。

【保证金的缴纳】

保证金按您店铺入驻的经营大类收取，收取标准延续2019年年费标准。同时请注意，单店仍就只允许选择一个经营范围。只有9、10经营范围底下存在多个经营大类、可在范围内选择多个大类经营外，其他都只是一个经营范围对应一个经营大类。2020年经营大类划分同2019年经营大类，同时部分经营大类仍延续2019年类目共享。详情点击《速卖通2020年度各类目保证金一览表》

【保证金的管理】

图 1-45　速卖通 2020 年的招商公告

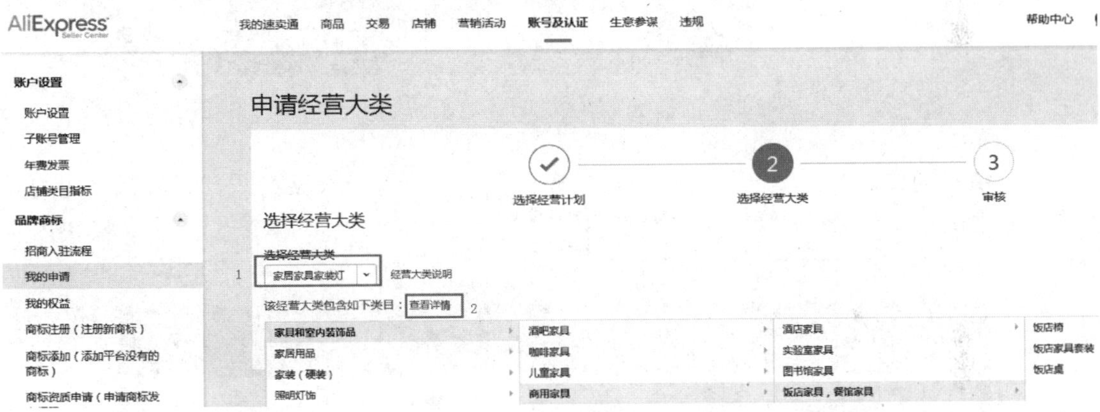

图 1-46　经营大类查找页面

（二）审查通过后 2 日

品牌申请通过后，卖家权限生效，店铺信息产生，需要根据类目缴纳对应的保证金。

完成保证金缴纳后，就可以开设店铺，并对账户进行设置。速卖通有主账号和子账号，子账号的权限小于主账号，卖家可根据实际需要合理规划本店的子账号。

账号分配好以后，卖家可对店铺进行装修。单击图 1-47 中的“店铺装修”按钮，进入如图 1-48 所示的店铺装修页面。卖家可以在“店铺装修帮助中心”学习如何进行店铺装修。卖家可以一键智能装修店铺首页，智能首页包含了经算法优化的智能模块和部分营销模块，有利于主推店内的热销商品，按照商品分组、新品等多个维度引导买家浏览。此外，商家还可以在智能首页的基础上二次编辑，添加所需的模块。

图 1-47　权限生效和店铺信息图

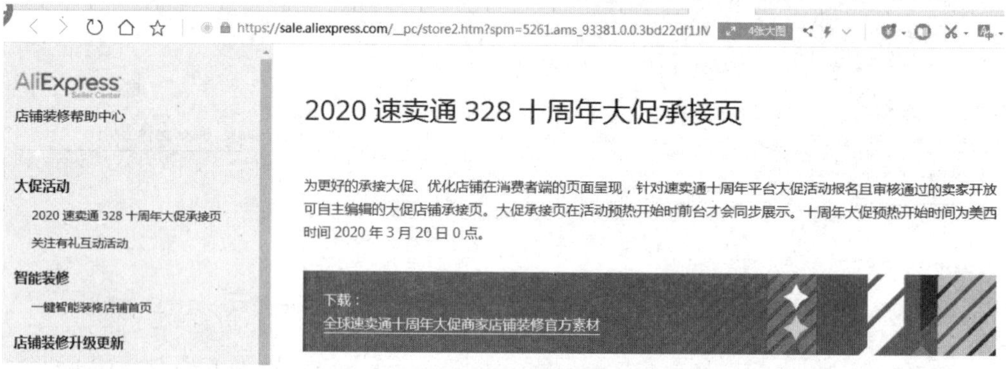

图 1-48　店铺装修页面

智能模块通过算法对卖家店内商品展示进行优化，推荐给买家最适合、最感兴趣的商品，如图 1-49 所示。智能模块包括“排行榜”“智能分组”“新品”“猜你喜欢”。模块内容由系统自动填充，无须商家手动编辑。

图 1-49　智能模块设计下页面展示效果

除了智能装修功能，卖家还可以手动对店铺进行装修。卖家可以在智能页面装修的同页面学习手动页面管理与装修，如图 1-50 所示。

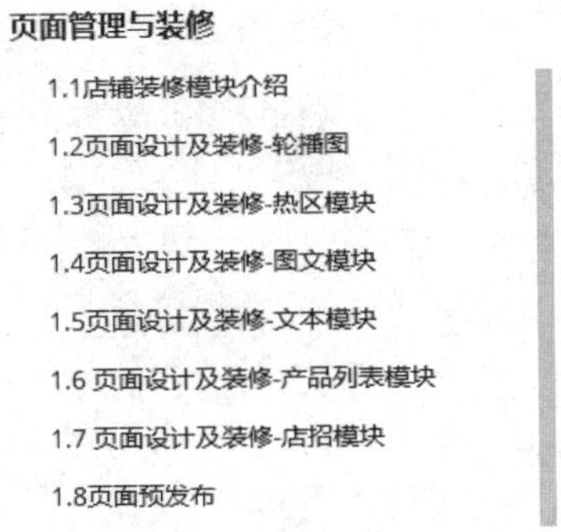

图 1-50　页面管理与装修模块

（三）开店第 1 周

开店第 1 周，卖家需要了解如何设置物流运费模板，同时了解有哪些物流方式，以及每种方式的适用路线和费用如图 1-51 所示。如何发布商品和各种渠道的沟通方式，这些内容我们将在后面的章节学到。

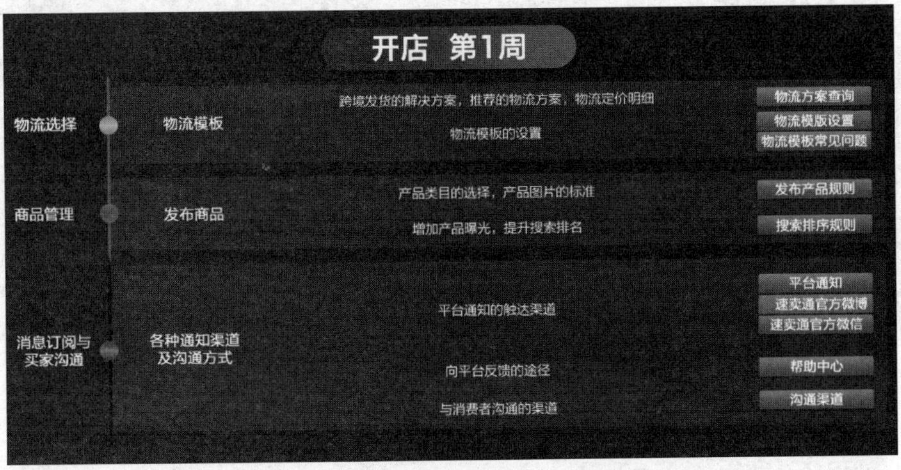

图 1-51　开店第 1 周工作内容

（四）开店第 2～3 周

卖家开店第 2～3 周时，会陆续产生订单，卖家要了解如何打包并进行线上或线下发货，以便及时完成发货操作。同时订单完成后卖家要做好售后相关服务并开始进行店铺引流和建立营销活动。开店 2～3 周的工作内容如图 1-52 所示。

（五）开店第 3～4 周

开店第 3～4 周时的工作内容如图 1-53 所示，卖家可以开始使用付费引流手段来提高店铺流量，如使用直通车营销和联盟营销工具进行推广。这时卖家也可以对最开始的订单进行结汇处理。

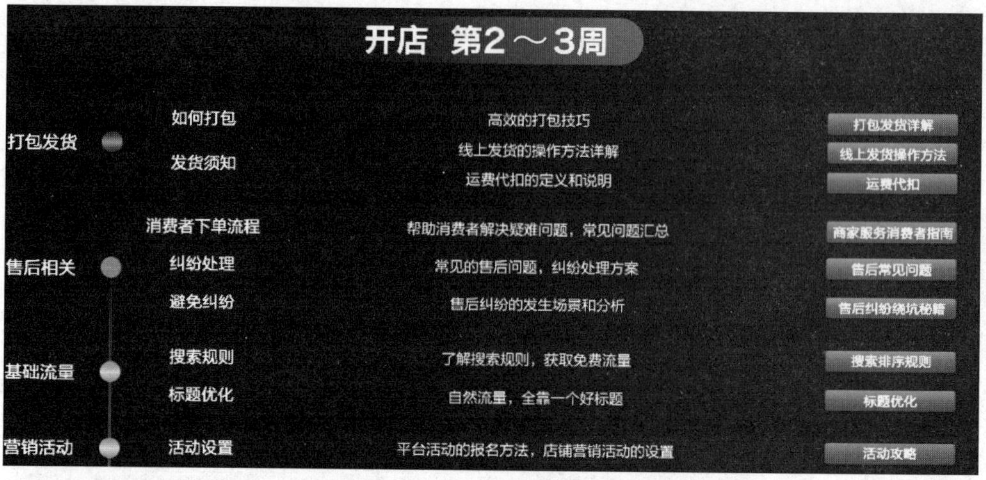

图 1-52 开店第 2～3 周的工作内容

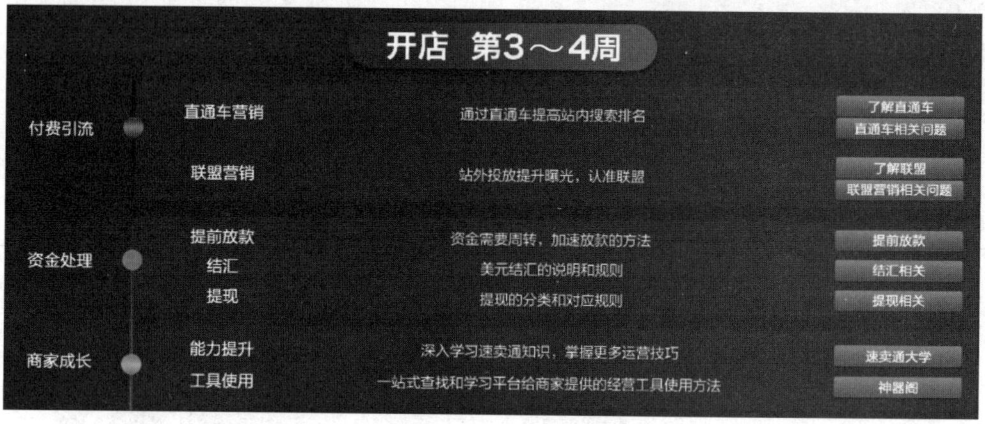

图 1-53 开店第 3～4 周的工作内容

案例解析

小王毕业之后在杭州万向服饰有限公司实习，实习职位为跨境电商运营专员。实习期间，小王一直跟着自己的小组主管 Lisa 学习如何打理店铺。近日，公司决定在速卖通再开设一家店铺，小组主管 Lisa 见小王工作认真，决定让他负责这件事情。那么，小王怎么做才能完成 Lisa 交代他的这件事情呢？

一、速卖通注册

（一）按要求准确完整地填写注册表单信息，完成注册

目前仅企业或个体工商户可以在速卖通开店，个人卖家无法在速卖通开店。

1．非淘宝或天猫商家注册

如果不是淘宝或天猫商家，可以直接填写信息注册。如果是内地商家，在填写纳税国

家时选择“中国大陆”。商家账户注册的链接为：https://login.aliexpress.com/join/seller/unifiedJoin.htm?_locale=zh_CN&_regbizsource =&_regFrom=AE_MAINLAND。在图 1-54 所示页面中，依次填写相关信息即可创建账户，完成注册。需要注意的是，在注册过程中，填写邮箱时不能出现 Aliexpress，taobao 或 alibaba 这样的字母，若出现则注册将不成功。另外，现有单一邮箱注册阿里集团所属平台的账号数量是有一定规则的，为避免重复过多的注册，建议使用一个新的邮箱来注册速卖通账号。

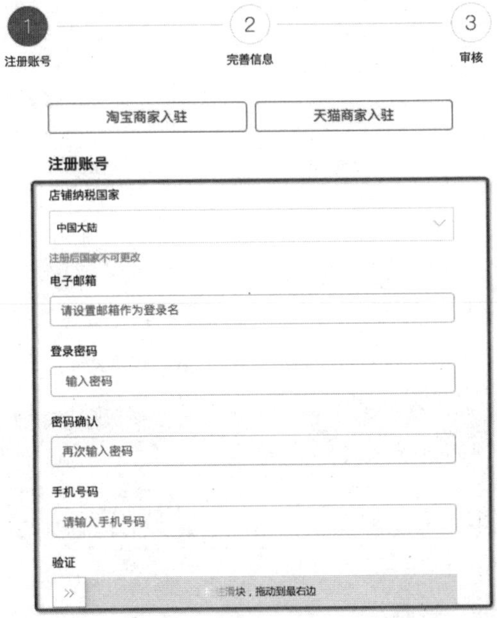

图 1-54　速卖通注册用户名设置页面

2. 淘宝或天猫商家入驻

淘宝或天猫商家可使用淘宝或天猫商家账号激活入驻速卖通，如图 1-55 所示。选择淘宝或天猫商家入驻，卖家新激活的速卖通账号与对应的淘宝或天猫账号共享邮箱、手机和密码，在一个平台修改后会同步至另一个平台，如果卖家修改了淘宝账号的密码，那么速卖通账号的密码也会被修改。

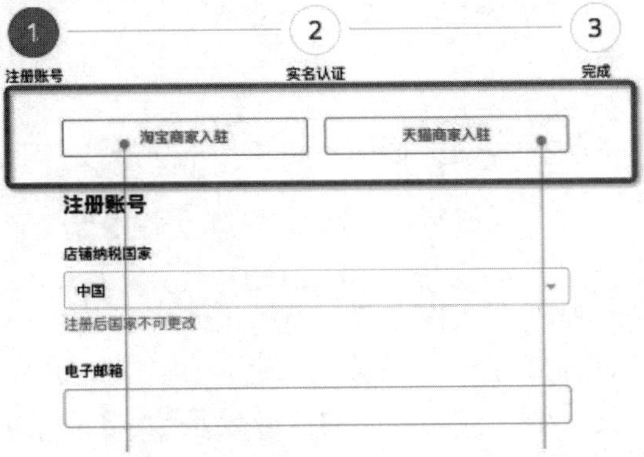

图 1-55　淘宝或天猫商家入驻页面

账号激活后，登录淘宝或天猫账号，按页面提示完成认证即可，如图 1-56 所示。

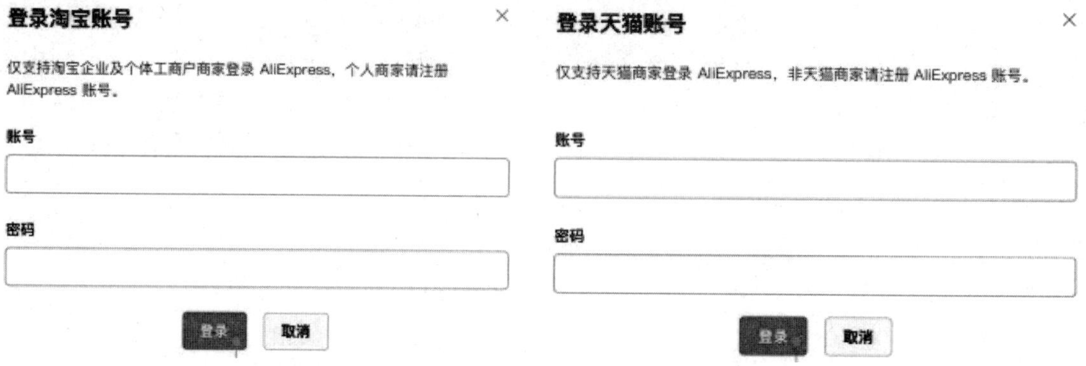

图 1-56　登录淘宝或天猫账号进行认证页面

3．修改账号密码

如果忘记账号登录密码，可以在登录页面单击“忘记密码”按钮，即可进入相应页面进行密码重置。

如果账号能正常登录，可以在单击“账号及认证”按钮打开“账号及认证”菜单，单击其中的“账号设置”按钮，进入“账号设置”页面（见图 1-57），单击页面下方的“修改登录密码”按钮设置新的密码。

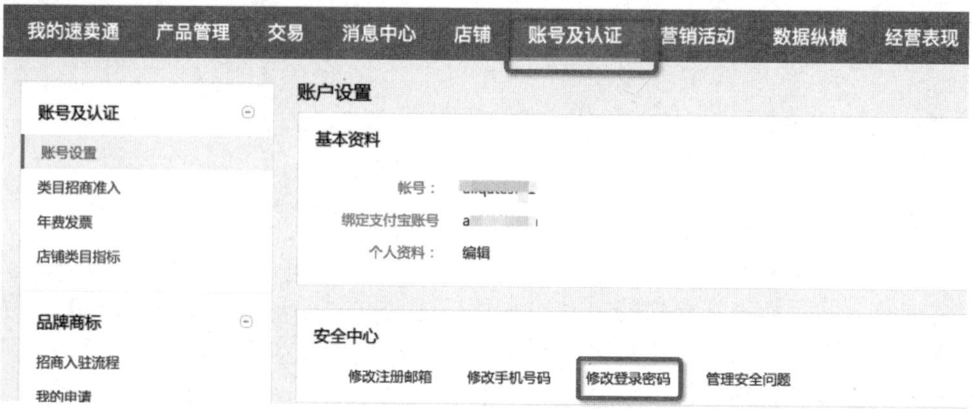

图 1-57　修改登录密码

（二）注册资料完成后进行认证

注册资料填写完成后进入支付宝认证页面，如图 1-58 所示，卖家可以按页面提示完成认证。速卖通的认证方式有企业支付宝授权认证和企业法人支付宝授权认证两种，卖家可选择任一种认证方式进行认证。

企业支付宝授权认证和企业法人支付宝授权认证的主要区别如下。

（1）企业支付宝授权认证需要提前在支付宝申请企业支付宝账户（如果要申请企业支付宝账号，可联系支付宝客服 95188 咨询具体的认证要求）。申请完成之后，在速卖通认证页面登录企业支付宝账户，即可实时认证通过。

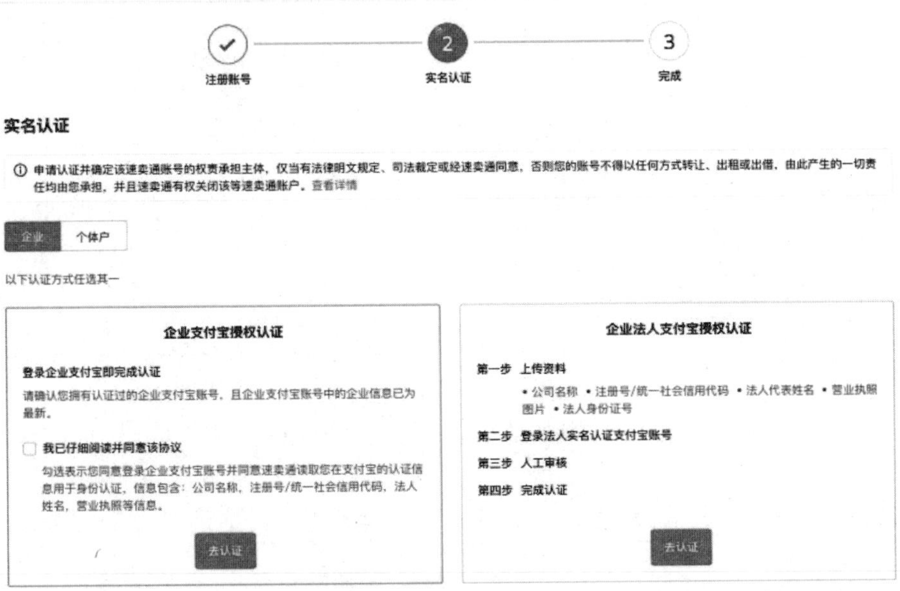
注册账号
实名认证
完成
实名认证
申请认证并确定该速卖通账号的权责承担主体，仅当有法律明文规定、司法裁定或经速卖通同意，否则您的账号不得以任何方式转让、出租或出借，由此产生的一切责任均由您承担，并且速卖通有权关闭该等速卖通账户。查看详情
企业
个体户
以下认证方式任选其一
企业支付宝授权认证
登录企业支付宝即完成认证
请确认您拥有认证过的企业支付宝账号，且企业支付宝账号中的企业信息已为最新。
我已仔细阅读并同意该协议
勾选表示您同意登录企业支付宝账号并同意速卖通读取您在支付宝的认证信息用于身份认证，信息包含：公司名称，注册号/统一社会信用代码，法人姓名，营业执照等信息。
去认证
企业法人支付宝授权认证
第一步 上传资料
• 公司名称 • 注册号/统一社会信用代码 • 法人代表姓名 • 营业执照图片 • 法人身份证号
第二步 登录法人实名认证支付宝账号
第三步 人工审核
第四步 完成认证
去认证

图 1-58　支付宝认证页面

（2）企业法人个人支付宝认证时无须有企业支付宝账号，只要在认证页面提交相关资料同时进行法人的个人支付宝账户授权即可，资料审核的时间是 2 个工作日。

在使用亚马逊和 eBay 平台时，需要注意账号关联问题，因此在同一个网络或同一台计算机上，是不能登录多个亚马逊或 eBay 账号的。速卖通允许在同一台计算机上登录多个账号进行操作，不过由于网络安全问题，后登录的账号操作页面会覆盖之前操作界面，所以建议卖家使用一台计算机只登录一个速卖通账号进行操作。

如果需要同一个计算机同时登录多个账户，可以安装多个浏览器，如谷歌或火狐浏览器，使用不同浏览器登录不同账户。

二、速卖通子账号

卖家在速卖通申请账户后，可以在账户下分配管理子账号。子账号不需要进行实名认证，只需要主账号认证即可。主账号可以看到所有子账号的商品、订单和站内信，子账号无法报名营销活动。子账户和主账户的区别见表 1-4。

表 1-4　速卖通子账户和主账号的区别

账号类型	商　　品	交　　易	营　　销	数据纵横	违规	买家会话	店　　铺
主账号	可以看到所有商品并使用所有功能	可以看到所有订单，并且有权进行资金账号管理	可以管理营销活动相关内容	可以查看	可以查看	主账号可以看到所有消息并且可以回复	可以操作店铺页面所有功能

续表

账号类型	商　品	交　易	营　销	数据纵横	违规	买家会话	店　铺
子账号	只能看到自己的商品，无权进行橱窗商品推荐，无权设置商品分组，无权管理素材中心	只能看到自己的订单，无权进行资金账号管理	无权限进入营销页面	可以查看	可以查看	子账号只能看到并回复自己的消息	无权进行店铺装修，无权管理店铺资产，可以查看店铺表现

子账号有自己独立的账号 ID 和密码，可以用来登录速卖通管理和发布该子账户下的商品和订单，收发买家发送的对应商品的站内信。但子账号无法进行收款、提现、商铺管理等操作。

子账号的 ID 是系统自动生成的，一旦删除，无法恢复。删除子账号后其对应的 TradeManager 也将无法登录，无法找回，因此在删除子账号之前建议将 TradeManager 上的好友等信息备份保留。

在子账号被删除后，该子账号管理的商品信息并不会被删除，这些商品信息将还原给主账号进行管理，主账号可以把商品再次分配给其他子账号。子账号无法设置收款信息，收款账户信息均只能由管理员账号进行设置和操作。

三、速卖通店铺定位

小张毕业后入职杭州仟慧服饰有限公司，入职后一直在参与运营公司在速卖通的店铺工作。接下来公司计划在速卖通开设一家店铺，经理要求小张负责这件事情。那么，小张要如何完成这项任务？

在开通速卖通店铺之前，首先要对店铺进行定位。明确店铺的目标市场所在地，定位该店铺的买家群体，如老人、男士、女士等；了解目标市场和目标买家群体所需要的商品是什么，如男士偏好 3C 商品，女士喜爱服饰化妆品，老人更喜欢保健品等。

（一）定位买家群体

对买家群体的定位是指根据潜在目标买家制定销售策略，对店铺上架的商品进行选择。在开店之初，明确店铺定位能在一定程度上避免经营失败的风险，确保店铺提供的商品能满足买家的需求，为买家提供一定的价值。可以从性别、年龄、职业等方面对买家进行定位。

首先要明确买家的性别，也就是商家要知道为自己售卖的商品真正付费的人是谁。例如，有统计表明，大部分家居用品的购买者为女性。男性和女性在对待购物的方式上是有明显区别的。我们在日常生活中也能发现，男性购物大多出于实际需求，而女性则把逛街购物当作一种乐趣。因此作为商家，应了解自己店铺目标买家的购买习惯和行为，依据此为店铺进行定位。

其次在店铺定位时，也需要考虑目标买家群体的年龄。如未工作的年轻女性和已经工作的年轻女性在服装的需求上是有区别的，不同年龄段的人，其消费能力也不一样，即使同一年龄段的人，消费能力也是有差异的。在店铺定位时需要考虑这些因素，细分目标买家群体，确定目标买家群体的消费偏好和消费水平，据此来对店铺进行定位。

最后还需要考虑目标买家群体的职业，买家的职业不同，其消费需求也有差异。可以根据职业的不同划分收入高低，区别商品的风格和用途，定位商品文化差异，确定商品的价格策略和店铺盈利模式。

总之，在定位买家群体时，需要综合考虑性别、年龄、职业等因素，细分目标买家群体，多角度考虑买家群体定位。在案例中，小张需要结合目标市场所在地为公司店铺定位买家群体。

（二）定位店铺运营规模

在定位店铺运营规模时，一般有个人、小团队、公司 3 种运营规模可以选择。以个人模式运营店铺时，一个人要负责该店铺的所有事宜，包括店铺注册与开通，商品选择与进货，店铺装修与优化，商品营销与推广，订单发货与客服等内容。既然是公司新开一个店铺，那么小张可以询问经理关于此店铺的运营计划，如果新店铺由小张一个人打理，那么小张需要做好各项准备。如果是组织小组进行团队运营，那么，根据实际需求，可以由 2～3 人一起运营该店铺，可以设置店铺运营专员、视觉营销推广专员、客服售后等职位。

（三）确定商品供货渠道

在速卖通店铺运营之前，一定要确定好店铺商品的供货渠道。在定位好店铺运营团队及店铺目标买家群以后，就需要寻找好的供货渠道，保证店铺存在一定的利润空间。可以选择从批发市场进货，批发市场商品多样，能够小额批发，非常适合以零售为主的小店。批发市场也是主要的进货渠道之一，卖家可以随时在批发市场营业时间去进货，进货量的大小也完全由自己决定。并且在市场内的商品种类很多，方便卖家选择。

此外，还可以从厂家进货。确定了商品类目，就可以寻找相应的生产厂家洽谈合作。这样可以省略中间商的环节，节约一定的成本，在价格上形成一定的优势。和厂家进行合作还方便双方进行沟通，就商品出现的问题及时进行调整。如果是长期稳定合作的厂家，还可以提供一些后续服务，如退换货等。

另外一个比较重要的进货渠道是 B2B 电子商务批发网站。如果卖家的经营场所离全国批发市场较远或办公场所不在产业带范围内，那么 B2B 网上进货是一个不错的选择。在批发网站上进货可以节约成本，省去实地进货的来回路费与住宿等费用。同时也可以耐心挑选自己想要商品，还可以在不同生产厂家之间进行比较。网上批发支持 1 件代发或小批量批发业务，这也大大地方便了卖家。

小张可以根据自己店铺的定位选择合适的商品，根据商品特点选择不同的进货方式。如果是日用类目，商品差异不大，对品质要求不高，那么可以选择批发市场或网上 B2B 批发网站。如果商品价值高，对质量要求严格，同时重视售后服务，那么挑选几家工厂合作是不错的选择。

（四）店铺资料准备与注册

小张可以根据店铺定位和商品类目查阅速卖通相关类目的招商要求，根据招商要求，准备相关资料，然后完成店铺的注册认证。

习题演练

一、选择题

1. 2014 年 1 月，海关总署发布《关于增列海关监管方式代码______的公告》，增列海关监管方式代码，全称“跨境贸易电子商务”。(　　)

A. 0110　　B. 9610　　C. 1210　　D. 1234

2. ____是美国在线零售商，在跨境电商和全球电商领域是有名的龙头老大。(　　)

A. 亚马逊　　B. 速卖通　　C. 兰亭集势　　D. 敦煌网

3. ____是企业与企业之间通过互联网进行商品、服务及信息的交换。(　　)

A. B2C　　B. B2B　　C. C2C　　D. B2G

4. _____是印度较为知名的电子商务网站。(　　)

A. DHgate　　B. FLIPCART　　C. Aliexpress　　D. eBay

二、多选题

1. 速卖通的特点有哪些？（　　）

A. 可以用多个语种编辑商品　　B. 拥有多个语言界面

C. 速卖通大学提供了丰富的课程　　D. 商品类目非常齐全

2、速卖通的店铺经营类型有哪些？（　　）

A. 品牌官方店　　B. 品牌专卖店

C. 品牌专营店　　D. 品牌旗舰店

三、简答题

1. 速卖通店铺有几种类型，有何不同？

2. 速卖通店铺有哪些经营范围，一个店铺可以选择几个经营范围？

实践操作

实践任务一

注册敦煌网店铺账户，并完成账户设置，查看并学习敦煌网注册规则。

实践任务二

注册 Wish 并完成账户设置，查看并学习 Wish 网站卖家规则。

实践任务三

注册 eBay 账户，并完成支付绑定。

子情景三　亚马逊账户注册

学习目标

知识目标

- 掌握亚马逊账户类型和账号注册要求。
- 了解亚马逊账号注册所需资料。
- 了解注册亚马逊账号的企业资质要求。
- 了解亚马逊收费体系。

能力目标

- 能准备亚马逊开通账户所需要的各项资料。
- 能通过自注册或招商经理进行亚马逊账号注册。
- 能处理亚马逊注册过程中出现的各种问题。

素质目标

- 培养学生的团队合作能力、分析能力和沟通能力。
- 培养学生分析辨别是否发生侵权的能力。

项目背景

杭州万事达贸易有限公司自开展跨境电商业务以来，开通了速卖通店铺和 eBay 店铺。公司跨境电商业务成交额连年增长，发展势头良好。经公司研究决定继续拓展跨境电商市场，开辟新的跨境电商平台销售商品。经调研发现亚马逊是全球著名跨境电商平台，该平台的会员整体消费能力较强，符合公司战略调整后的经营目标，公司商品定位也符合亚马逊买家需求。公司决定选择亚马逊对新开发的商品进行运营推广。跨境电商专业毕业的 Verna 进入公司后接手了这一任务，她需要完成哪些工作才能使公司顺利注册亚马逊账号呢?

任务实施

步骤一：了解入驻亚马逊需要怎样的条件。
步骤二：掌握注册亚马逊账号都需要哪些信息或资料。
步骤三：注册亚马逊账号。
步骤四：等待亚马逊账号审核。
步骤五：在亚马逊店铺上传商品。

知识铺垫

一、亚马逊概述

亚马逊成立于1995年，起初只经营在线书籍销售业务，后来则扩大了经营范围。亚马逊及其销售商为买家提供数百万种全新、翻新及二手商品，如图书，影视、音乐和游戏下载，3C，玩具，汽车及工业商品等。目前已发展成为在全世界有多个分站点的全球最大的网络购物平台之一。

在亚马逊上，有平台自营商品，也有第三方卖家的商品。亚马逊自营和第三方卖家共同丰富了亚马逊的商品种类，满足了买家的需求。

目前亚马逊有14个站点，分别是中国站、美国站、日本站、澳大利亚站、英国站、加拿大站、墨西哥站、法国站、德国站、意大利站、西班牙站、印度站、阿联酋站和新加坡站。美国站、加拿大站、墨西哥站属于北美站点，一次注册可以同时开通这几个站点账号。英国站、法国站、德国站、意大利站和西班牙站属于欧洲站，一次注册可以同时开通这几个站点。

二、亚马逊账号类型介绍

亚马逊有很多不同类型的账号，初次接触亚马逊的卖家往往较难区分清楚这些账号。当前，中国卖家可以在亚马逊注册的账号分为3种，即个人自注册账号、全球开店账号和美国本地公司账号。

（一）亚马逊销售账号分类

1．个人自注册账号

个人自注册账号就是以个人身份在亚马逊申请注册的卖家账号，卖家可以在亚马逊官网的页面下方单击“Sell on Amazon”按钮，按提示进行注册。个人自注册时需要用到个人身份证和双币信用卡（VISA或Master Card标识）。

2．全球开店账号

全球开店账号是亚马逊针对中国卖家推出的一项卖家招商计划。向中国卖家全面开放其14个站点。在全球开店页面，亚马逊设置了“北美开店”“欧洲开店”“日本开店”“澳大利亚开店”“印度开店”“中东开店”“新加坡开店”几个选项。中国卖家可以根据自己的实际需求选择对应的站点开通账户。卖家可以通过全球开店页面的“立即开店”用企业身份进行账号的申请注册。在申请阶段，亚马逊中国招商团队的客服经理会对卖家进行指导，助其完成账号申请。在注册过程中，以及初期基本操作遇到问题时，可以向自己的客服经理寻求帮助。

企业注册全球开店账号所需资料如下。

（1）企业营业执照（中国内地卖家）。

（2）企业注册证明，商业登记条例（中国香港卖家）。

（3）企业名称、地址及联系方式。

（4）双币信用卡（最好是法人代表的）。

（5）企业法人代表身份证。

（6）企业对公账号的银行对账单。

（7）每位企业受益人（直接或间接拥有公司 25%以上股份的人）信息（适用于欧洲站）。

（8）企业首要联系人的姓名、联系方式、地址、身份证号、出生日期信息。

以北美站为例，企业全球开店需要的资料有企业的商业文件和相关信息资料如企业的营业执照、名称、地址、联系方式、双币信用卡、企业法人代表身份证及企业对公账号的银行对账单。

3．美国本地账号

美国本地账号是指以美国本地企业为主体注册的账号，需要有美国本地企业的相关信息资源、双币信用卡。

从注册身份来说，账号可以分为个人卖家账号和企业卖家账号两种。个人卖家账号指的是以个人身份注册的卖家账号，企业卖家账号是指以企业身份注册的卖家账号。从注册渠道来说，账号可以分为全球开店账号和官网自注册账号。全球开店账号是指通过全球开店项目组入驻亚马逊的卖家账号，官网自注册账号是指卖家通过亚马逊各个站点的官网直接注册的卖家账号。

（二）卖家账号级别

在亚马逊售卖商品时，可以选择账号级别，分别为专业销售计划（Professional）和个人销售计划（Individual），即专业卖家和个人卖家。无论是公司还是个人，都可以通过亚马逊自注册通道完成账号注册并开始销售。下面对两种账号的区别以美国站为例进行说明，如表 1-6 所示。

表 1-6　亚马逊美国站两种账号的区别

账号级别	个人销售计划	专业销售计划
注册主体	个人或公司	个人或公司
月租金	免费	39.99 美元/月
按件收费	0.99 美元/件	免费
销售佣金	根据不同类目亚马逊收取不同比例的佣金，一般为 8%～15%	
功能区别	单一上传，无数据报告	单一上传或批量上传，可下载数据报告

注：销售佣金：卖家为每件所售商品支付的销售佣金。

月租金：即亚马逊使用费，按月收取。

个人销售计划和专业销售计划的区别在于费用结构和功能使用权限。从表 1-6 可以看出，个人销售计划会按件收取费用，而专业销售计划按月收取费用。不同的站点月租费是不同的。如果销售量不大，可以使用个人销售计划，如果销售量较大，使用专业销售计划可以降低成本费用。建议专业卖家选择专业销售计划，因为专业销售计划提供的功能较多，卖家可以很方便地批量上传商品，也可以下载数据报告。

个人销售计划在实际运营中没有批量操作的功能，不能下载订单数据报表，也不能使用站内的各种销售工具，发布的商品也没有购物车（Buy Box），不能使用亚马逊 FBA。虽然个人卖家计划月租金免费，但是每发布一条商品信息需要支付 0.99 美元的商品刊登费。

专业销售计划在实际运营中可以对店铺的商品和订单批量操作，能下载各种数据表格如订单数据报表、店铺流量数量报表、收付款明细报表等，同时在运营过程中可以使用平台提供的站内广告、促销、秒杀等工具。专业卖家店铺里的商品如果表现优秀就可以获得系统自动分配的购物车（Buy Box）。对于卖家而言，购物车是比较重要的提升销量的工具。

个人销售计划和专业销售计划之间是可以相互转化的。如果注册的时候注册了个人销售计划，之后也可以在后台自助升级为专业销售计划；如果注册时候选择的是专业销售计划，后续也可以降级为个人销售计划。所以，若想在亚马逊上销售商品，即使没有公司资质，同样也可申请专业销售计划。从过往经验来看，专业销售计划降为个人销售计划是比较简单的。但是从个人销售计划升级为专业销售计划就较难一些，有可能需要提交有效的账户注册相关资料进行审核。一般情况下，不建议卖家降低自己的账户等级。

经过以上的分析和对比可以发现，个人销售计划与专业销售计划最大的区别即是否缴纳平台店铺月租和单个商品上传是否会收取费用，同时在运营过程中所能使用的工具和功能有所不同。如果想要在亚马逊上发展业务，获取更多利润，做大品牌，那么选择专业销售计划较好。

三、亚马逊全球店铺注册

（一）全球开店注册方式

1．自行注册

打开网址 https://gs.amazon.cn/sign-up.htm/ref=as_cn_ags_subnav_home_how，可以看到图 1-60 所示页面，选择好目标站点开店，根据提示进行操作。

2．联系招商经理注册

联系亚马逊的全球开店招商经理，在招商经理的帮助下完成开店操作。在通过此种方式进行注册时，招商经理会给予卖家一定的辅导，使卖家能较快地理解亚马逊的政策，以及参与各项活动。自行注册无法享受这些待遇。

（二）亚马逊全球店铺开店流程

在亚马逊开全球店铺时整个流程如图 1-61 所示。首先联系亚马逊的招商经理，扫描二维码，进行卖家基本资料登记。登记完成后等待招商经理进行初审，招商经理完成初审后会给卖家发送通知邮件，卖家按照邮件中的链接和流程注册即可。

图 1-60　亚马逊全球开店自行注册页面

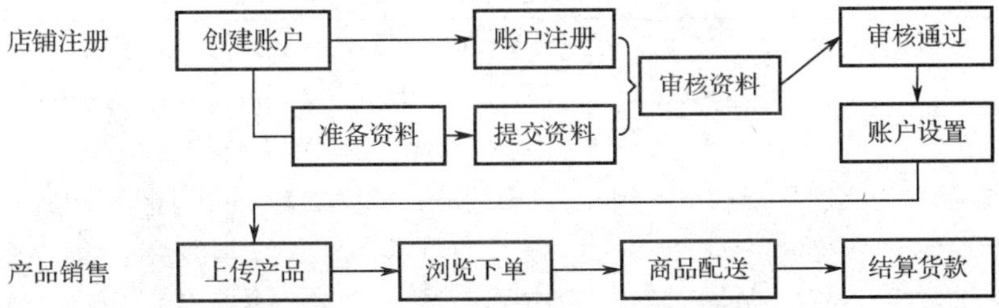

图 1-61　亚马逊全球店铺开店流程

（三）亚马逊店铺注册流程

1. 准备工作及所需资料

在亚马逊注册开店时，需要提供注册相关信息。另外还需要注意一些相关事项。在亚马逊开店，注册账户时稍有不慎便难以成功。因此需要提前了解亚马逊注册的相关规则并准备注册资料。接下来我们就以亚马逊美国站为例，学习注册亚马逊企业账户时需要进行的准备工作及所需资料。

1）企业相关信息

在亚马逊注册企业账户时需要提供一些企业相关信息，如法定代表人身份证和企业营业执照扫描件。企业必须提供企业相关的完整信息，其中包括企业名称（拼音或英文）、注册邮箱，以及地址（拼音或英文）、联系人姓名、联系方式。亚马逊开店资质清单如表 1-7 所示。同时，企业还需要提供银行账号用来收款，可以是 P 卡、WF 卡或美国、英国等地的银行账户收款卡，建议大家使用 P 卡。同时企业还需要绑定双币信用卡用来扣店铺月租，建议使用 VISA 或 MasterCard，银行不限。

表 1-7　亚马逊开店资质清单

	资质清单	备注
1	营业执照扫描件	请确保您在系统中填写的依法登记名称与营业执照上的公司法定名称完全一致
2	国税税务登记证	请保证您填写的国税税务登记号和税务登记证上的税号完全一致，该税号系“纳税人名称”上方的“税”字后的号码
3	商品品牌资质（请根据您所对应的下述情况提交相应资质）	
	3.1 如销售自有品牌商品，需提供商标注册证或商标注册申请受理通知书	（1）请中的商标提供您递交的商标注册证复印件并加盖公章，以及由中华人民共和国国家工商行政管理总局商标局颁发的商标注册申请受理通知书
		（2）办理过变更、转让、续展的商标，请一并提供中华人民共和国国家工商行政管理总局商标局颁发的变更、转让或续展证明
	3.2 如作为品牌代理商或经销商销售商品，需提供完整授权 ➢ 授权书：您有权销售的授权文件或其他证明文件 ➢ 品牌方的商标注册证或商标注册申请受理通知书	（1）常由商标持有人发起，并经各级代理商，直至授权给卖家，即卖家拿到的授权能够逐级逆推回品牌商。例如，品牌商 A 公司将品牌授权给 B 公司，B 公司又授权给 C 公司。如果卖家 C 公司想在亚马逊上销售品牌商 A 公司的商品，那么它需要提供品牌商 A 公司的商标注册证、品牌商 A 公司给 B 公司的授权书和 B 公司给卖家 C 公司的授权书 （2）如果商标注册人为个人，则需提供其身份证复印件（正反面）；如该人为授权公司法人，还需提供对应授权公司的营业执照及授权书 （3）提交的商标及授权文件如为外文，请提供对应的中文翻译件
	3.3 如销售进口品牌商品，需提供中华人民共和国海关进口商品报关单	

2）注册店铺和商品信息

企业还需要提供将要注册的店铺名称（需要事先检查是否有重复），拟经营的类目，商品的类目，商品的 UPC 码、EAN 码或 JAN 码，是否使用 FBA。此时，需要确认拟售卖商品没有使用他人品牌的名称和 LOGO，而且也要保证商品中没有侵犯知识产权的图案。同时，亚马逊有一项“受项商品政策”，具体内容是，为了确保存在一定安全风险的商品符合广泛接受的监管标准，对于特定商品，亚马逊可能要求卖家提交相应的资质，只有通过亚马逊官方审核后，卖家才可以开始销售。因此卖家在注册时要注意是否需要提交商品资质、商品明细，以及其他具体要求。

2．创建账户、提交资质材料并通过资质审核

在线填写企业信息，创建亚马逊卖家账户。在注册过程中，卖家按要求提交企业资质材料（营业执照扫描件和国税税务登记证），以及商品类目和品牌相关的资质，然后提交亚马逊资质审核申请。亚马逊的资质审核工作一般会在材料提交后的 3 个工作日内完成，审核结果以邮件形式通知卖家。

3．账户审核

入驻北美站点的卖家需要进行卖家资质审核（亦称“卖家身份验证”），企业卖家和个人卖家资质审核需要的资料不同。

1）企业卖家所需材料

企业法人代表的身份证。身份证上的姓名必须与营业执照上法人代表的姓名一致；必须是由中国的内地、香港或台湾地区出具的正反两面的彩色照片或扫描件，不接受黑白复印件。图片必须清晰可读，身份证应在有效期内。

营业执照。企业营业执照必须由中国的内地、香港或台湾出具。中国内地的卖家提供的营业执照距离过期日期应超过 45 天；中国香港的卖家提供的企业注册证明书和商业登记条例距离过期日期应超过 45 天；中国台湾的卖家需要提供有限公司设立登记表、股份有限公司设立登记表及有限公司变更登记表或股份有限公司变更登记表。这些营业执照或相关证明图片必须提供彩色照片或扫描件，不能是黑白复印件，同时图片必须清晰可读。

2）个人卖家所需材料

卖家身份证。身份证必须由中国的内地、香港或台湾出具，要求提供正反两面的彩色照片或扫描件，不接受黑白复印件。照片或扫描件的图片必须清晰可读，同时身份证应在有效期内。对照片的具体要求为：本人双手持身份证置于胸前，身份证正面朝前；身份证正面的信息及照片都必须清晰可读；照片上本人全脸五官无遮蔽并且清晰可见。拍摄时要正面面对相机，要在光线良好的环境下使用高像素手机或数码相机进行拍摄，要确保图像质量。

信用卡对账单或银行对账单。信用卡对账单或银行对账单上的姓名必须和身份证上的姓名一致；这些账单必须是银行在 90 天内出具的账单；账单上的货币金额可以隐藏，但是账单必须保持完整并且清晰可读。亚马逊不接受从屏幕上截取的图片。

在注册完成后的 5 天内，卖家需要登录卖家中心，按要求提供卖家平台中验证部分列出的所需文件。

4．上传商品并开始销售

1）上传商品

准备好商品信息和图片后，可以通过卖家平台逐一添加商品信息或利用模板批量上传。

2）买家浏览商品并下单

商品信息上传完成，卖家的商品便成功上线，买家能够浏览、搜索和购买卖家的商品。一旦有订单产生，卖家就会收到亚马逊的邮件通知，同时，可以通过卖家平台查看订单信息。

3）配送商品和发票

订单产生后，卖家需要按照买家要求的配送方式，及时配送商品。如果买家需要发票，卖家平台的“管理订单”中会有提示，卖家需要及时向买家邮寄符合国家税务规定的发票。

4）结算货款

亚马逊每隔 14 天会与卖家进行一次货款结算。

四、亚马逊费用

亚马逊会对卖家收取一定费用，下面以北美站为例说明在亚马逊开店都需要哪些费用。

（一）月租费

月租费主要是针对专业卖家收取的，费用为 39.99 美元/月，而个人卖家是不需要交月租费的。开通一个站点的卖家账号，可以在此站点的几个国家和地区的市场进行销售，月租费不变。

（二）单件商品销售费用

在亚马逊，专业卖家不需要交单件商品销售费用，而个人卖家每售出 1 件商品，亚马逊会收取 0.99 美元佣金。综合月租费和单件商品销售费用，可以看出，在订单量不大的时候，个人卖家占有优势，但是当订单量大的时候，还是专业卖家更有优势。

需要注意的是，如果专业卖家在亚马逊扣月租费的前一两天将账号类型转为个人卖家，希望省下月租费用，那么在下次把账号转回专业卖家时月租费还是会被扣掉。

（三）销售佣金

在亚马逊，所有卖家都要为售出的商品支付销售佣金。针对不同的商品类目，其销售佣金比例和每件最低佣金都有不同的规定。

自 2018 年 2 月 1 日起，亚马逊依商品类目增设了最低销售佣金，对订单中每件商品单独计算佣金，当商品按照所销售类目佣金比例收取的佣金小于最低销售佣金时，亚马逊将对其收取最低销售佣金。佣金收取比例和最低销售佣金见表 1-8。

表 1-8 亚马逊佣金收取比例和最低销售佣金

商品分类	保证金	佣金收取比例	最低销售佣金
图书	20 000 元	12%	3.9 元
个护健康	30 000 元	8%	6 元
美妆	30 000 元	8%	8 元
玩具	30 000 元	10%	5 元
母婴用品	30 000 元	10%	7 元
酒水	50 000 元	10%	5 元
食品饮料	50 000 元	8%	5 元
大家电	50 000 元	4.50%	43 元
手机通信	50 000 元	4%	91 元
摄影摄像	50 000 元	4.50%	28 元
家庭影音	50 000 元	4.20%	50 元
3C 及其他	50 000 元	4.20%	27 元
台式电脑及平板电脑	50 000 元	4.20%	57 元
手机配件、数码电子配件、大家电配件	50 000 元	12%	5 元
摄影摄像配件、计算机配件、家庭影音配件	50 000 元	12%	6 元
办公用品	50 000 元	8%	5 元
办公耗材	50 000 元	12%	4 元
乐器	—	10%	6 元
家居装修、用品	10 000 元	10%	7 元
运动户外休闲、汽车用品	10 000 元	10%	8 元
服装、厨具及小家电	10 000 元	10%	9 元
鞋靴、箱包	10 000 元	10%	11 元
钟表	10 000 元	12%	19 元
珠宝首饰	10 000 元	15%	6 元
金条、银条	10 000 元	5%	—

（四）结算

一般来说，亚马逊会在卖家注册平台 14 天后，向卖家的银行账户存入卖家的销售收入。随后，每隔 14 天结算一次，卖家需要注意以下几点。

（1）卖家银行账户的余额至少为 25 元。佣金费用和买家退款（如果有）会影响卖家的余额。

（2）必须在卖家平台中输入卖家在中国境内银行账户的有效信息。

完成结算后，亚马逊会将结算报告发布在卖家平台的“报告”一栏，并通过银行转账，将销售收入存入卖家的银行账户。

从银行转账之时起，到资金到达卖家的银行账户一般需要 6～10 个工作日。公共节假日影响资金汇入，到账时间将延迟 6～10 个工作日。

案例解析

杭州金迪灯具有限公司成立之初，以外贸业务为主，商品主要销往欧美地区，由于没有打出自己的商品特色，所以发展颇为艰难。公司总经理李先生偶然在一个做外贸的朋友的介绍下，参加了在美国举办的国际照明展。在展会上，李先生对欧美地区的照明灯具有了全新的认知，也了解到可以在使用亚马逊进行线上销售。

李经理回国后立马着手准备相关事宜，他成立了跨境销售团队，根据市场反馈和小组同事一起选择合适的灯具准备在亚马逊进行销售，同时公司灯具开发组也根据市场需求对已有的灯具商品进行重新开发，所有准备工作做好后，李经理让同事用公司已有的注册品牌进行亚马逊店铺注册，以便开展跨境电商业务。

一、亚马逊店铺自注册

（一）登录亚马逊网站创建账号

登录亚马逊网站 https://www.amzon.com，然后在页面单击“Sell on Amazon”按钮，进入注册页面，单击“Start Selling”按钮（如图 1-62 所示），进入账号创建页面开始创建账号，如图 1-63 所示。

图 1-62　亚马逊网站注册页面

图 1-63　亚马逊账号创建页面

（二）输入店铺名称

选择店铺的所在地和经营类型（如图 1-64 所示），选定好以后输入店铺名称。店铺名称要求为纯英文，如果卖家是个人则可输入自己的名字，如果是企业则输入企业名称，然后选择同意条款。

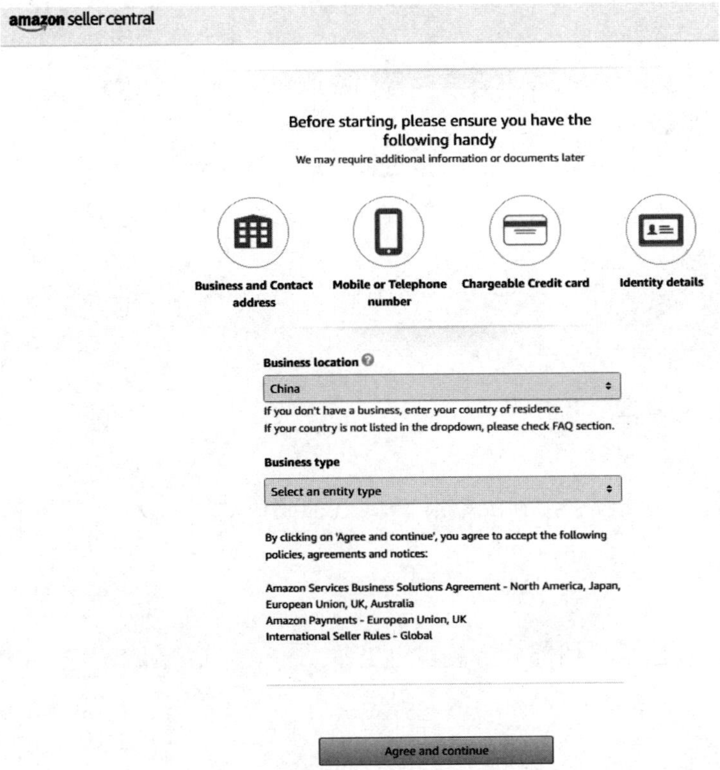

图 1-64　亚马逊店铺经营类型选择页面

（三）填写地址

卖家在填写地址信息时，需要填写纯英文地址，中国卖家可以用拼音来代替，如果卖家在其他网站有店铺，也可以将已有店铺的地址直接粘贴过来，接下来是认证环节。

（1）一般有 3 次电话认证机会，如没有收到亚马逊的电话则可以换成短信认证。

（2）卖家要确认自己的电话号码没有在亚马逊系统出现过，如果出现过，就必须换一个新号码，以避免后续产生关联问题。

（3）单击“CALL”按钮，页面就会弹出一个 PIN 码及 4 位数字，接到电话后将 PIN 码输入即可。单击“SMS”按钮，卖家则会收到一个含有 4 位 PIN 码的短信，同样将 PIN 码输入文本框即可。

（四）信用卡绑定

信用卡绑定只需要按照平台要求输入相关信息即可。绑定信用卡时需要使用可以支付美元的双币信用卡，VISA、Master Card 均可。确认默认地址信息是否与信用卡账单地址相同，如地址不同，请使用英文或拼音填写正确地址。信用卡持卡人与账户注册人无须为同一人，公司账户亦可使用个人信用卡绑定。如果卖家填写信息正确，系统会尝试对该信用卡进行预授权以验证该信用卡是否尚有信用额度，持卡人可能会收到发卡行的预授权提醒。

在注册完成之后，卖家可随时更换信用卡信息。此信用卡用于在账户结算时，卖家账户结余不足的情况下抵扣相关款项，系统会从绑定的信用卡中扣除每月月租费或其他销售费用。

在绑定信用卡的过程中，如果卖家被告知在账户中绑定的信用卡信息无效，则需要检查以下信息。

（1）账单地址。该地址必须与信用卡对账单中的地址完全相同。

（2）向开户银行核实，确认信用卡尚未过期，具有充足的信用额度，且对被拒金额的网上扣款无任何限制。

（3）设置存款方式，如果没有美国的银行账户，则需先注册 P 卡，然后在“银行所在地”一栏选择美国。

（五）纳税信息审核

1. 身份证信息输入

如果卖家没有美国身份证，则可单击“No 其他的信息”按钮，进入其他信息填写页面，按照指示输入即可。

2. 信息确认

卖家需要确认前面填写的部分有关账户受益人的信息是否准确，如需修改，请返回上一页并更新信息。如信息经检查后无误，则可单击“保存并继续”按钮。

3. 选择电子签名

单击“电子签名”按钮，页面会弹出输入框和多选项，只要将选项都勾选上，输入自己的名字或公司名，单击“确认”按钮即可。

4．确认系统信息

如果卖家在上一步选择第二种方式，系统就会跳出一条提醒信息，如果卖家选择电子签名，信息将即刻生效，如果卖家不选择电子签名，可以选用邮寄表格，在收到邮寄表格的7～20个工作日后信息才会生效。

5．W-8BEN表格生成

卖家根据自己的销售需求如实填写相关信息。

6．销售分类

如果卖家卖的商品类目多，可以都勾选上，然后再单击“finish”按钮即可。

完成了上述6个步骤后，一般卖家都可以成功登录亚马逊后台，这时候基本上已经注册成功。

习题演练

一、单选题

1．敦煌网的创始人是（　　）。

A．马云　　B．马化腾　　C．Pierre Omidyar　　D．王树彤

2．以下哪个平台是跨境电商B2B交易平台？（　　）

A．阿里巴巴国际站　　B．敦煌网　　C．Wish　　D．eBay

3．2014年7月，海关总署发布《关于增列海关监管方式代码的公告》，增列海关监管方式代码______，全称“保税跨境贸易电子商务”。（　　）

A．9610　　B．0110　　C．1210　　D．1234

4．以下哪个是跨境电商B2C平台？（　　）

A．京东　　B．淘宝　　C．速卖通　　D．环球资源网

二、多选题

1．关于亚马逊，以下站点域名正确的有（　　）。

A．美国站点域名为www.amazon.com　　B．加拿大站点域名为www.amazon.ca

C．法国站点域名为www.amazon.fr　　D．日本站点域名为www.amazon.co.jp

2．目前亚马逊北美站后台除了有美国站点，还有什么站点？（　　）

A．英国、法国　　B．加拿大、墨西哥

C．葡萄牙、加拿大　　D．墨西哥、德国

3．以下哪个平台不是跨境电商B2C平台？（　　）

A．Amazon　　B．eBay

C．Wish　　D．阿里巴巴国际站

4.（拓展题）关于亚马逊专业卖家账号的月租费，以下说法错误的是（　　）。

A. 澳大利亚站月租费为 100 澳元/月
B. 北美站月租费为 39.99 美元/月
C. 欧洲站月租费为 25 英镑/月
D. 日本站月租费为 4 900 日元/月

三、简答题

1. 简述亚马逊的收费体系。
2. 注册亚马逊账户时需要提供什么资料？

实践操作

实践任务一

请根据所学知识，尝试注册亚马逊个人卖家账户。

情景二

跨境电商选品

子情景一　速卖通选品

学习目标

知识目标

- 熟悉不同跨境电商平台的商品类目。
- 了解不同跨境电商平台的商品禁限售规则。
- 熟悉不同跨境电商平台的选品规则。

能力目标

- 能分析行业商品，分析竞争对手的商品现状。
- 能选择适合的商品进行跨境销售。
- 能根据数据分析结果进行跨境选品。
- 能根据商品分析结果调整店铺销售商品。

素质目标

- 培养学生对商品的认知能力。
- 培养学生与人沟通交往的能力。

项目背景

杭州景慧贸易有限公司的跨境电商专员小张最近开通了速卖通店铺，已经通过审核，也交了年费。接下来，小张准备在店铺中上传商品，他浏览了速卖通网页，发现有些商品卖得很好，订单很多，有些商品却卖得很少。他还发现，同一类目的商品中，不同的商品销量也不相同，类似的商品，不同的店铺销量差异也不小。带着疑惑，小张请教了自己的经理。经理告诉小张，跨境电商平台上的商品都是要经过认真选择的，选品的好坏直接影响着店铺的成交额。所以，最近小张都在认真了解跨境电商如何选品，什么样的商品适合在跨境电商平台销售，以及如何判断某一类商品是否适合在跨境电商平台上销售。

任务实施

步骤一：了解商品生命周期。商品处于不同的生命周期，其销售状况是不一样的。

步骤二：利用速卖通后台的数据进行商品分析，选出合适的商品进行跨境电商销售。

步骤三：从网站首页分析卖得好的商品，进行跨境电商选品。

知识铺垫

作为跨境电商卖家，选择什么样的商品在平台售卖是一件非常重要的事。商品选得好，买家需求旺盛，商品就供不应求，如果选得不好，商品就只能下架，最终只能成为库存。

卖家可以从站外选品，也可以从站内选品。不管以何种方式选品，都需要先了解商品的生命周期，因为商品销售的好坏与其所处的生命周期阶段息息相关。

一、商品生命周期阶段

典型的商品生命周期一般可分为 4 个阶段，即投入期、成长期、饱和期和衰退期。

（一）投入期

在投入期，新商品投入市场，此时买家对商品还不了解，只有少数追求新奇的买家可能购买，销售量很低，需要通过大量的促销活动，对商品进行宣传，以提升商品的销量。在这一阶段，由于技术方面的原因，商品不能大批量生产，生产成本高，销售额增长缓慢，企业不但得不到利润，反而有可能亏损。商品自身也有待进一步完善。

（二）成长期

在成长期，买家对商品已经熟悉，大众接受了商品，使得销售量上涨，市场逐步扩大。与此同时商品大批量生产，生产成本与之前相比有所降低，企业的销售额迅速上升，利润也迅速增长。竞争者看到有利可图，纷纷进入市场参与竞争，使同类商品供给量增加，价格也随之下降，企业利润增长速度逐步减缓，最后达到生命周期利润的最高点。

（三）饱和期

在饱和期，市场需求趋向饱和，潜在的买家已经很少，销售额增长缓慢直至转而下降。在这一阶段，竞争逐渐加剧，商品售价降低，促销费用增加，企业利润下降。

（四）衰退期

随着科学技术的发展，新商品或新的代用品出现，使买家的消费习惯发生改变，转向其他商品，从而使原来商品的销售额和利润额迅速下降。于是，商品进入了衰退期。

从商品生命周期的发展情况来看，卖家需要从商品的成长期开始售卖。如果从投入期开始售卖，成本太高，商品接受度不高，是否能推广开来还是个未知数，且推广的费用也很高，企业有可能亏损，因此不宜在商品的投入期介入。成长期的商品利润高，在这个阶段介入，虽然市场规模大，但市场上的竞争者也多，商品的利润率下降，而且将持续下降。在衰退期，市场衰退，其他卖家已经纷纷退出，这时不进入为好。综合来看，跨境选品时需要选择处于成长期的商品，这样卖家才有利可图，同时把成长期的商品打造成热销品或爆款对店铺的发展更好。

二、速卖通站内选品

速卖通站内选品是指根据速卖通的情况，结合一定的数据分析及自身情况来选择要经营的行业及类目下的商品，具体分为行业选品、类目选品和商品选品 3 个方面。

（一）行业选品

行业选品即根据速卖通目前的情况，确定要经营的行业。红海行业，即现有的竞争白热化的行业，如饰品、婚纱、假发等行业。蓝海行业指的是未知的有待开拓的市场空间，即竞争尚不大，又充满买家需求的行业，蓝海行业充满新的商机。

新卖家应该在进入平台的时候寻找一级蓝海行业或红海当中的蓝海行业去经营，这样会避免过于激烈的竞争，容易获得快速成长的机会。在“行业情报”页面中可以选择目前平台下所有行业，以及所有类目的商品；时间可以选择 3 种类型，分别是 7 天、30 天和 90 天。“行业情报”项目下包括“行业数据”“行业趋势”“行业国家分布”。可以从这 3 个维度来分析行业的具体情况，然后确定要经营的行业和商品。

1. 行业数据

在速卖通，通过“行业数据”可找到相关行业的一些流量及成交转化的数据，“行业数据”页面如图 2-1 所示。

行业数据

	流量分析		成交转化分析		市场规模分析
	访客数占比	浏览量占比	支付金额占比	支付订单数占比	供需指数
最近7天均值	28.26%	17.33%	16.69%	27.34%	71.38%
环比周涨幅	↓ -0.98%	↓ -0.74%	↓ -3.64%	↓ -1.76%	↓ -0.06%

图 2-1　行业数据页面

行业数据中的各指标含义如下。

（1）访客数占比：在统计时间段内行业访客数占上线行业访客数的比例。一级行业占比为该行业占全网的比例。

（2）浏览量占比：在统计时间段内浏览量占上级行业浏览量的比例。一级行业占比为该行业占全网的比例。

（3）支付金额占比：在统计时间段内支付成功金额（排风控）占上级行业支付成功金额（排风控）的比例。一级行业占比为该行业占全网的比例。

（4）支付订单数占比：在统计时间段内支付成功订单数（排风控）占上级行业支付成功订单数（排风控）的比例。一级行业占比为该行业占全网的比例。

（5）供需指数：在统计时间段内行业中的商品指数或流量指数。供需指数越小，竞争越小。

2．行业趋势

查看速卖通后台行业趋势数据如图 2-2 所示，根据数据可对行业趋势进行分析，利用分析结果可以选择合适的经营商品。

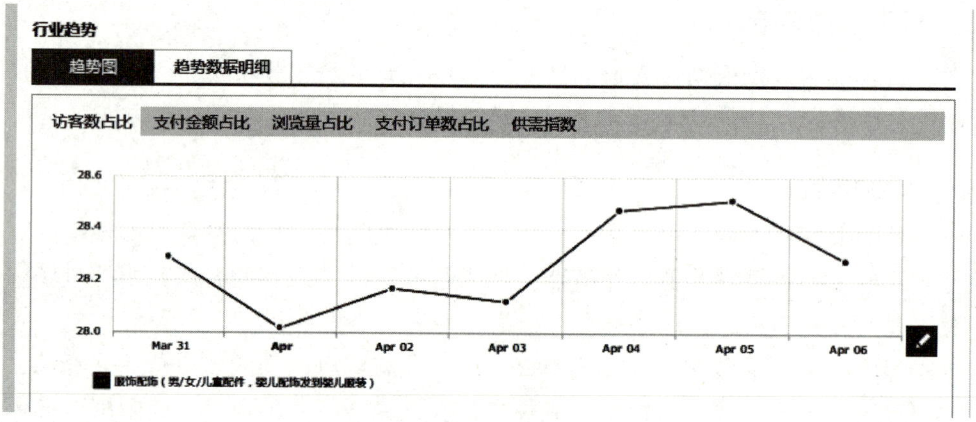

图 2-2　行业趋势数据页面

在行业趋势中可以选择 3 种行业进行比较，建议不要跨级比较。在这里可以查看某个数据在一段时间内的趋势及其动态数据，在趋势数据明细中，可以查看某天的具体数据，建议将其下载整理，以便分析。

3．行业国家分布

在行业国家分布页面可以查看某个行业在某个时间段内的成交额或访客数的国家排名。卖家可以对行业数据、行业趋势、行业国家分布的数据进行分析，结合平台推荐的一些蓝海行业和自己的优势来选择经营的行业。行业国家分布页面如图 2-3 所示。

（二）类目选品

卖家在了解了行业选品，确定了自己要从事的行业后，接下来就要确定要卖这个行业中哪些类目的商品。类目选品就是确定在某个行业中要卖哪些类目的商品。首先要了解某个行业中有哪些类目。了解完一个行业在平台目前有哪些类目的商品后，接下来就要知道平台卖家主要在卖哪些类目的商品，以及平台买家最需要哪些类目的商品。可以从卖家的角度看一下平台卖家主要在卖哪些类目的商品，同时也需要从买家的角度看一下平台买家热门搜索的商品。

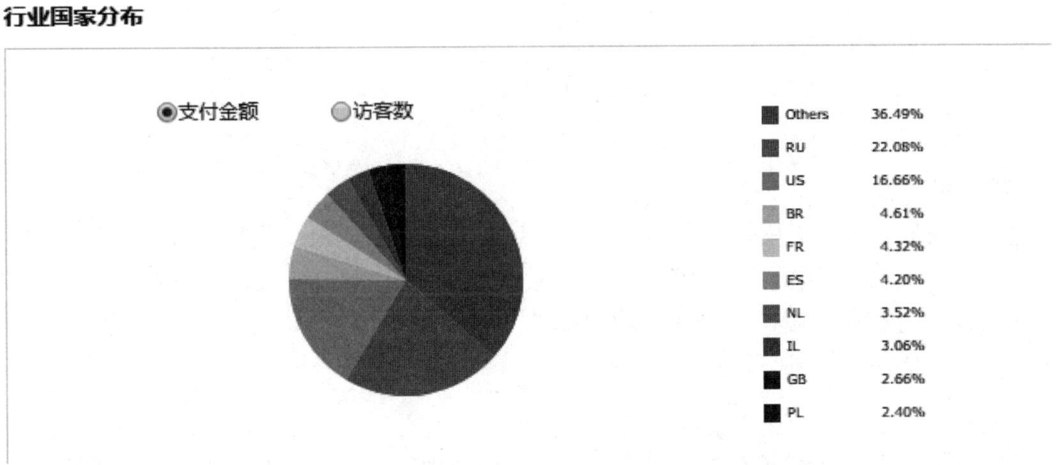

图 2-3　行业国家分布统计

在“选品专家”下方，可以看到两个关键词语，即“热销”“热搜”，其中“热销”是从卖家的角度出发的，而“热搜”则是从买家的角度出发的。首先选择行业（建议选择一级类目），然后选择国家（建议选择全球）和时间（可以选择 1 天、7 天或 30 天），圈的大小代表销售热度，圈越大，该商品销售量越高。通过“选品专家”可以分析出哪些类目下的哪些商品销量大且竞争相对较小，就可以选择此类商品在平台上经营。

“热销商品词”页面如图 2-4 所示。卖家可以选择图中销量大且竞争相对较小的商品类目在平台上销售。

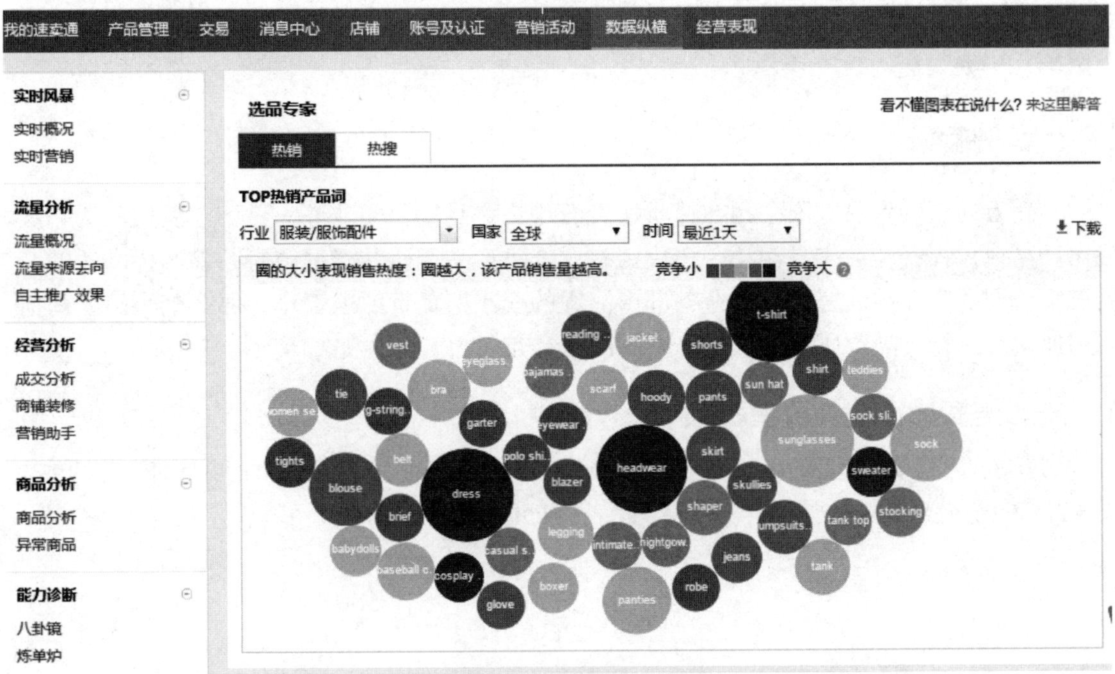

图 2-4　“热销商品词”页面

（三）商品选品

通过以上内容我们知道了如何在行业中选品，以及如何在类目中选品，接下来我们学习如何进行商品选品。

1．根据“热搜词”“热销词”选品

通过“数据—数据纵横—选品专家—搜索词”分析栏目下的“热搜词”“热销词”进行分析。“热搜词”是平台从买家的角度出发，统计出的一段时间内买家的高频搜索词。通过这些词可以找出搜索量较高的商品。“热销词”是最近平台上较热门的商品，买家可以在对比之后选择合适的商品进行销售。

2．根据各站点的“潮流趋势”频道选品

“潮流趋势”是速卖通在各站点开设的频道，利用站内外的大数据挖掘并整合，分析出服装、配饰、鞋包、珠宝、手表等类目的流行趋势，希望推动有一定供应能力和市场敏锐度的卖家，开发系列新款商品，快速成长，带动潜力增长。因此，具有相关流行元素、特征、描述、关键词、图片的商品，将有机会在速卖通各个分站的潮流趋势频道中予以曝光。包括英文站的 Fashion Trending、俄文站的 Fas Trending、葡文站的 Fashion Trending。卖家可以借助“选品专家”中的“潮流趋势”挖掘提炼出的当前流行趋势，尤其是观察流行商品图片，了解流行元素，发布类似元素和风格的商品，以提高曝光量，促进销售。

一般卖家还可以通过速卖通首页的 Super Deals、Featured Brands、Aliexpress Collections、Bestselling、Trending Styles 等版块，仔细观察速卖通推荐的商品信息，选出符合自己需要的商品。

案例解析

杭州万向服饰贸易有限公司在速卖通专营服饰产品。公司业务一直稳定发展，为拓展公司产品线，提升跨境交易额，公司决定对服饰类产品调研并根据调研结果选择合适的产品充实公司的产品线。公司跨境业务部产品组的李小姐负责此项工作，那么李小姐要如何利用速卖通进行产品调研，并选择合适的产品补充公司产品线呢？

一、速卖通行业类目查找

（1）打开速卖通网址 https://www.aliexpress.com，进入首页如图 2-5 所示，单击“CATEGORIES See All”按钮，则进入商品类目页面。

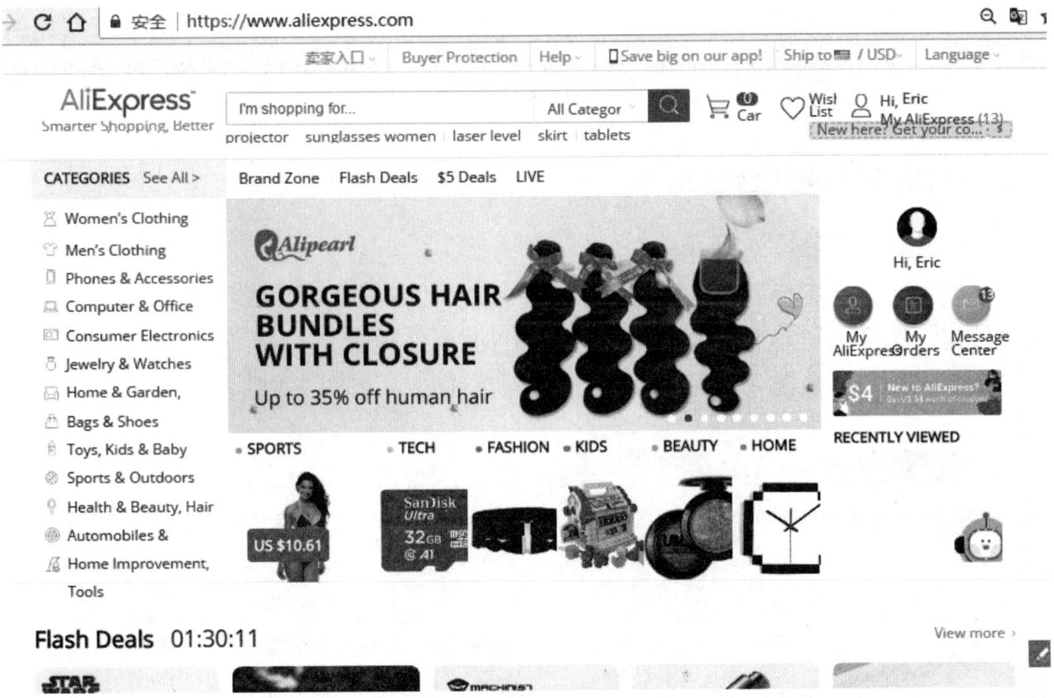

图 2-5 速卖通首页

在商品类目页面，查看自己需要的商品类目，如图 2-6 所示。

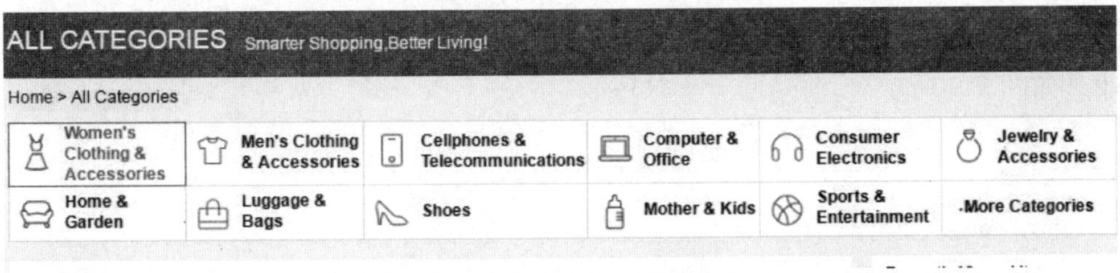

图 2-6 商品类目页面

（2）选择一个类目，查看该类目下的二级类目，如图 2-7 所示。

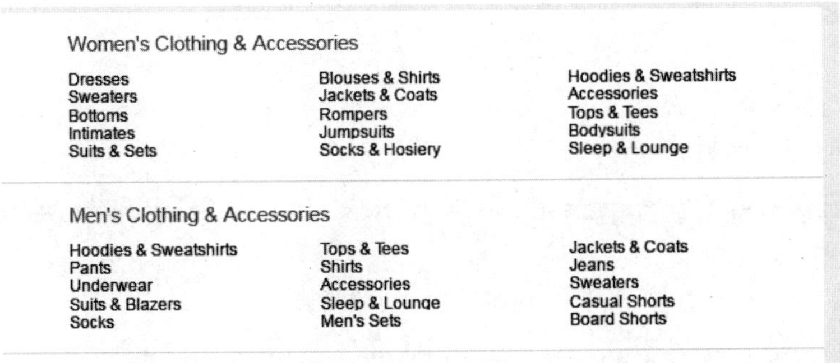

图 2-7 “Women’s Clothing & Accessories”类目下的二级类目

（3）可以在所有的类目里选择自己感兴趣的行业或子类目，把喜欢的或感兴趣的类目记录下来。然后综合分析，选择到底经营哪个类目。同时也要注意查看速卖通的招商政策。

二、利用速卖通后台选品

（一）速卖通后台行业选品

（1）登录速卖通后台，单击“数据纵横”按钮，打开“数据纵横”菜单，单击“商机发现”按钮，选择“行业情报”选项，则进入行业情报页面。

（2）单击“行业数据”按钮，可以查看各项指标值，如图 2-8 所示。

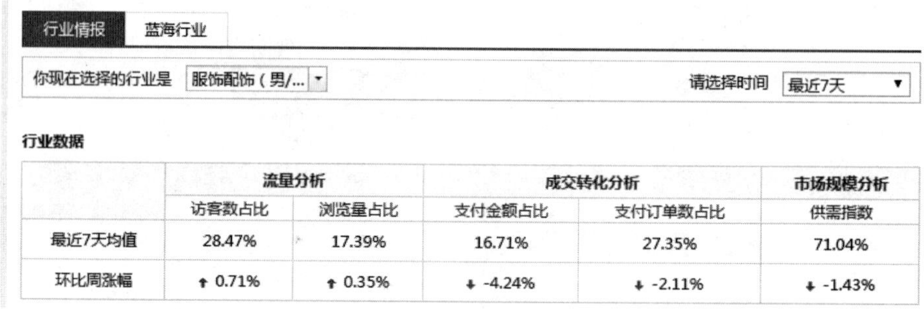

	流量分析		成交转化分析		市场规模分析
	访客数占比	浏览量占比	支付金额占比	支付订单数占比	供需指数
最近7天均值	28.47%	17.39%	16.71%	27.35%	71.04%
环比周涨幅	↑ 0.71%	↑ 0.35%	↓ -4.24%	↓ -2.11%	↓ -1.43%

图 2-8　速卖通后台行业数据页面

（3）查看行业趋势图，可以选择不同的行业进行比较，根据数据分析，找到可以进入的行业。如图 2-9 所示。

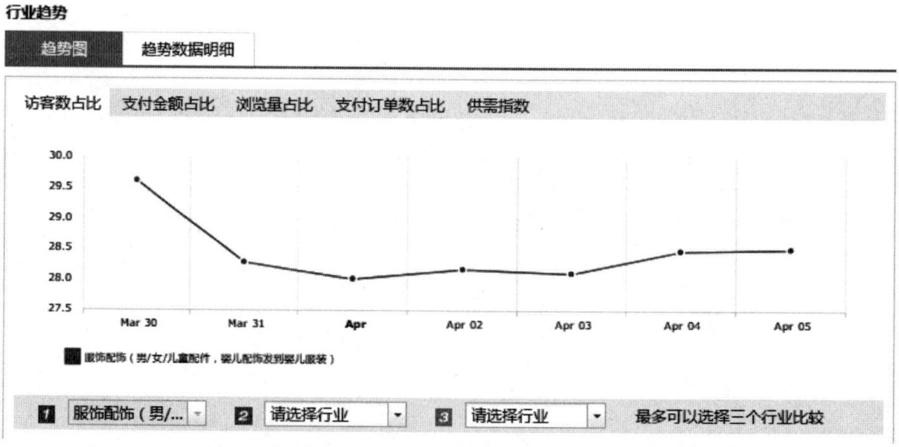

图 2-9　速卖通后台行业趋势图页面

（4）查看“行业趋势”下的“趋势数据明细”，如图 2-10 所示。

行业趋势

趋势图 | 趋势数据明细 | 下载

	流量分析		成交转化分析		市场规模分析
	访客数占比	浏览量占比	支付金额占比	支付订单占比	供需指数
2018-03-30	29.61%	17.8%	16.52%	27.29%	69.1%
2018-03-31	28.29%	16.94%	16.82%	27.22%	72.03%
2018-04-01	28.02%	17.03%	16.19%	26.46%	72.53%
2018-04-02	28.17%	17.23%	16.08%	26.56%	71.44%
2018-04-03	28.12%	17.22%	16.94%	27.65%	71.16%
2018-04-04	28.47%	17.69%	17.63%	28.37%	70.87%
2018-04-05	28.51%	17.73%	16.62%	27.48%	70.41%

图 2-10　行业趋势数据明细页面

单击页面右上角的“下载”按钮，就可以下载趋势数据明细表。下载后的表格如图 2-11 所示，可对表格中的数据进行数字转换处理，分析该行业的发展趋势。

E4　fx　27.54%

	A	B	C	D	E	F
1	日期	访客数占比	浏览量占比	支付金额占比	支付订单数占比	供需指数
2	2018-01-07	32.46%	17.32%	15.68%	26.61%	71.07%
3	2018-01-08	31.75%	17.45%	16.35%	27.05%	71.3%
4	2018-01-09	31.79%	17.46%	16.49%	27.54%	71.28%
5	2018-01-10	32.34%	17.57%	17.11%	30.07%	69.93%
6	2018-01-11	32.0%	17.42%	17.52%	30.76%	70.87%
7	2018-01-12	31.41%	17.23%	16.63%	28.79%	71.96%
8	2018-01-13	31.45%	17.06%	16.58%	27.16%	72.45%
9	2018-01-14	31.62%	17.08%	15.25%	26.41%	71.92%
10	2018-01-15	30.45%	17.14%	15.62%	27.5%	72.25%
11	2018-01-16	32.08%	17.75%	16.12%	27.86%	71.0%
12	2018-01-17	32.17%	17.85%	16.58%	27.68%	70.98%
13	2018-01-18	31.76%	17.5%	16.78%	27.68%	71.38%
14	2018-01-19	31.43%	17.2%	16.13%	27.11%	72.27%
15	2018-01-20	31.73%	16.96%	16.08%	27.51%	72.71%

图 2-11　趋势数据明细表

（5）查看“行业趋势”下的“行业国家分布”，从图 2-12 中可以看出该行业主要的目标市场所在地。然后针对该目标市场所在地买家的需求提供合适的商品。

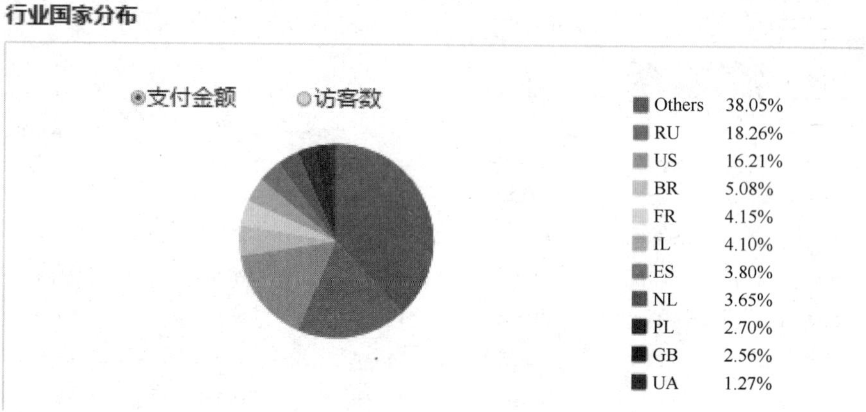

图 2-12 行业国家分布

（二）速卖通后台“选品专家”选品

（1）打开“数据纵横”菜单，单击“商机发现”按钮，选择“选品专家”选项，则进入选品专家页面。页面中圈的大小代表销售热度，圈越大，说明该商品的销售量越高。

（2）图中热销商品词的时间范围可以选择 1 天、7 天或 30 天。国家的选择如图 2-13 所示。

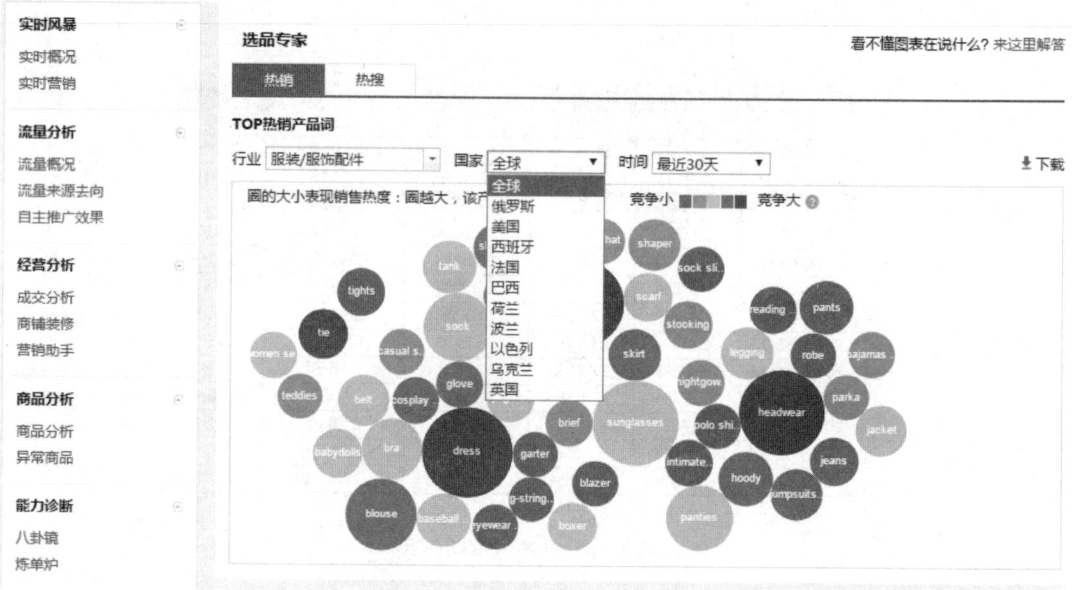

图 2-13 选品专家—热销词页面

（3）选择好行业、国家和时间以后，可以单击页面右上角的“下载”按钮，把相关数据下载下来进行分析。此处我们国家选择“全球”，日期选择“30 天”，单击“下载”按钮，下载后的表格如图 2-14 所示，在表格中可以查找到最近 30 天该行业的商品关键词的成交指数。根据成交指数、浏览-支付转化率排名、竞争指数综合考虑选择商品。

	A	B	C	D	E	F
1	行业	国家	商品关键词	成交指数	浏览-支付转化率排名	竞争指数
2	服装/服饰配件	全球	babydolls	15122	23	1.21
3	服装/服饰配件	全球	baseball cap	30822	8	1.16
4	服装/服饰配件	全球	belt	21316	9	1.4
5	服装/服饰配件	全球	blazer	3556	49	0.79
6	服装/服饰配件	全球	blouse	72664	17	2.04
7	服装/服饰配件	全球	boxer	11651	21	1.17
8	服装/服饰配件	全球	bra	44032	7	1.21
9	服装/服饰配件	全球	brief	7320	35	0.92
10	服装/服饰配件	全球	casual shorts	7514	28	1.0
11	服装/服饰配件	全球	cosplay costume	9316	50	2.3
12	服装/服饰配件	全球	dress	125851	19	3.35
13	服装/服饰配件	全球	eyeglass frame	11474	12	1.43
14	服装/服饰配件	全球	eyewear case	5549	6	0.9
15	服装/服饰配件	全球	g-strings	4000	47	0.7
16	服装/服饰配件	全球	garter	3678	32	0.85
17	服装/服饰配件	全球	glove	5640	30	1.94
18	服装/服饰配件	全球	headwear	113323	2	2.54
19	服装/服饰配件	全球	hoody	28607	42	2.2
20	服装/服饰配件	全球	intimate accessory	7793	5	0.92
21	服装/服饰配件	全球	jacket	22511	40	1.24
22	服装/服饰配件	全球	jeans	12609	33	1.58
23	服装/服饰配件	全球	jumpsuits playsuits	23017	26	1.82

图 2-14 TOP 热销商品词相关数据表

成交指数是指在所选行业及所选时间范围内，累计成交订单数经过数据处理后得到的对应指数。成交指数不等于成交量，但是成交指数越大说明成交量越大。

竞争指数是指在所选行业及所选时间范围内，商品关键词对应的竞争指数。竞争指数越大，说明竞争越激烈。

（4）分析“选品专家”的“热搜词”。上面我们对“热销词”进行了分析，接下来从买家的角度，看看买家近期内搜索量较大的商品词。搜索量越大，说明买家的需求越旺盛。假设我们选择服饰行业、全球、最近 30 天，可以看到如图 2-15 所示情况，其中圈的大小表示销售热度，圈越大，则该商品的销售量越大。

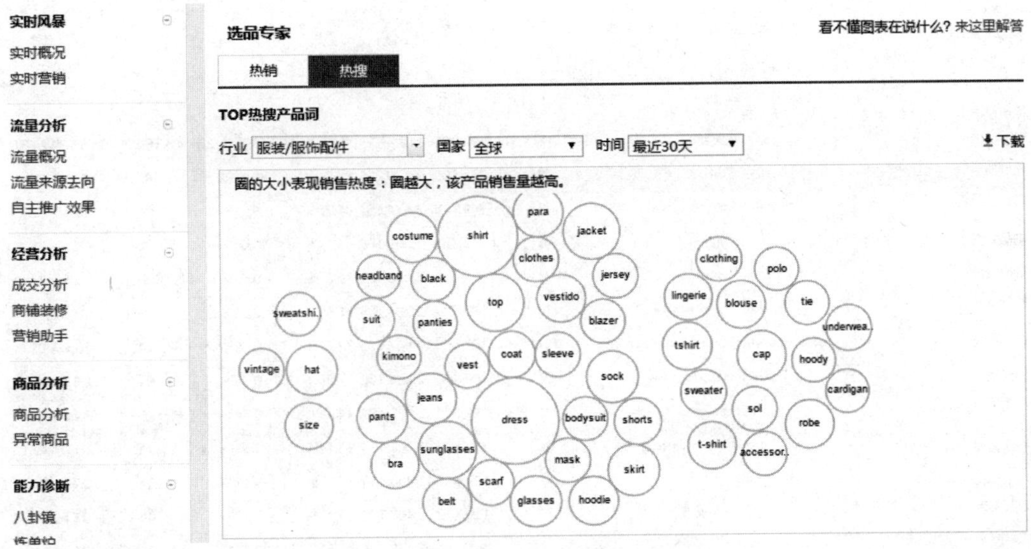

图 2-15 选品专家—热搜词页面

（5）同样，对上图中的数据进行下载，得到热搜词相关数据表如图 2-16 所示。

行业	国家	商品关键词	搜索指数	搜索人气	浏览-支付转化率排名	竞争指数
服装/服饰配件	全球	accessory	5579	3742	32	421.28
服装/服饰配件	全球	belt	15817	7461	20	357.53
服装/服饰配件	全球	black	5594	3643	50	1699.86
服装/服饰配件	全球	blazer	6565	3144	39	507.88
服装/服饰配件	全球	blouse	15775	7518	28	266.71
服装/服饰配件	全球	bodysuit	6691	3473	30	371.15
服装/服饰配件	全球	bra	14308	6500	13	149.37
服装/服饰配件	全球	cap	17343	8445	19	276.66
服装/服饰配件	全球	cardigan	4853	2577	48	201.53
服装/服饰配件	全球	clothes	8476	5317	49	1264.25
服装/服饰配件	全球	clothing	7671	4701	47	1427.56
服装/服饰配件	全球	coat	10778	5275	46	927.16
服装/服饰配件	全球	costume	18382	8823	42	341.13
服装/服饰配件	全球	cotton	4717	2721	43	1909.37
服装/服饰配件	全球	dress	106793	43791	22	224.17
服装/服饰配件	全球	glasses	24988	9515	25	150.82
服装/服饰配件	全球	hat	20469	9691	10	1202.34
服装/服饰配件	全球	headband	5066	2698	9	224.06
服装/服饰配件	全球	hoodie	16179	8178	41	242.92
服装/服饰配件	全球	hoody	5613	2845	44	450.63
服装/服饰配件	全球	jacket	32792	15917	36	308.88

图 2-16　热搜词相关数据表

结合热销词和热搜词的分析结果进行考虑，找出买家感兴趣的商品，然后再去上架售卖。

（三）速卖通后台搜索词分析选品

利用速卖通后台的“搜索词分析”进行选品，具体操作如下。

（1）单击“数据纵横”按钮，打开“数据纵横”菜单，展开“商机发现”下拉菜单，选择“搜索词分析”选项，即可进入“搜索词分析”页面，如图 2-17 所示。

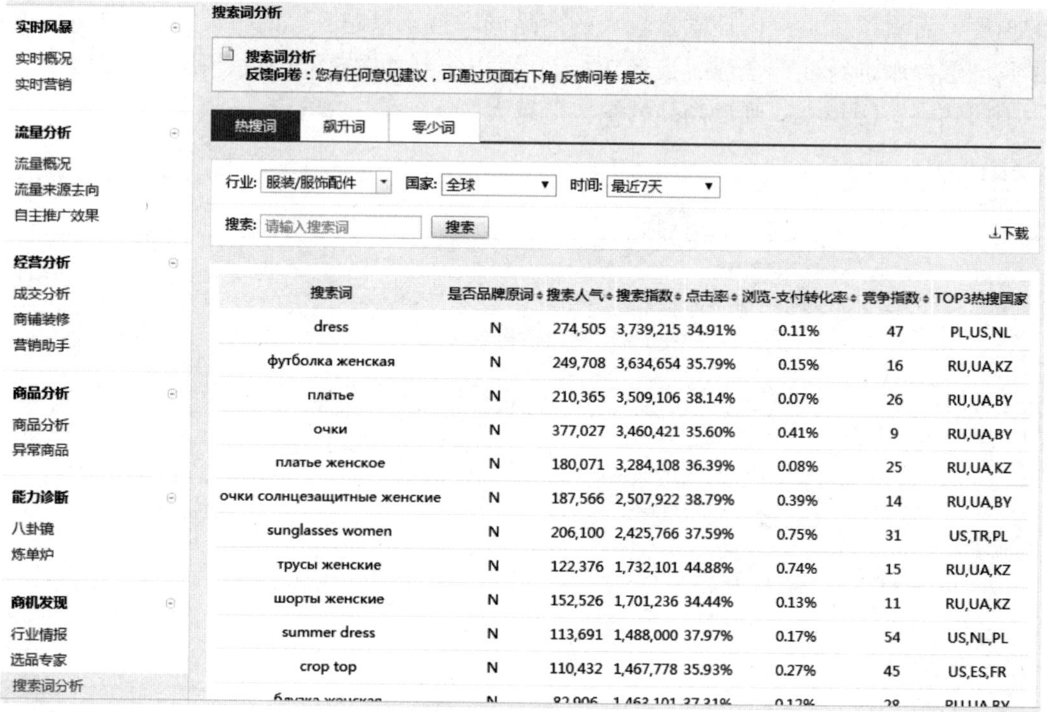

图 2-17　搜索词分析页面

（2）下载热搜词相关数据后，打开文件，数据显示如图 2-18 所示，对这些词的搜索人气、搜索指数、点击率等进行分析，找出对应的热搜国家，然后根据自己的目标市场所在地分析出可能热销的商品，根据分析结果去选择商品销售。

NO.	搜索词	是否品牌原词	搜索人气	搜索指数	点击率	浏览-支付转化率	竞争指数	TOP3热搜国家
1	dress	N	274,505	3,739,215	34.91%	0.11%	47.00	PL,US,NL
2	футболка женская	N	249,708	3,634,654	35.79%	0.15%	16.00	RU,UA,KZ
3	платье	N	210,365	3,509,106	38.14%	0.07%	26.00	RU,UA,BY
4	очки	N	377,027	3,460,421	35.60%	0.41%	9.00	RU,UA,BY
5	платье женское	N	180,071	3,284,108	36.39%	0.08%	25.00	RU,UA,KZ
6	очки солнцезащитные женск	N	187,566	2,507,922	38.79%	0.39%	14.00	RU,UA,BY
7	sunglasses women	N	206,100	2,425,766	37.59%	0.75%	31.00	US,TR,PL
8	трусы женские	N	122,376	1,732,101	44.88%	0.74%	15.00	RU,UA,KZ
9	шорты женские	N	152,526	1,701,236	34.44%	0.13%	11.00	RU,UA,KZ
10	summer dress	N	113,691	1,488,000	37.97%	0.17%	54.00	US,NL,PL
11	crop top	N	110,432	1,467,778	35.93%	0.27%	45.00	US,ES,FR
12	блузка женская	N	82,906	1,463,101	37.31%	0.12%	28.00	RU,UA,BY
13	джинсы женские	N	141,591	1,453,923	38.55%	0.08%	14.00	RU,UA,KZ
14	спортивный костюм женский	N	108,101	1,405,971	40.13%	0.03%	12.00	RU,UA,KZ
15	кепка	N	136,554	1,396,769	30.37%	0.24%	13.00	RU,UA,KZ
16	юбка	N	110,044	1,361,344	34.79%	0.09%	18.00	RU,UA,KZ
17	lingerie	N	116,136	1,319,975	42.50%	0.42%	38.00	NL,US,BR
18	jumpsuit	N	101,133	1,314,416	37.35%	0.11%	53.00	US,NL,GB
19	hair accessories	N	108,477	1,285,598	32.87%	1.01%	50.00	US,PL,IN
20	t shirt	N	127,878	1,231,046	30.10%	0.28%	42.00	NL,PL,IT
21	vestido	N	83,601	1,224,672	34.10%	0.04%	33.00	BR,ES,PT
22	рубашка женская	N	82,090	1,197,423	36.36%	0.12%	25.00	RU,KZ,BY
23	sexy lingerie	N	95,879	1,114,113	44.48%	0.52%	36.00	NL,TR,US
24	vestidos	N	84,578	1,098,597	33.32%	0.08%	36.00	BR,ES,MX

图 2-18　热搜词相关数据

（3）飙升词搜索结果页面如图 2-19 所示，分析方法与热搜词相同。

搜索词分析

搜索词分析
反馈问卷：您有任何意见建议，可通过页面右下角 反馈问卷 提交。

热搜词　飙升词　零少词

行业：服装/服饰配件　国家：全球　时间：最近30天

搜索：请输入搜索词　搜索　下载

搜索词	是否品牌原词	搜索指数	搜索指数飙升幅度	曝光商品数增长幅度	曝光卖家数增长幅度
платье женское	N	18,572,179	11.25%	7.89%	6.78%
футболка женская	N	18,352,666	29.79%	17.55%	11.70%
dress	N	18,334,389	27.06%	17.21%	12.17%
платье	N	18,126,801	-0.27%	7.33%	7.21%
очки	N	15,811,195	40.28%	19.34%	12.70%
очки солнцезащитные женские	N	11,165,529	72.28%	41.53%	26.73%
sunglasses women	N	10,801,312	43.84%	22.92%	15.55%
трусы женские	N	9,448,961	-5.43%	11.96%	2.77%

图 2-19　飙升词搜索页面

习题演练

一、填空题

1. 观察图 2-20。图中圈的大小表示________，圈越大，该商品________。

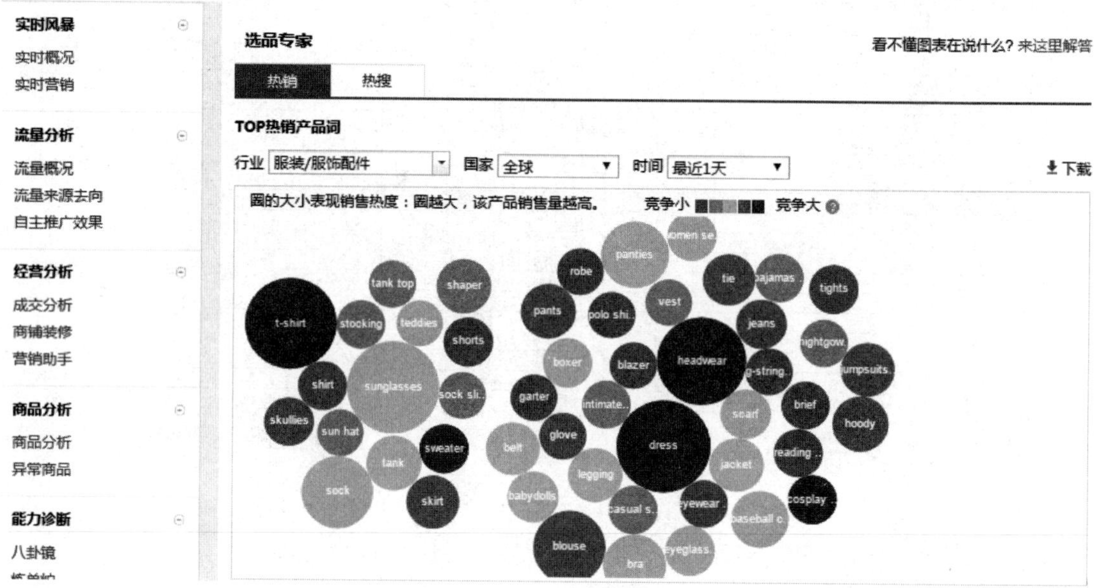

图 2-20 选品专家—热销词页面

2. 观察图 2-21，图中圈的大小表示__________，圈越大，则该商品销售量_______。

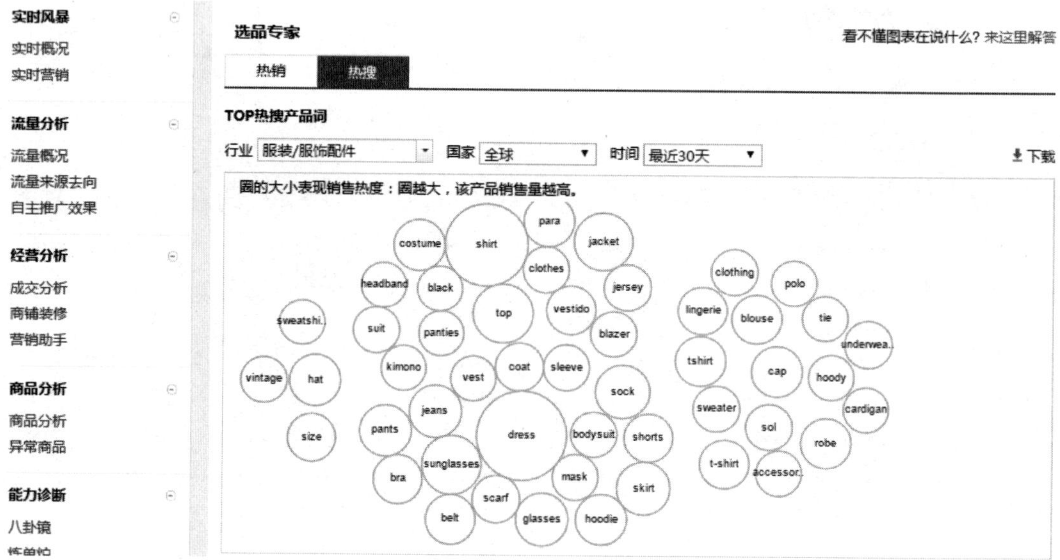

图 2-21 选品专家—热搜词页面

3. 从买家角度看，近期内商品关键词搜索量越大，说明买家的需求越__________。

二、拓展选择题（不定项）

1. 速卖通严禁用户未经授权发布、销售涉嫌侵犯第三方知识产权的商品。若在速卖通发布未经著作权人许可复制其作品并进行发布或销售的商品，包括图书、电子书、音像作品或软件等，则下列说法正确的有哪些？（　　）

A. 该行为属于商标侵权

B. 该行为属于著作权侵权

C. 该行为属于专利权侵权

D. 该行为属于知识产权侵权严重违规，一次违规就会关闭账号

2. 以下哪项是 Wish 认证商品的条件之一？（　　）

A. 店铺评分良好，但店铺本身不是诚信店铺

B. 商品退款率很低

C. 商品是持续加钻，销量较高的商品

D. 商品低于市场价，受买家欢迎

3. 以下哪个数据网站和软件不可以作为 Wish 选品、分析关键词、设定商品价格的工具？（　　）

A. Long Tail Pro

B. Keyword Snatcher

C. Google Trends

D. Keepa

三、简答题

1. 如果要开展跨境电商业务，那么在选品时需要考虑哪些因素？

2. 在速卖通上如何进行选品？

实践操作

实践任务一

小王新开了一家速卖通店铺，主营户外运动商品，请你告诉小王如何进行选品以便顺利开展业务。

子情景二　亚马逊选品

学习目标

知识目标

- 熟悉亚马逊的不同商品类目。

- 了解亚马逊的商品售卖要求。
- 熟悉亚马逊的商品选品规则。

能力目标

- **能分析行业商品，以及竞争对手的商品现状。**
- 能选择适合的商品在亚马逊上进行跨境销售。
- 能根据数据分析结果进行跨境选品。
- 能根据商品分析结果调整上架商品。

素质目标

- 培养学生对商品的认知能力。
- 培养学生与人沟通的能力。

项目背景

亚马逊选品

在亚马逊的运营中，始终有这么一种说法："七分靠选品，三分在运营"，亚马逊的运营，说到底是基于商品基础上的运营，亚马逊"重商品，轻店铺"的特点让选品在运营中的地位显得尤为重要。

选品的重要性有目共睹，只有具备了好的选品思维，才能够选出符合市场需求的商品，为后期的运营做良好的铺垫。

亚马逊卖家该具备怎样的选品思维呢？在实际运营的过程中，我们把选品思维总结为6点：泛、专、精、坚持、重复和数据分析。

泛：对于亚马逊卖家来说，选品的第一步是要有大范围、多类目的选品思维。在选品前期，卖家不应该局限于某个单一类目，只有经历了广泛的选品历练，才能够让卖家更快地熟悉平台上不同类目商品的不同销售状况，接触和了解多个类目下无数个商品之后，更容易发掘自己感兴趣的、有市场潜力的类目和商品。以此为基础，店铺发展的速度才会快。如果在前期的选品时就把自己局限于某个单一类目，一路走过，经历很多挫折之后又发现原来有更好的、更易于运营的类目和商品，其失落感是很强烈的，而自己已经错过了很多时间和机会。所以，在前期选品时，卖家一定要广泛涉猎，熟悉尽可能多的类目和商品。

专：基于第一阶段的广泛了解，通过多个类目的对比分析之后，卖家就会发现自己感兴趣的、有资源优势且销量和利润都不错的类目。在此情况下，选品方向基本确定，卖家就需要往"专"的方向努力了。当前市场竞争激烈，信息几乎对所有人透明，作为卖家，如果对自己所销售的商品不熟悉、不专业，仅仅靠大杂货、泛了解的状态，是很难有所作为的。要想在激烈的竞争中比竞争对手更强，要想获取更多的市场份额，就要先打造自己在商品专业知识上的深度和高度。只有具备了比竞争对手更高的专业度，只有对类目和商品挖得更深，才能具备一招制胜的可能性。从这个意义上来说，专注的精神在运营中非常重要。

精：随着卖家对自己所经营类目的专业知识的增加，对商品的理解也越来越深刻，在此基础上，卖家在选品时要做到精挑细选、反复甄选。根据“二八定律”，往往 20%的商品会带来 80%的利润。作为卖家，一定要尽可能地挖掘出那 20%销量大、利润率高的商品，而要挖掘出来这些商品，则离不开对行业、类目和商品的精通。在精挑细选的过程中，前文提到的专业度和专注力就成了很好的助力，对商品的专业度和精通程度也影响着你在一个行业可能达到的高度。

坚持：选品是一个长期的过程，贯穿于运营的始终，卖家不能抱有一劳永逸的心态。今天的热销商品不意味着明天依然可以卖得好，今年的“爆款”到了明年销量可能暴跌。所以，卖家要把选品作为运营中的常规性工作来做，在拥有“爆款”的同时，不要忘了开发符合明天趋势的新品。在选品上，卖家要居安思危，每天的“功课”必不可少，只有长期坚持才会让你对市场越来越熟悉，选品越来越有经验，而时间和经验的沉淀都会演变为运营中的优势。

重复：坚持的过程就是一个重复和反复练习的过程。每天重复着最基本的动作，很多人会产生厌倦心理，失去激情和斗志，这也是为什么经常会出现一些卖家凭一款商品引爆市场成为明星卖家之后，很快又沉寂下去。为了保持运营业绩的长期稳定，卖家一定要保持对基本工作的热情。选品工作单调，做多了可能觉得无趣，但只要长期坚持、反复甄选，一定会有新发现，认知会达到新高度。

数据分析：在选品初期，很多卖家也许只是凭借当下的直观感受。随着运营的推进，选品发展到一定阶段后，卖家已经具备了足够高的专业度，对行业也足够熟悉，在此情况下，卖家可能对几乎所有商品都有所了解。但是，在商品的选择上，单纯依赖自我的认知可能让卖家错失机会，为了避免认知偏见导致错失良品，一个运营熟练的卖家，选品时不仅依照经验，还要用数据分析做辅助。很多数据选品工具，如卖家常用的 Big Tracker 等，都可以实现从多维度抓取流量数据、竞品数据和平台销售数据等信息供我们参考和使用，相较于个人认知的不全面，结合多个维度的数据可以让我们对商品和市场的认知更客观全面，也更容易发现被自己忽视的潜在“爆款”商品。

在亚马逊的选品上，如果卖家能够做到以上 6 点，并且在运营中长期坚持，一定可以筛选出适合自己销售的，可以带来高曝光、高流量、高销量的商品。

任务实施

步骤一：熟悉亚马逊的选品要求。

步骤二：根据亚马逊的特点进行选品。

步骤三：学习在运营过程中如何根据商品数据进行总结并调整选品策略。

知识铺垫

一、亚马逊选品时需要考虑的因素

（一）商品体积

当商品太大件时，包装后的体积会比较大，不太适用于跨境运输，进行跨境运输时产生的费用较高，会增加商品的运营成本，不宜考虑售卖此商品。因此要选择体积合适，方便进行跨境运输的商品。

（二）商品竞争程度

在选品时，亚马逊上竞争激烈的行业一般不予考虑或应慎重考虑。例如，3C 商品行业竞争已经很激烈，除非有工厂资源，否则不考虑。这是因为新手卖家如果没有工厂资源，就没有竞争优势，基本上是无法与亚马逊上的老卖家竞争的，必然会失败。商品质量难以控制的行业不考虑。如珠宝行业，除非卖家有自己的工厂，否则质量难以控制，容易出现各种问题。大牌云集的行业也不建议进入，如手表行业，因为许多大牌已经卖得很好了，此时进入手表行业市场，竞争激烈，如果没有强有力的竞争品牌，就很难取得突破性的业务发展，利润难以提高，但如果企业本身就经营此行业，就需要制定良好的营销推广策略。

（三）商品结构

在亚马逊上售卖商品时，建议选择一款结构简单，不易破损的商品。这是因为商品结构越复杂，可移动部分越多，遇到的售后问题就越多。例如，一条瑜伽毯和一个闹钟，这两个商品哪个更有可能出现售后问题呢？闹钟在运输过程中很容易出现破损的情况，而瑜伽毯很少在运输过程中出现损坏的情况，所以商品结构越简单越好。个人卖家要尽量远离有复杂电子配件和玻璃装饰的商品。如果是企业卖家，并且有竞争优势，那么可以销售这类商品，要配合稳妥的运输方式。

（四）商品价格

卖家要选择一款价格适中的商品在亚马逊上进行销售。一般来说，价格在 15～75 美元的商品更适合卖给卖家。当商品价格低于 15 美元时，除去卖家要给亚马逊的费用，利润非常少，如一款商品卖 0.99 美元包邮，即便有销量，一番忙碌下来，没有赚到利润，又何谈运营成功？对卖家而言，利润空间不足会使后续发展较难。如果商品价格高于 75 美元，过高的价格会导致消费群体数量有限，没有量的支撑，不易打造“爆款”，买家在购买时会考虑更多，冲动消费就会减少。价格过高的商品对卖家的备货和运营资金也是非常大的考验。此外，买家在购买价格高的商品时会更多地去选择品牌商品。例如，大部分人不会去买一台你从没听说过的品牌的电视机，但是人们会买几条没听说过的品牌的浴巾。因此，当商品价格相对较高时，需要配合品牌建设与宣传。

（五）商品品质

在目前主流的跨境电商平台中，亚马逊相较于其他平台更加强调和追求商品品质。据国外媒体统计，亚马逊买家的整体消费水平要远高于 eBay、Wish 等。在美国买家的认知里，eBay 类似于中国买家眼中的淘宝，亚马逊则相当于京东或天猫。对平台认知的不同，决定了买家对商品品质的期望不同，愿意付出的购买价格也不一样。因此在亚马逊上，买家对商品的品质有较高的期待，同时也可以接受较高的价格。所以，对亚马逊的卖家来说，高品质的商品才能满足买家的预期。

（六）商品目标市场的地域因素

每一类商品的销售都有其地域性，目标市场的气候、文化特点、经济水平都会对商品的销售产生一定的影响。下面我们分析商品销售时需要考虑的地域因素。

1. 气候特征

分析目标市场的气候特征，可以为我们销售商品带来一定的帮助。有些人认为这个步骤毫无作用，他们认为对很多卖家来说，目标市场所在地的气候似乎不会影响商品的销售。事实上，目标市场所在地的气候确实会影响商品的销售。举例来说，有一种叫作“户外防雨烧烤架”的商品，在正常人的理解范围内，既然下雨了，就不要去户外烧烤了，但这种商品确实存在而且销量很好。这是因为这款商品主要是销往英国。众所周知，英国的气候是温带海洋性气候，它的特征就是温润潮湿，随时可能下雨，这种商品就是为了应对英国的这种气候而出现的。如果一家工厂能够开发出适应当地气候的商品，满足目标市场的差异化需求，那么这些商品就会产生不错的利润甚至可能成为卖家的主推款。当卖家的利润款商品转化为主推款商品的时候，利润就会极大地增加。所以，要做某个区域的市场，就要首先分析一下这个区域的气候特征。特别是像欧洲和日本这样的地方，面积不算特别大，分析它们的气候特征就非常重要。

2. 公共节假日

在考虑目标市场的地域因素时，我们还需要考虑目标市场所在地的公共节假日。在国外没有那么多人为设置的节日，所以公共节假日的促销宣传对卖家来说就很关键。欧洲的节假日本身就比较少，所以每一个节假日卖家都会抓住机会，根据节假日特征推出合适的促销活动以满足买家的需要。

卖家可以整理出一些主要国家的全年节假日并形成日历表，牢牢记住这些日子，以便节假日来临之前做好促销的准备。

3. 季节适用性

卖家还需要分析商品的季节适用性。很多商品都是有季节性的，例如，夏天需要卖泳衣、沙滩裤、防蚊驱暑用品、防晒用品、太阳镜及夏季服饰等，冬天就需要袜子、围巾、手套、雪地靴及滑雪设备等。因此在商品销往目标市场之前，卖家一定要弄清楚目标市场的季节特征。

分析季节适用性的目的就是弄清楚自己的商品在什么季节应该多投入精力，也就是搞清楚什么季节该卖什么商品。促销的准备、广告的投入、宣传推广方式的确定和渠道的选择等都需要在商品销售旺季来临之前完成。

4. 不同地域人们的生活习惯

卖家还需要分析目标市场所在地的人们的生活习惯。拿美国来说，很多美国人喜欢户外运动和探险活动，因此各类户外运动商品在美国的销量很好。2016 年，全美国的买家花在户外运动上的费用高达 9 300 亿美元，美国是户外运动商品很大的消费市场。

在这里还要提一下前面提到的季节适用性问题，按照正常的逻辑，泳衣、沙滩裤这类夏天的商品，我们不会在冬天进行大量铺货。但通过谷歌趋势可以清晰地看到，泳衣这类商品，在我们想当然的淡季却有着还不错的搜索量。加上线下商城在此时难以买到夏季商品，所以这类反季节商品有时也有不错的销量。

为什么会出现这种情况呢？这还是和美国人的生活习惯有关。美国是个国土面积比较大的国家，并且海岸线绵长，所以美国人习惯在冬天来到温暖的沙滩度假。因此需要在冬天购买相关商品。

作为卖家，认真去了解目标市场非常重要。不同区域的人们生活习惯也不一样，如果想了解一个区域的买家的生活习惯，卖家可以去看这个区域哪些商品比较热门；也可以去找一些当地比较热门的折扣论坛，看看这些折扣论坛上最热门的商品都有哪些。

5. 人群购买力

每个目标市场的贫富程度不一样，从世界范围来看，人们的购买力差异非常大，卖家需要根据人群购买力和自己的目标选择合适的目标市场所在地。买家的购买力决定我们需要考虑把什么样价位的商品卖到什么样的市场。卖家可以把目标市场的主流购物网站的商品价格作为参考，这样就能大概知道某个价位的商品在这个市场能否有好的销量。特别是对于一些经济欠发达的地区来说，这一点尤其重要。

分析以上几方面，能够帮助卖家检验出商品是否适合在目标市场销售，因此卖家要严格按照这些标准来筛选商品。

二、亚马逊站内商品指标选品

（一）根据亚马逊上的商品排名进行选品

亚马逊上不同行业的商品都有销售排名。通过对比分析，可以发现亚马逊的商品排名和商品销量成反比关系。如商品排名 100 左右，月均可以销售约 3 000 件商品；排名 1 000 左右，月均可以销售约 1 500 件商品；排名 5 000 左右，月均可以销售约 1 000 件商品；排名 10 000 左右，月均可以销售约 600 件商品；排名 30 000 左右，月均可以销售约 300 件商品；排名 50 000 左右，月均可以销售约 50 件商品。依照这个规律，卖家在选品时可以根据自己的实际规划，选择相应排名的商品作为参考。

（二）根据亚马逊上商品的评论量进行选品

当开发新商品时，卖家可以对新商品的历史商品进行分析，假设开发 A 商品，那么选择 A 的旧商品进行评论量和销量指标分析即可。

（三）根据亚马逊的商品整体评分进行选品

一般而言，评分在 4 分以上的商品可以作为选品的标准。但是这个标准不是绝对的，还需要看行业的平均分数，有些行业商品的市场包容性强，如 AR 眼镜，评分差但销量还是很好，依然可以进行销售。

（四）根据商品在亚马逊的生命周期进行选品

一般某款商品的生命周期为 1 年，即可以在市场上卖 1 年，竞品少的商品生命周期可能为 1～3 年。如某款商品生命周期为 1 年，已经卖了 8 个月，此时就不建议再开发此商品。那么如何判断商品的生命周期呢，可以寻找历史类似商品并查看互补商品记录进行分析。

商品生命周期还可以通过价格趋势和排名趋势预测，如果一款商品的价格越来越低，排名也越来越靠后，那么这款商品就走入尾声了；如果一款商品的价格持续保持不变，排名不下降或还在持续上升，那么这款商品还处在成长或成熟阶段，开发此款商品还大有可为。可以通过采集、跟踪、选择一些关键词主要样本进行研究分析，制作成商品的历史生命周期图来指导新商品的开发。

（五）根据亚马逊的自身排名进行选品

利用亚马逊的自身的排名，如对“TOP SELLER”“Hot new releases”等项目下的产品进行筛选，也是一种选品的方式。筛选的具体指标参照上述 4 点。

（六）根据竞品数量和销售空间进行选品

假设准备开发 A 商品和 B 商品，A 商品在亚马逊上搜索只有 10 个卖家在卖；B 商品有 100 个卖家在卖，那么就选择 A 商品销售。因为此时 A 商品的销售空间大于 B 商品。

三、从需求方面进行亚马逊站内选品分析

在亚马逊上，卖家在选品时可以参考一些栏目，如“Hot new releases”“Best sellers”“Most wished”“Gifts”等，卖家可以在这些栏目寻找合适的商品进行售卖。

“Best sellers”里面的 Top 100 商品是售卖得非常好的商品，但其中的多数商品竞争空间和市场份额已经不多了。所以卖家要先去判断这些商品的市场份额和竞争空间如何，再决定是否销售。卖家最好去开发“Hot new releases”和“Most wished”“Gifts”栏目里的商品，一般可以选择那些评价少、时间短、竞争小的商品进行开发。

此外还可以收藏一些亚马逊推荐的网页以帮助开发新品，如 amazon Exculusives（网址：https://www.amazon.com/b?ie=UTF8&node=11024013011&tag=wwwwarriorsof-20）。

四、亚马逊站外选品

（一）在相关行业平台及社交平台上开发商品

1．在相关行业平台开发商品

卖家可以去其他相关的跨境电商平台查看商品销售情况。例如，在 slickdeals、kinjia、reddit 等大型推广网站上查找新商品，这些网站上的畅销商品对卖家的新商品开发具有指导意义，卖家可以参考学习。在此类网站上开发新品时尽量选择世界排名 5 000 以内的网页，具体排名可以在一些 SEO 网站查询（如 www.smilar web.com 等）。

2．在各大专业论坛发现需求

专业性的论坛是专业发烧友的集中地，他们对商品的需求一般代表了行业的最新需求，卖家可以参考一些论坛中的意见进行新品开发。

3．利用照片分享网站开发商品

很多聪明的卖家会去 http://www.popular.com 或 pinterest 等照片分享网站上推销新商品，这种方式很具有美感，因为这些网站上分享的照片都比较吸引人。如果在上面发现了新商品或有利润空间的商品，就可以进行开发。

4．在社交网站上开发新商品

Youtube 是推广网络红人用的主要工具，也是卖家开发新商品经常使用的。观看一些高人气的视频，或许在里面可以发掘需求。例如，前阵子较火的指尖陀螺，最早在 2016 年 7 月就已经被一些卖家在视频网站搜索到，然后进行开发测试，最终在市场上推出了一款新商品。

（二）在众筹网站开发商品

卖家可以在众筹网站选择买家浏览最多、点赞最多、最新促销的商品。可供参考的众筹网站有 Kikstar、idegogo 等。众筹成功后的新品，可以去各个网站寻找供应商。因为跨境平台的买家是国外的买家，因此选品时参考国外的众筹比较好，一般而言，众筹金额越高的商品需求越大。整体而言，众筹的商品质量普遍较高，去上面选到真正有意义的商品也是非常容易的。

（三）工具选品

与亚马逊相似的跨境网站有 eBay、速卖通、敦煌网等，卖家在选品的时候也可以参考这些同行平台的选品情况。这里介绍几款常用调研工具的使用方法，可以用来辅助判断趋势和商品的竞争程度、竞争数量。

趋势分析其一是商品趋势分析，其二是市场趋势分析，其三是不可避免的竞争对手分析。这三者相辅相成，运用统计学中的概率论和时间序列分析及对样本统计分析，结合经济学供需分析，配合 SQL 或 EXCEL 工具可以用来辅助这三者的分析工作。其中可能涉及数据挖掘、数据清洗工作，可以帮助卖家找出有用的数据支撑点。例如，亚马逊的 A9 算法，可以对商品价格、销量、排名、竞品数量、评分、评论量、非验证评论数量、发布时间、广告及关键词排名等指标进行采集分析，并通过互联网工具查找更多的商品推广及商品主体市场信息等，这些工具主要是通过大量的数据和市场信息来研究商品的可销售性。

merchant words 关键词拓展工具

卖家可以登录网站 http://www.merchant words.com 利用关键词工具进行选品。假设我们想开发一款陌生市场商品配件但不清楚市场需求，这个时候就可以借助关键词拓展工具来测试市场搜索热度和市场需求。

除了 merchant words，卖家还可以通过谷歌趋势（https://trends.google.com）、谷歌规划师（https://adwords.google.com）、junglescout 软件调研市场、www.watchcount.com 和 www.watcheditem.com 这些网站工具查找关键词。在这些网站可以查看 eBay 某个站点下某个关键词对应的商品的销量、标题、售价和类似款式等信息。通过查看具体一款商品的类似款式在 eBay 上的销售情况，可以帮助卖家进行选品。

案例解析

Andy 毕业后在一家跨境电商公司工作，她被分配到了公司跨境电商部门亚马逊业务组，主要协助部门主管进行商品的日常维护。她工作认真，遇到不懂的问题积极向同事或主管请教，在整个公司新进的员工中表现优异，负责维护的商品的每日订单量也稳步增长。为更好地提升商品销量，公司决定拓宽亚马逊的商品线，对现有商品进行调整。鉴于 Andy 之前表现优秀，经理把这项任务交给了她。那么 Andy 如何才能了解亚马逊的相关商品情况并据此做出分析，然后总结建议向主管进行汇报呢？

Andy 首先可以查看亚马逊的目录，打开亚马逊官网，单击“All Departments”按钮，出现的页面上显示亚马逊可售卖的全部类目，如图 2-22 所示。查看所有类目，然后记录自己可以售卖的类目。

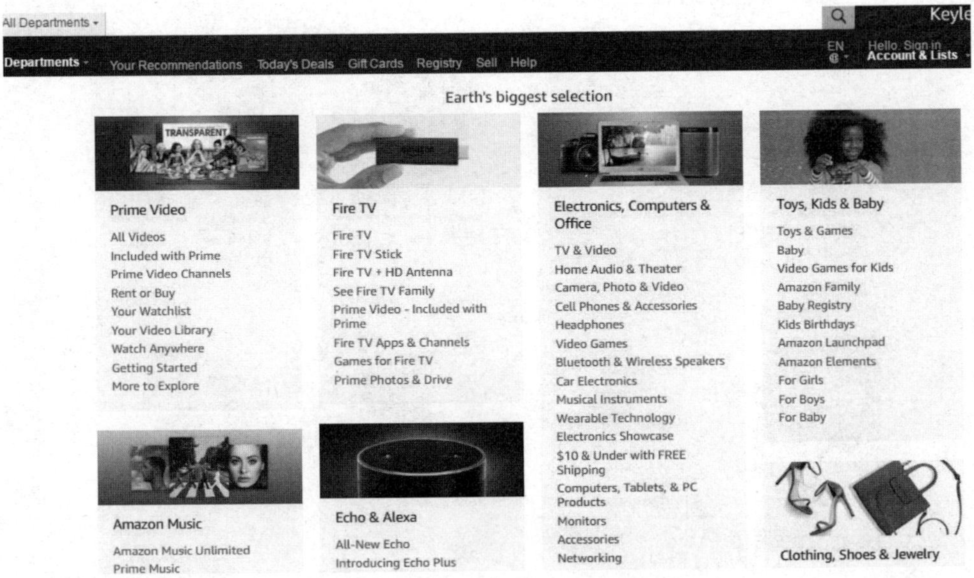

图 2-22　亚马逊可售卖的全部类目页面

（1）选择自己可以售卖的类目的商品，查看售卖情况，如图 2-23 所示。

图 2-23　亚马逊商品售卖详情页面

（2）下拉商品页面，单击“Products Information”按钮。即可查看自己选择的商品的详细情况。

（3）在 Best Seller 页面单击“See Top 100 in Home & Kitchen”按钮，进入的页面显示的便是该类目的 TOP100 商品，如图 2-24 所示。卖家可对这些商品一一查看，根据销量、价格和自身的条件选择可售卖的商品。把查找到的商品价格进行区间划分，然后根据自己的目标市场所在地及消费人群选择合适的价格区间的商品。

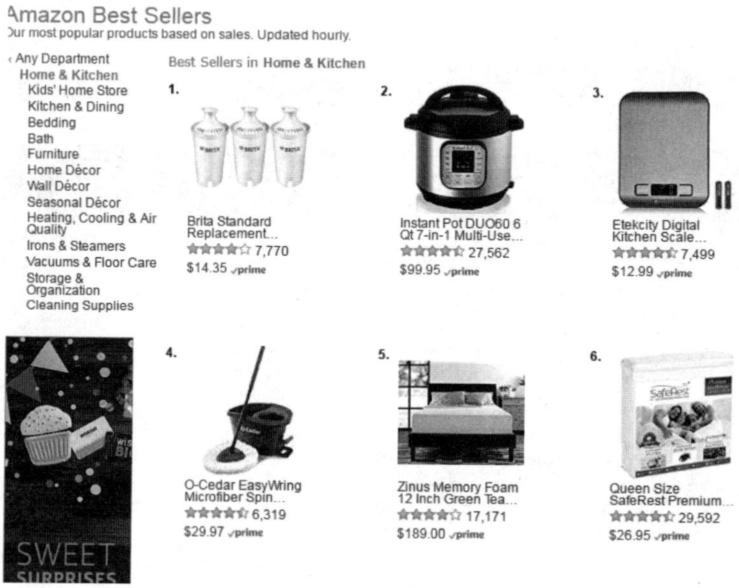

图 2-24　亚马逊“Best Seller”页面

（4）在“Best Sellers in Home & Kitchen”页面右侧，可以看到“More to Explore in Home & Kitchen”一栏，这里有最新发布的商品及排名，如图 2-25 所示。卖家可以据此对市场进行分析，为自己选品做参考。

图 2-25　亚马逊“More to Explore in Home & Kitchen”页面

习题演练

一、判断题

1. 高仿名牌商品可以在 Amazon 上售卖。（　　）
2. 在亚马逊，高质量的商品描述有助于提高销量。（　　）
3. 一般来说，体积小、附加值高的商品适合在亚马逊销售。（　　）
4. 亚马逊对商品档次要求非常低，没有严格的质量要求。（　　）

二、简答题

1. 跨境电商选品与传统贸易选品有什么不同？

2. 假设你毕业后在家乡从事跨境电商出口贸易工作，请结合家乡实际情况，谈谈你对选品的思考和想法。

3. 在亚马逊选品时，需考虑哪些因素？

实践操作

实践任务一

在亚马逊选定一个行业，用本章介绍的方法进行选品。

情景三

跨境物流

子情景一　邮政快递

学习目标

知识目标

- 了解目前主要的跨境物流方式。
- 了解中国邮政小包的含义、费用、重量规格限制、适用范围和运费计算方法。
- 了解 e 邮宝的费用、规格限制、适用范围和运费计算方法。
- 了解 EMS 的费用、重量规格限制、适用范围和运费计算方法。

能力目标

- 能计算不同物流方式下邮政小包的运费。
- 能根据买家的要求选择合适的邮政物流方式。
- 能计算 e 邮宝运费和 EMS 运费。
- 能根据包裹的特点选择合适的物流方式出运，并根据物流单号跟踪查询国际物流包裹的运送进展。

素质目标

- 培养学生细心严谨的工作态度。
- 提升学生分析问题的能力。

项目背景

小张毕业后在杭州景慧贸易有限公司实习，主要负责速卖通和 Wish 平台的运营。在上传商品时，小张发现需要选择跨境物流方式。跨境物流的方式多种多样，有邮政物流、国际商业快递、跨境物流专线及海外仓等方式。小张意识到跨境物流方式的选择会影响订单的成本和买家的购物体验。目前邮政快递是小张负责运营的两个平台的主要物流方式，相较于其他跨境物流方式，邮政快递成本较低，并且能较大程度地避免产生关税。

任务实施

步骤一：学习邮政快递的相关知识，了解中国邮政小包、e 邮宝和 EMS 的运送范围、重量和体积要求、运送时效等情况。

步骤二：根据运送商品的种类、运送时效和目的地选择合适的运送方式。

步骤三：根据运费计算公式，计算出不同重量商品的运费。

知识铺垫

一、国际物流主要方式

目前跨境电商物流主要有 4 种方式，即邮政物流、国际商业快递、跨境物流专线和海外仓。据不完全统计，中国跨境电商出口业务 70% 的包裹都通过邮政系统投递。邮政网络的物流渠道基本覆盖全球，比其他物流渠道运送的范围要广，同时由于邮政一般为国营，有国家税收补贴，因此价格比较便宜。

国际商业快递主要是指 UPS、Fedex、DHL 这 3 家快递巨头。国际商业快递在跨境业务中也是非常重要的一种物流方式，其业务基本以各个公司的全球自建网络和国际化信息系统为支撑。一般而言，国际商业快递速度快、服务好、丢包率低，尤其是发往欧美发达国家非常方便。但是国际商业快递也存在价格昂贵、资费变化较大的缺点。一般情况下，跨境电商卖家在使用国际商业快递时都会向买家收取运费。

跨境物流专线是把同一目的地的商品集中在一起，当商品达到一定量的时候利用空运、铁路运输或海运的方式，将货物运输到目的地，再通过当地的合作公司完成商品的终端配送的一种物流方式。跨境物流专线集中大批量商品发往目的地，利用规模效应降低了物流成本，因此比国际商业快递价格低，速度比邮政小包快。目前常用的跨境物流专线有美国专线、澳洲专线、俄罗斯专线、中东专线等。使用跨境专线物流的不足是，其在国内的揽收范围有限，运送的目的地也有一定的范围限制。

海外仓是跨境物流商或跨境交易平台与其他企业共同合作或独立承担的在商品销售目的地提供商品的存储、分拣、包装及配送的综合物流服务，如知名跨境电商平台亚马逊的物流服务 FBA。跨境卖家与物流商建立合作关系，将商品存储到物流商在目标市场当地的仓库，当有订单产生时，物流商根据订单内容进行商品的分拣、包装及配送。海外仓的整个服务流程包括头程运输、仓储管理和本地配送 3 个部分。

二、中国邮政小包

中国邮政的中国邮政小包（China post air mail）又称为中国邮政航空小包、中邮小包、航空小包或邮政小包，包含挂号和平邮两种服务。挂号小包（China Post Registered Air Mail）需要另加挂号费，同时提供网上跟踪查询服务。

中国邮政小包是中国邮政针对重量在 2kg 以下的轻小物件提供的航空邮递服务，运送范围包括全球 217 个国家和地区。中国邮政小包是跨境卖家使用的主要物流方式之一，尤其适用于新手卖家。在实际业务操作过程中，包裹会以使用的邮局属地命名，如杭州小包、上海小包等。平邮服务无法进行包裹物流信息的跟踪查询，但挂号小包可以实现在大部分国家的物流信息全流程跟踪，有的国家只提供签收信息查询服务，还有部分国家无法实现物流信息跟踪查询。

中国邮政小包的通关能力强，出关时几乎不会产生关税或清关费用，因这一点为广大跨境卖家所熟知，但在目的地进口时也有可能产生进口关税，具体情况根据每个国家海关税法的规定而各有不同。

中国邮政小包寄送说明

1．中国邮政小包的重量和体积限制

（1）包裹重量：包裹的重量在 2kg 以内。

（2）体积大小：非圆筒形商品的包装尺寸限制为长、宽、高之和不超过 90cm，包装的单边长度大于 14cm，不超过 60cm，宽度大于 9cm；圆筒形商品的包装尺寸限制为直径的两倍和长度之和为 17～104cm，单边长度为 10～90cm。

2．中国邮政小包的运送参考时效

（1）送达亚洲邻国的需要 5～10 天。

（2）送达欧美主要国家的需要 7～15 天。

（3）送达其他国家和地区的需要 7～30 天。

3．中国邮政小包的运费计算方法

中国邮政挂号小包运费=实际重量×标准资费×折扣率+挂号费

中国邮政平邮小包运费=实际重量×标准资费×折扣率

中国邮政小包的最低收费重量为 1g，每个单件包裹限重为 2kg。在计算时，包裹的实际重量就是商品的重量加包裹的重量。有时候两件商品包在一个包裹里，那么实际重量就是两件商品的重量加包裹重量。如果是中国邮政挂号小包，那么每个包裹的挂号费用以实际商品的费用为准。中国邮政小包的资费标准会随着时段和属地的不同而产生变化。具体资费标准可到当地邮政网点进行查询。

例 1：杭州万向纺织品进出口公司要发送一件商品到瑞典，包裹的重量为 0.3kg，长、宽、高分别为 20cm，20cm，10cm。请按要求回答以下问题。

（1）请判断此包裹是否符合中国邮政小包的体积和重量要求。

（2）如果此包裹符合中国邮政小包的体积和重量要求，请计算该包裹的运费（中国邮政小包运费参考表 3-1）。

表 3-1　中国邮政小包运费

范围或目的地			包裹重量为 0～30g	包裹重量为 30～80g		包裹重量为 80g 以上	
			首重价格（首重30g）	首重价格（30g）	高出30g 的配送服务费（根据包裹重量按 g 计费）元（RMB）/kg	首重价格（首重30g）	高出30g 的配送服务费（根据包裹重量按 g 计费）元（RMB）/kg
			元（RMB）	元（RMB）	元（RMB）/kg	元（RMB）	元（RMB）/kg
美国	United States	US	9.03	9.03	107.66	9.03	85.68
澳大利亚	Australia	AU	9.82	9.82	107.42	9.82	82.19
以色列	Israel	IL	8.91	8.91	81.53	8.91	59.10
瑞典	Sweden	SE	9.50	9.50	89.28	9.50	73.79
加拿大	Canada	CA	10.04	10.04	121.60	10.04	96.97

解：

（1）该包裹的重量=0.3kg≤2kg，符合重量要求。

该包裹的长、宽、高分别为 20cm，20cm，10cm，长、宽、高之和为 50cm≤90cm，最长边 20cm≤60cm，符合中国邮政小包体积要求。

故此包裹符合中国邮政小包的体积和重量要求。

（2）根据表 3-1，查到去瑞典的运费。包裹重量为 0.3kg>80g，因此选择运费表中包裹重量为 80g 以上这一栏对应的价格，按此计算。

运费=实际重量×资费标准

首重 30g 重量的运费为 9.50 元，高出 30g 的配送服务费为 73.79 元/kg，超出重量为 300−30=270=0.27（kg）。

中国邮政平邮小包费用为=9.50+0.27×73.79

=29.42（元）

因此此包裹的运费为 29.42 元。

例 2：杭州万向纺织品进出口公司要运送一件商品到英国，选择使用中邮挂号小包，包裹的重量为 0.2kg，长、宽、高分别为 20cm，15cm，10cm。请按要求回答以下问题。中邮挂号小包运费参考表 3-2。

（1）请判断此包裹是否符合中国邮政小包的体积和重量限制要求。

（2）如果符合中邮小包体积和重量要求，请计算该包裹的运费。

表 3-2　中邮挂号小包运费

配送范围/目的地国家/地区列表			0～150g（含 150g）		151～300g（含 300g）		300-2000g	
			正向配送费（根据包裹重量按 g 计费）	挂号服务费	正向配送费（根据包裹重量按 g 计费）	挂号服务费	正向配送费（根据包裹重量按 g 计费）	挂号服务费
			元（RMB）/kg	元（RMB）/单	元（RMB）/kg	元（RMB）/单	元（RMB）/kg	元（RMB）/单
俄罗斯	Russian Federation	RU	75.77	24.00	75.77	23.00	71.27	23.00
美国	United States	US	83.89	20.00	82.89	20.00	81.89	20.00
法国	France	FR	89.52	13.00	71.75	15.37	71.75	15.37
英国	United Kingdom	UK	73.20	17.50	73.20	17.50	72.20	17.50

解：

（1）该包裹的重量=0.2kg≤2kg，符合中国邮政小包的重量要求。

该包裹的长、宽、高分别为 20cm，15cm，10cm，长、宽、高之和为 45cm≤90cm，最长边 20cm≤60cm，符合中国邮政小包的体积要求。

故此包裹符合中国邮政小包的重量和体积要求。

（2）根据表 3-2，查到去英国的运费。包裹重量为 0.2kg 即 200g，因此选择报价表包裹重量为 151～300g（含 300g）这一列对应的资费标准，正向配送费为 73.20 元/kg，挂号费为 17.5 元/单，按此计算运费。

运费=实际重量×资费标准+挂号费

中国邮政挂号小包费用为=0.2×73.20+17.5

=32.14（元）

因此此包裹的运费为 32.14 元。

三、中国邮政大包

中国邮政大包（China post air parcel）又叫中国邮政航空大包、中国邮政国际大包裹、航空大包、中邮大包等。有别于中国邮政小包和 e 邮宝，中国邮政航空大包适合于邮寄重量较重且体积较大的包裹，可寄达全球 200 多个国家和地区，全球范围内只要有邮局的地方都可以寄达。

与国际商业快递（如 EMS、DHL、UPS、Fedex、TNT 等）运输方式相比，中国邮政大包有较好的价格竞争优势，只计算实际重量，不计算体积重量，没有偏远附加费，没有燃油附加费，比 EMS 价格稍低。对于卖家来说，采用此种发货方式可最大限度地降低成本，提升价格竞争力。并且交寄相对方便，全球各地只要有邮局的地方都可以送达。此外，还提供包裹的跟踪查询服务，用户可以在中国邮政的网页上查询包裹的物流信息。

中国邮政大包寄送说明

1．中国邮政大包重量和体积限制

（1）重量限制：0.1～30kg（部分国家不超过 20kg，每票快件不能超过 1 件）。

（2）尺寸限制：中国邮政大包的最大尺寸限制为包裹的长不超过 120cm，长度与长度以外的最大横周不超过 3m；中国邮政大包的最小尺寸限制为最小边长不小于 0.24m，宽不小于 0.16m。

（3）体积限制：单边长不超过 1.5m，长度与长度以外的最大横周不超过 3m；单边不超过 1.05m，长度与长度以外的最大横周不超过 2m。

2．中国邮政大包的运送参考时效

（1）到达亚洲邻国的需要 5～7 天。

（2）到达东南亚地区的需要 3～4 天。

（3）到达欧美主要国家的需要 7～20 天。

3．中国邮政大包的包裹跟踪查询

（1）包裹物流信息查询：包裹的物流信息可以在中国邮政网查询，且有全程跟踪。包裹离开当天就可以在中国邮政网查询物流信息，查询网址为 http://intmail.183.com.cn。

（2）包裹未妥投查询：如果在包裹发出 1 个月后仍未妥投，可向邮局提出查询要求，邮局查询回复时间正常为 2～6 个月。

（3）包裹退件：寄件人在填写单据物流单据的时候需要确认是否要退回。如果没有填写，则默认弃件。中国邮政大包退件时会根据寄件人选择的退回方式收取对应的运费，邮局会将对应的收费凭据给予发件人。

（4）包裹索赔：如果包裹丢失，可向中国邮政申请索赔，中国邮政将按申报价值赔付。

4．中国邮政大包的运费计算方法

中国邮政大包的首重和续重计费都以 kg（不足 1kg 按 1kg 计算）的计费方式计算，挂号费固定为 12.5 元。

中国邮政大包运费计算方法：

运费=（首重运价+续重运价×续重重量）×折扣+挂号费

例：小张有一件包裹要发送到美国，包裹的重量为 4.5kg，单边长为 1.2m，长度与长度以外的最大横周为 2.1m，物流方式可以选择中国邮政大包吗？货运代理给小张的报价是到美国首重 158.5 元/kg，续重为 95 元/kg，挂号费为 12.5 元，折扣是 9 折，请计算运费。

解：根据中国邮政大包的体积重量要求判断，本包裹符合要求，因此可以使用中国邮政大包寄送。续重重量为 4.5−1=3.5（kg），按 4kg 计算。

运费=（首重运价+续重运价×续重重量）×折扣+挂号费

=（158.5+95×4）×0.9+12.5

=497.15（元）

四、e 邮宝

e 邮宝是中国邮政速递物流为适应跨境电商轻小件物品寄递的需要，推出的经济型国际速递业务，可以利用邮政渠道快速清关，到达境外的包裹可以被优先处理，限重 2kg，主要路向的参考时限为 7～10 个工作日。

（一）中国邮政速递跨境电商类商品介绍

国际及中国港澳台地区的电子商务快递业务是中国邮政速递物流股份有限公司为适应跨境电商（以下简称“跨境电商”）以及中国与国际、内地与港澳台之间电商物品寄递的需要，整合邮政速递物流跨境网络和优势资源，为国际跨境 B2B、B2C、C2C 及主要电商平台卖家提供的寄递解决方案。

目前，针对跨境电商市场物品寄递需求，中国邮政速递物流股份有限公司设计的跨境电商 e 系列商品有 e 邮宝、e 特快、e 速宝，全线商品均可线上下单，上门揽收，支持物流信息跟踪查询。同时，中国邮政速递物流还推出适于跨境电商出口业务的中邮海外仓和适于跨境电商进口业务的中邮境外购一站式综合物流解决方案。

1. 操作流程

买家首次使用国际及港澳台电子商务业务，需登录“中国邮政速递物流国际在线发运系统（http://shipping.ems.com.cn）”，申请注册账号。建议大家使用火狐浏览器、IE7 及以上的浏览器或谷歌浏览器。审批通过后，系统将实时发送激活邮件和短信。激活账号后，可根据系统操作说明上传订单，打印邮件详情单，发送派揽请求。电商平台或业务量较大的买家可申请 API 对接。API 对接的标准要求是买家在 30 个自然日内，使用 e 邮宝或 e 特快邮件的发件量达到 300 件，或者使用 e 包裹邮件的发件量达到 100 件。

2. 交寄方式

在进行邮件交寄时，卖家可在国际在线发运系统中选择上门揽收，也可拨打客服热线 11183，或者自送到附近任意 EMS 揽收网点。

（二）e 邮宝寄送说明

1. e 邮宝包裹重量和体积限制

重量限制：一般为 2kg；俄罗斯限重为 3kg，以色列和英国限重为 5kg。

尺寸限制：单件最大尺寸要求长度、宽度、厚度之和不超过 90cm，最长一边不超过 60cm。圆卷邮件直径的两倍和长度合计不超过 104cm，长度不超过 90cm。单件最小尺寸要求长度不小于 14cm，宽度不小于 11cm。圆卷邮件直径的两倍和长度合计不小于 17cm，长度不小于 11cm。

2. e 邮宝的运送参考时效

使用 e 邮宝将商品运送至墨西哥需要约 20 个工作日，运送至越南需要 5～7 个工作日，运送至沙特阿拉伯、乌克兰、俄罗斯需要 7～15 个工作日，运至其他目的地需要 7～10 个工作日。

3．e 邮宝的包裹跟踪查询

（1）包裹信息查询：e 邮宝提供包裹收寄、出口封发、进口接收的实时跟踪查询信息，但不提供签收信息，只提供投递确认信息。买家可以通过 EMS 网站或拨打客服专线、寄达目的地邮政网站等渠道查看邮件跟踪信息。

（2）包裹赔偿：e 邮宝暂不提供邮件的丢失、延误及损毁补偿、查验等各项附加服务。对于无法投递或收件人拒收的邮件，e 邮宝提供集中退回服务。

4．e 邮宝的投递范围

（1）美国：包裹投递范围包括美国本土、本土以外所有属地及其境外军邮地址。

（2）英国：包裹投递范围仅包括英国本土及海峡群岛、马恩岛。

（3）法国：包裹投递范围仅包括法国本土区域，其境外属地无法投递。法国境外属地邮编见表 3-3。

表 3-3　法国境外属地邮编

法国境外属地名称	邮 编 规 则
Guadeloupe: Pointe-à-Pitre	97100—97199
Martinique: Fort-De-France	97200—97299
Guyane Française: Cayenne	97300—97399
Réunion: Saint Denis	97400—97499
St. Pierre et Miquelon: St Pierre	97500—97599
Mayotte: Mamoudzou	97600—97699
St. Barthelemy: Saint Barthelemy	97700—97799
St. Martin: Saint Martin	97800—97899

（4）其他国家：仅投递本土范围的包裹。

5．e 邮宝的运费计算方法

e 邮宝运费计算方法：

运费=标准资费+运输附加费

运费=每件收取费用+标准资费×重量+运输附加费×重量

例：一位奥地利的买家在小王的店铺购买了一件 T 恤衫，商品包裹重量为 0.1kg，如果选择用 e 邮宝寄送，请帮助小王计算运费。e 邮宝资费标准请参照表 3-4。

表 3-4　e 邮宝资费标准

序号	路向	资费标准		运输附加费	起重	限重	备注
		元/件	元/kg	（元/kg）	g	g	
1	爱尔兰	25	65	20	1	2 000	
2	奥地利	25	60	20	1	2 000	

续表

序号	路向	资费标准		运输附加费	起重	限重	备注
		元/件	元/kg	（元/kg）	g	g	
3	澳大利亚	19	60	25	1	2 000	本价格自2020年6月3日零点起生效
4	巴西	25	80	40	50	2 000	

解：标准资费为每件收取25元，60元/kg，运费附加费为20元/kg，到奥地利包裹起重为1克。

e邮宝运费为：25+60×0.1+20×0.1=33（元）

因此使用e邮宝的运费为33元。

五、e特快

e特快是中国邮政速递物流为适应跨境电商高价值物品的寄递需求专门推出的经济国际速递商品，目前已通达103个国家和地区，限重30kg。e特快是为适应跨境电商寄递需求而设计的一款高端跨境电商物流产品，在内部处理、转运清关、落地配送、跟踪查询、尺寸规格标准等各方面均有更高要求，e特快部分目的地的运费价格如表3-5所示。

表3-5　e特快部分目的地运费价格

序号	目的地	e特快		收寄规格	
		首重（元/50g）	续重（元/50g）	限重（kg）	最大尺寸限制
1	中国澳门	60	1	31.5	标准3
2	中国台湾	16	0.6	30	标准1
3	中国香港	48	0.5	30	标准1
4	朝鲜	70	1.5	30	标准2
5	韩国	60	0.9	30	标准1
6	日本	65	0.8	30	标准1
7	菲律宾	75	1.2	30	标准1
8	柬埔寨	70	1.2	30	标准1
9	马来西亚	50	2	30	标准1
10	蒙古	100	2	20	标准1
11	泰国	70	1.2	30	标准1
12	新加坡	70	1.2	30	标准1
13	印度尼西亚	70	1.2	30	标准1
14	越南	60	1.2	31.5	标准1

续表

序号	目的地	e 特快		收寄规格	
		首重（元/50g）	续重（元/50g）	限重（kg）	最大尺寸限制
15	澳大利亚	69	3	20	标准 4
16	巴布亚新几内亚	130	5	30	标准 1
17	新西兰	45	2.5	30	标准 1
18	爱尔兰	130	2.5	30	标准 1
19	奥地利	130	2	30	标准 1
20	比利时	105	2	30	标准 1
21	丹麦	140	2.5	30	标准 1

在表 3-5 中只列出了部分目的地的运价标准，目的地不同，包裹大小和重量的限制有所不同，具体的标准尺寸限制见表 3-6。

表 3-6　e 特快包裹标准尺寸限制

标准分类	任何一边最大尺寸（单位：m）	长度和长度以外的最大横周合计长度（单位：m）
标准 1	1.05	3.0
标准 2	1.05	2.0
标准 3	1.05	2.5
标准 4	1.05	3.0
标准 5	1.52	2.74

1. 运费计算方法

e 特快计算运费时实行计泡收费，取包裹体积重量和实际重量中的较大者作为计费重量，再按照资费标准计算应收邮费。e 特快的体积重量计算公式为：包裹体积重量（kg）= 长（cm）×宽（cm）×高（cm）/6 000。包裹的长、宽、高按包裹外包装自然外廓的最长、最宽、最高部位的尺寸计算，目前针对单边长度 60cm 及以上的包裹进行计泡收费。因此在计算运费时需要注意包裹的尺寸，按包裹实际尺寸选择合适的重量计算方式进行运费计算。

2. 赔偿标准

e 特快的赔偿标准根据寄件人是否选择保价服务有所不同。自 2019 年 7 月 1 日起，寄件人使用 e 特快发送包裹时可自愿选择保价服务，寄件人按交寄文件、物品的申报价值计算声明价值，物品的声明价值以当天汇率折算为人民币，最高不超过 2 万元，包裹的保价费按声明价值的 0.8%收取，最低 1 元。包裹收寄限额 2 万元。未保价的包裹发生丢失或内件完全损毁时，按实际损失比例给予赔偿，但每件赔偿费用最高不超过（2×首重资费+2 元/50g），同时寄件人所付的邮费一并退还；在对包裹赔付赔偿金以后，原认为已经丢失的包裹又找到下落时，买家须退回赔偿金。当已保价的 e 特快包裹发生丢失或全部损毁时，按声明价值赔偿，包裹发生部分损毁或短少时则按实际损失的价值赔偿。在这里需要注意的是，最高赔偿额不得超过其声明价值，同时 e 特快将退还已收取的基本包裹邮寄资费。

案例解析

Jane 刚毕业后在杭州一家专门从事跨境电商业务的公司实习。公司在速卖通开设店铺主营服饰类商品。经过两周的学习，Jane 对公司的业务有了基本的了解，对公司的产品也有了一定程度的熟悉。部门经理让 Jane 开始负责上传商品的工作，Jane 在上传商品时一般使用新手运费模板，因为她对物流方案还不清楚，也不明白如何选择合适的物流进行物流运费模板设置。为此，部门经理让她对主要跨境电商平台的物流方案进行调研学习。

一、速卖通商品的跨境物流运费及物流选择

打开速卖通官网（www.aliexpress.com），选择“Women's Fashion”类目下“Summer Dresses”类目，查找一款连衣裙，查看此款商品的物流方案。如图 3-1 和图 3-2 所示。

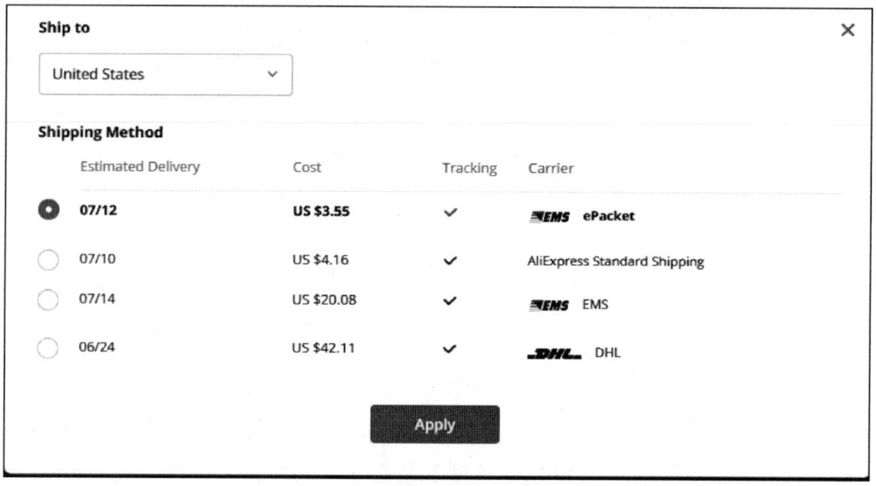

图 3-1　某款连衣裙运至美国的物流方案

从图 3-1 中可以看到，将此款连衣裙运至美国可以使用 ePacket（e 邮宝）、AliExpress Standard Shipping（速卖通无忧物流–标准版）、EMS 和 DHL 这几种物流方式。如果选择通过 e 邮宝把该款连衣裙快递到美国，那么预计到达日期是 7 月 12 日，需要 30 天左右，可提供物流跟踪信息，运费为 3.55 美元。若使用 DHL 寄送，则预计在 6 月 24 日送达，运送需要 12 天左右的时间，可提供物流跟踪信息，运费为 42.11 美元。

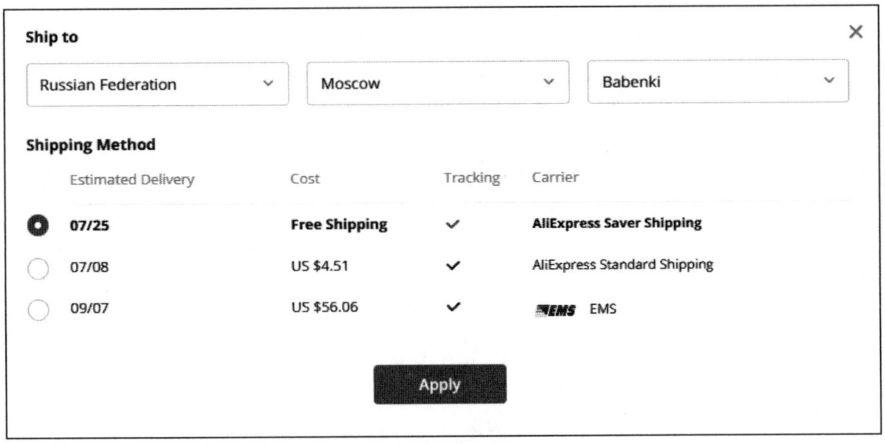

图 3-2 某款连衣裙运至俄罗斯的物流方案

从图 3-2 中可以看到，此款连衣裙可以运至俄罗斯，寄件人还可以选择城市查看物流信息，比美国的查询范围更详细一些。运至俄罗斯可以使用 AliExpress Saver Shipping（速卖通无忧物流-简易版）、AliExpress Standard Shipping 和 EMS 这几种物流方式。如果选择使用速卖通无忧物流-简易版，那么预计到达日期是 7 月 25 日，运送需要 45 天左右，可提供物流跟踪信息，不收取运费。若使用 EMS 寄送，则预计在 7 月 9 日送达，运送需要 27 天左右的时间，可提供物流跟踪信息，运费为 56.06 美元。卖家可以通过物流方案的查询与对比选择更合适自己的物流方式。

二、敦煌网平台商品的跨境物流运费及物流选择

打开敦煌网平台官网（www.dhgate.com），选择一款节能灯，查看此款商品的物流方案，如图 3-3 和图 3-4 所示。

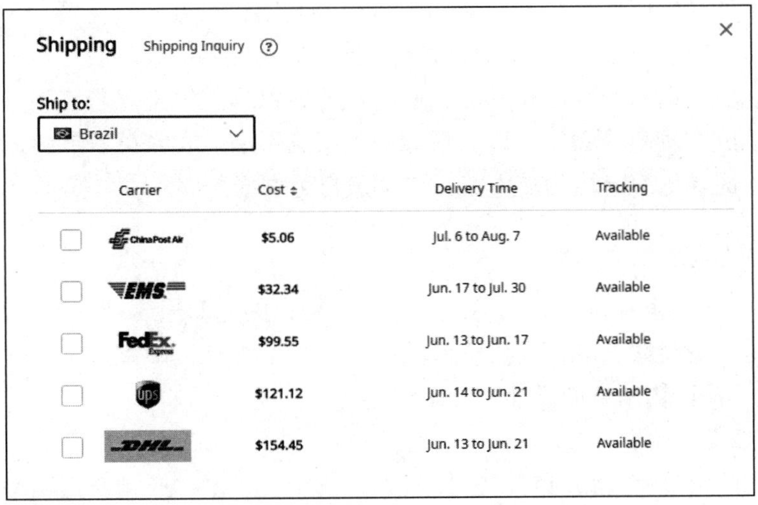

图 3-3 某款节能灯运至巴西的物流方案

从图 3-3 中可以看到，此款节能灯可以通过较多的跨境物流方式运至巴西，如中国邮政小包、EMS、FedEx、UPS 和 DHL。如果选择使用中国邮政小包把该款节能灯运到巴西，则物流运费是 5.06 美元，预计运送时间是 7 月 6 日至 8 月 7 日，可提供物流跟踪信息。若使用其他跨境物流运输方式，花费的成本较高，但运输时间会减少，可以较早地将商品送到买家手中。

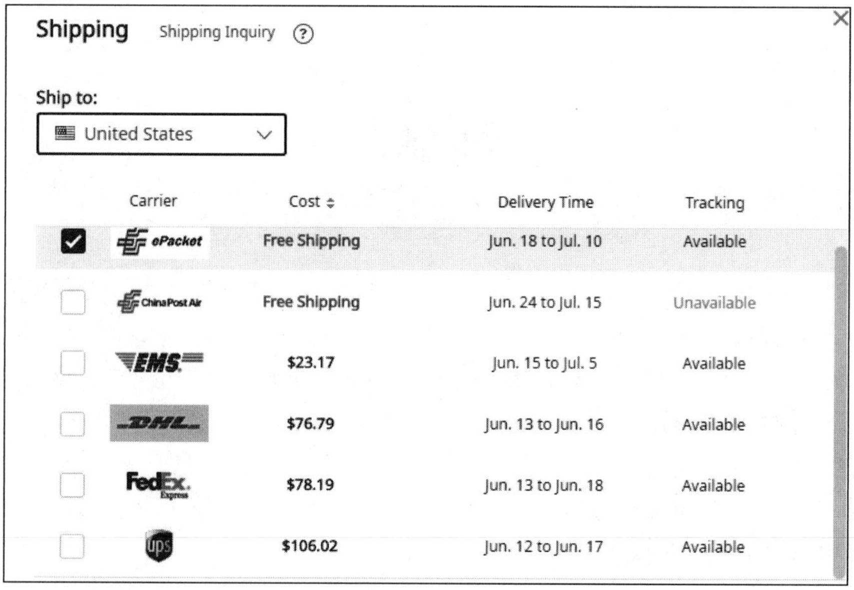

图 3-4　某款节能灯运至美国的物流方案

从图 3-4 中可以看到，此款节能灯可以通过较多的跨境物流方式运至美国。其中免运费的有中国邮政小包和 e 邮宝两种方式；收取运费的有 EMS、DHL、FedEx 和 UPS 这几种物流方式。如果选择使用 e 邮宝把该款节能灯运到美国，物流运费免费，预计运送时间在 6 月 18 日至 7 月 10 日之间，可以跟踪物流信息。如果使用中国邮政小包，物流运费也是免费的，只是物流运送时间会延长几天，同时不能跟踪物流信息。若使用其他国际商业快递，花费的运输成本较高，物品可以较快地送到买家手中。卖家可以针对同一商品同一国家和地区提供不同类型的跨境物流方式，供买家自由选择。

三、跨境物流运费计算

例 1：一位法国买家在杭州万向纺织品进出口公司的速卖通店铺中下了一笔交易订单，该笔订单内容是两条同款丝巾。该款丝巾单件重量为 120 克，两条丝巾一起打包发货，包装重量是 20 克。请计算该款商品通过 e 邮宝运送的运费。

1．查看 e 邮宝运费

（1）打开中国邮政速递物流官网，如图 3-5 所示，单击“产品介绍”按钮，打开“产品介绍”下拉菜单，单击“速递业务”按钮，这时将进入“速递业务”介绍页面，在左侧的菜单栏中单击“国际及台港澳电子商务”按钮，打开“国际及台港澳电子商务”介绍页面，单击 e 邮宝链接（http://shipping.ems.com.cn）即可进入 e 邮宝页面。

图 3-5　中国邮政速递物流官网页面

（2）打开产品介绍页面，如图 3-6 所示。

图 3-6　中国邮政速递物流产品介绍页面

（3）单击 e 邮宝资费及相关规定链接，可以打开 e 邮宝资费页面，查看 e 邮宝资费标准，如表 3-7 所示。

表 3-7　e 邮宝资费标准

<table>
<tr><th rowspan="2">序号</th><th rowspan="2">路向</th><th colspan="2">资费标准</th><th>运输附加费</th><th>起重</th><th>限重</th></tr>
<tr><th>（元/件）</th><th>（元/kg）</th><th>（元/kg）</th><th>（g）</th><th>（g）</th></tr>
<tr><td>1</td><td>爱尔兰</td><td>25</td><td>65</td><td>20</td><td>1</td><td>2 000</td></tr>
<tr><td>2</td><td>奥地利</td><td>25</td><td>60</td><td>20</td><td>1</td><td>2 000</td></tr>
<tr><td>3</td><td>澳大利亚</td><td>19</td><td>60</td><td>25</td><td>1</td><td>2 000</td></tr>
<tr><td>4</td><td>巴西</td><td>25</td><td>80</td><td>40</td><td>50</td><td>2 000</td></tr>
<tr><td>5</td><td>比利时</td><td>25</td><td>60</td><td>20</td><td>1</td><td>2 000</td></tr>
<tr><td>6</td><td>波兰</td><td>25</td><td>60</td><td>20</td><td>1</td><td>2 000</td></tr>
<tr><td>7</td><td>丹麦</td><td>25</td><td>60</td><td>20</td><td>1</td><td>2 000</td></tr>
<tr><td>8</td><td>德国</td><td>19</td><td>60</td><td>10</td><td>1</td><td>2 000</td></tr>
<tr><td rowspan="2">9</td><td rowspan="2">俄罗斯</td><td>17</td><td>55</td><td>20</td><td>1</td><td>3 000</td></tr>
<tr><td>18</td><td>55</td><td>20</td><td>1</td><td>3 000</td></tr>
<tr><td>10</td><td>法国</td><td>19</td><td>60</td><td>10</td><td>1</td><td>2 000</td></tr>
<tr><td>11</td><td>芬兰</td><td>25</td><td>65</td><td>20</td><td>1</td><td>2 000</td></tr>
<tr><td>12</td><td>哈萨克斯坦</td><td>8</td><td>70</td><td>0</td><td>50</td><td>2 000</td></tr>
<tr><td>13</td><td>韩国</td><td>20</td><td>40</td><td>15</td><td>1</td><td>2 000</td></tr>
<tr><td>14</td><td>荷兰</td><td>25</td><td>60</td><td>20</td><td>1</td><td>2 000</td></tr>
<tr><td>15</td><td>加拿大</td><td>19</td><td>65</td><td>35</td><td>1</td><td>2 000</td></tr>
<tr><td>16</td><td>卢森堡</td><td>25</td><td>60</td><td>20</td><td>1</td><td>2 000</td></tr>
<tr><td>17</td><td>马来西亚</td><td>15</td><td>40</td><td>15</td><td>1</td><td>2 000</td></tr>
<tr><td>18</td><td>美国</td><td>15</td><td>65</td><td>35</td><td>50</td><td>2 000</td></tr>
<tr><td>19</td><td>墨西哥</td><td>25</td><td>85</td><td>40</td><td>1</td><td>2 000</td></tr>
<tr><td>20</td><td>挪威</td><td>19</td><td>65</td><td>20</td><td>1</td><td>2 000</td></tr>
<tr><td>21</td><td>葡萄牙</td><td>19</td><td>65</td><td>20</td><td>1</td><td>2 000</td></tr>
<tr><td>22</td><td>日本</td><td>15</td><td>40</td><td>15</td><td>50</td><td>2 000</td></tr>
<tr><td>23</td><td>瑞典</td><td>19</td><td>60</td><td>20</td><td>1</td><td>2 000</td></tr>
<tr><td>24</td><td>瑞士</td><td>25</td><td>60</td><td>20</td><td>1</td><td>2 000</td></tr>
<tr><td>25</td><td>沙特阿拉伯</td><td>26</td><td>50</td><td>15</td><td>1</td><td>2 000</td></tr>
<tr><td>26</td><td>泰国</td><td>14</td><td>45</td><td>15</td><td>1</td><td>2 000</td></tr>
<tr><td>27</td><td>土耳其</td><td>25</td><td>60</td><td>15</td><td>1</td><td>2 000</td></tr>
<tr><td>28</td><td>乌克兰</td><td>8</td><td>75</td><td>5</td><td>10</td><td>2 000</td></tr>
</table>

续表

序号	路向	资费标准		运输附加费	起重	限重
		（元/件）	（元/kg）	（元/kg）	（g）	（g）
29	西班牙	14	60	20	1	2 000
30	希腊	25	60	20	1	2 000
31	新加坡	15	40	15	1	2 000
32	新西兰	9	70	50	50	2 000
33	匈牙利	25	60	20	1	2 000
34	以色列	17	60	15	1	5 000
35	意大利	25	60	20	1	2 000
36	印度尼西亚	14	45	15	1	2 000
37	英国	18	55	10	1	499
		25	45	10	500	1 999
		35	45	10	2 000	5 000
38	越南	12	45	0	1	2 000
39	中国香港	17	30	0	1	2 000
		17	20	0	1	2 000

（4）查看上表可知，运送到法国对应的物流费用收取标准为 19 元/单，60 元/kg。另收取运输附加费 10 元/kg，包裹起重重量为 1g，总重量不超过 2kg。

（5）计算运费

解：该包裹的重量为两条丝巾重量加包装重量，即为 120×2+20=260（g），即 0.26kg，因此包裹重量按 0.26kg 计算。

根据查出的运费收取标准，该包裹的运费为：

运费=每件收取费用+标准资费×重量+运输附加费×重量

=19+60×0.26+10×0.26

=37.2（元）

因此该包裹运至法国的运费为 37.2 元。

例 2：杭州万溪进出口公司要寄送一件包裹至美国，包裹的总重量为 40 克，选择使用 e 邮宝运输，请问该包裹运到美国的 e 邮宝运费是多少？

解：从 e 邮宝资费表查看运到美国对应的物流费用收取标准为 15 元/单，65 元/kg。另收取运输附加费 35 元/kg，包裹起重为 50g，总重量不超过 2kg。

表格中运至美国的资费标准显示，包裹运至美国的起重量为 50g。该包裹重量为 40g，小于起重，因此该包裹按起重 50g，即 0.05kg 计算。

运费为=15+65×0.05+35×0.05

=20（元）

因此该包裹使用 e 邮宝运至美国的运费为 20 元。

习题演练

一、单项选择题

1. 中国邮政小包的重量一般不超过（　　）。

A. 0.5kg　　B. 1kg　　C. 2.5kg　　D. 3kg

2. 使用 e 邮宝运至巴西的包裹运费计算起重为（　　）。

A. 1g　　B. 25g　　C. 50g　　D. 100g

二、判断题

1. 中国邮政挂号小包的配送范围为亚洲地区。（　　）

2. 中国邮政挂号小包对于方形包裹的最大体积限制为长宽高之和不超过 90cm，单边长度限制为 60cm。（　　）

3. e 邮宝法国包裹的投递范围仅限法国本土区域。（　　）

4. e 邮宝提供邮件的丢失、延误及损毁补偿。（　　）

5. e 邮宝运往所有国家的运费计算起重都是 1g。（　　）

实践操作

实践任务一

调研速卖通上两个类目商品运至不同国家的跨境物流费用及可选物流方式，并将相关信息填入下表。

表 3-8　速卖通上两个类目商品物流信息

产品 1 物流方式 2		目的地	
预计送达日期	运费	物流跟踪信息（可查/不可查）	运输公司
产品 1 物流方式 2		目的地	
预计送达日期	运费	物流跟踪信息（可查/不可查）	运输公司

续表

产品 2 物流方式 1		目的地	
预计送达日期	运费	物流跟踪信息（可查/不可查）	运输公司
产品 2 物流方式 1		目的地	
预计送达日期	运费	物流跟踪信息（可查/不可查）	运输公司

实践任务二

调研敦煌网一个类目商品运至不同国家的跨境物流费用及可选物流方案，并将相关信息填入下表。

表 3-9　敦煌网一个类目商品物流信息

产品 1 物流方式 1		目的地	
预计送达日期	运费	物流跟踪信息（可查/不可查）	运输公司
产品 1 物流方式 2		目的地	
预计送达日期	运费	物流跟踪信息（可查/不可查）	运输公司

实践任务三

计算跨境物流运费：

杭州金盾电子商务有限公司在全球速卖通向巴西商人销售了 1 件饰品，该饰品重量为 45g，包裹重量为 15g，请计算使用 e 邮宝运送的物流费用。e 邮宝物流收费标准参见表 3-10，计算结果四舍五入。

表 3-10　e 邮宝物流收费标准

序号	路向	资费标准		运输附加费	起重	限重
		（元/件）	（元/kg）	（元/kg）	（g）	（g）
1	爱尔兰	25	65	20	1	2 000
2	奥地利	25	60	20	1	2 000
3	澳大利亚	19	60	25	1	2 000
4	巴西	25	80	40	50	2 000

实践任务四

调研亚马逊、eBay 等平台的跨境物流方式。

子情景二　国际商业快递

学习目标

知识目标

- 了解目前主要的国际商业快递（FedEx、UPS 和 DHL）的基本情况。
- 了解 FedEx、UPS 和 DHL 的费用、重量与规格限制及适用范围等知识。
- 掌握 FedEx、UPS 和 DHL 的运费计算方法。
- 了解国际商业快递的业务流程。

能力目标

- 能合理选择三大国际商业快递（FedEx、UPS 和 DHL）作为跨境物流方式。
- 能掌握三大国际商业快递的特点及运费计算方法。
- 能根据实际业务需要选择合适的国际商业快递。

素质目标

- 培养学生专业细心的工作品质。
- 培养学生条理分析的能力。
- 培养学生成本控制的意识。

项目背景

杭州景慧贸易有限公司在速卖通上已经注册好账户并开通支付功能。小张收集好商品资料，准备上传商品。在小张了解如何进行商品上传时，经理建议他先设置运费模板，增加国际商业快递。于是小张查阅了国际商业快递的资料，这时才发现国际商业快递种类很多，不同种类的收费方式也有差异，那么小张要如何操作才能完成这一任务呢？

任务实施

步骤一：查找跨境物流方案中国际商业快递有哪些。
步骤二：了解国际商业快递对商品包裹有哪些要求与限制。
步骤三：根据运费计算公式，计算不同重量的商品运费。
步骤四：根据运费计算结果设置运费模板。

知识铺垫

目前跨境电商的国际商业快递物流主要有 FedEx，UPS，DHL 等。

一、FedEx

联邦快递（Federal Express，简称 FedEx）是全球最具规模的快递运输公司，公司官网首页如 3-7 所示。FedEx 于 1984 年进入中国市场，目前有国际包裹货件服务和国际重货货件服务。国际包裹货件服务包括联邦快递信封服务、联邦快递快递袋服务、联邦快递国际优先快递服务（FedEx IP）、联邦快递国际经济快递服务（FedEx IE）、联邦快递国际特早快递服务（FedEx IF）、FedEx 10 公斤快递箱服务、FedEx 25 公斤快递箱服务、联邦快递国际优先快递分送快递服务（FedEx IPD）和联邦快递国际经济快递分送快递服务（FedEx IED）。国际重货货件服务包括联邦快递国际优先快递重货服务（FedEx IPF）、联邦快递国际经济快递重货服务（FedEx IEF）和联邦快递国际优先快递分送快递重货服务（FedEx IDF）。在实际业务过程中，卖家可根据自己的商品要求、时效要求与成本预算来选择合适的快递服务。

跨境物流发货常用 FedEx IP 服务和 FedEx IE 服务。FedEx IP 服务为优先型服务，舱位有保障，享有优先安排航班的特权，时效有保障；FedEx IE 服务为经济型服务，价格相对较实惠，但是时效性较差。

在使用 FeDex 快递服务之前，可以先查看 FeDex 官网提供的“标准运输条款”，对几种快递服务有基本的了解。

图 3-7　FedEx 官网首页

（一）体积和重量限制

FedEx 的不同服务方式对包裹的体积和重量限制是不同的，同一个服务方式由于目的国不同包裹的体积和重量限制也有差异。此处以 FedEx IP 服务为例，说明其体积和重量限制要求。首先下载 FedEx 官网页面下方的“标准运输条件”文件，如图 3-8 所示。

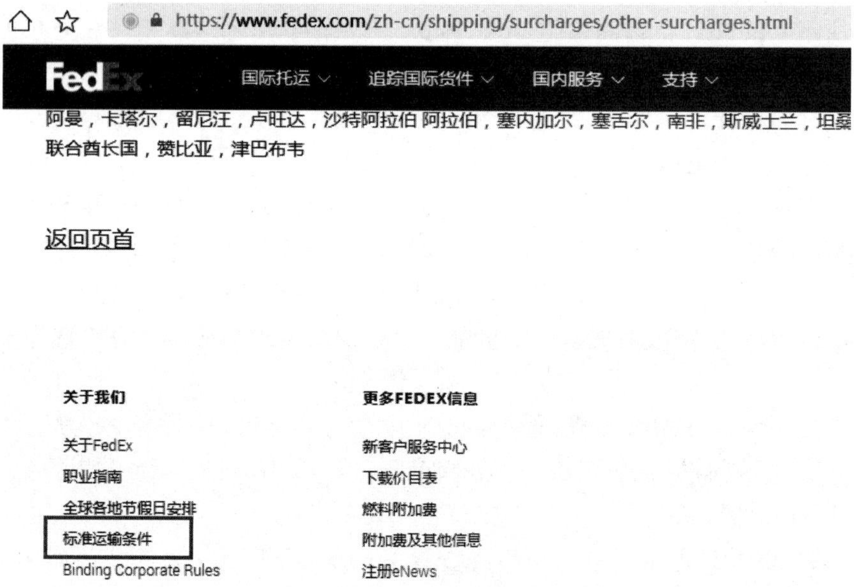

图 3-8　FedEx 官网“标准运输条件”

浏览“标准运输条件”，在文件中能够找到“联邦快递国际优先快递服务（IP）”，对于包裹体积与重量的限制要求如图 3-9 所示。其他服务方式的包裹体积与重量限制要求可以按照同样的方式在官网查看，也可以向 FedEx 的官方客服咨询。

联邦快递国际优先快递服务(IP)

联邦快递国际优先快递服务为某些国际城市与美国或其它大城市之间的送递服务提供次日送递服务，时间为周一至周五早上 8 点前。请联系客户服务部查询收件地点、目的地城市以及截件时间。

本标准运送条款适用于联邦快递国际优先快递服务，但有以下例外:

寄件人需在当地截件时间前交付托运货物。详情请联系客户服务部查询。

不同国家/地区所收取的联邦快递国际优先快递服务运费不同。详情请联系客户服务部查询。

每宗托运货物不能超过 150 磅，限长 108 英吋，长加围长不能超过 130 英吋。寄件人需使用专门的联邦快递国际优先快递服务空运提单，并在空运提单相应地方注明选用此项服务。

图 3-9　联邦快递国际优先快递服务包裹的体积与重量限制要求

（二）运费计算方法

联邦快递在计算运费时，要先计算商品的体积重量，可用体积重量或实际重量来核定运费标准。运费有可能基于体积重量计算。体积重量价格适用于单票商品或单个包装。下列联邦快递标准包装的商品不用计算体积重量：FedEx 快递封，FedEx 快递袋（不超过 940 立方英寸或 15 404 立方厘米），FedEx 大、中、小型快递盒，FedEx 快递筒，FedEx 10 公斤快递箱和 25 公斤快递箱。

FedEx 包裹的体积重量是以每个包裹的长度、宽度、高度（以厘米为单位）的乘积除以 5 000（每公斤标准立方厘米密度）来计算的。如果体积以立方英寸为单位计算，则除以 305（每公斤标准立方英寸密度）；以磅为单位计算时则除以 139（每磅标准立方英寸密度）。

如果体积重量大于实际重量，则按体积重量收取运费；如果商品实际重量大于体积重量，则按实际重量计算运费。

（三）时效与物流信息跟踪查询

FedEx IP 服务的正常配送时效为 1～5 个工作日（此时效为快件上网至收件人收到此快件的时间），FedEx IE 服务的正常配送时效为 4～7 个工作日（此时效为快件上网至收件人收到此快件的时间），最终配送时间须根据目的地海关的通关速度来决定。FedEx 的物流信息追踪网址为 http: //www. fedex.com/cn。其他 FeDex 服务的时效可在官网进行查询。

（四）优缺点

优点：联邦快递时效性较强，一般 3～7 天可以到达；网站信息更新快，覆盖网络全，查询响应快；FedEx 速卖通线上发货非常优惠。

缺点：价格较贵；需要考虑商品的体积重量；另外收取偏远附加费。

FedEx 速卖通线上发货的优惠力度大，速卖通卖家在选择此国际商业快递时，可优先选择线上发货。FedEx 速卖通线上发货方式有 FedEx IP 服务和 FedEx IE 服务。

二、UPS

UPS 全称 United Parcel Service，即联合包裹服务公司，1907 年作为一家信使公司成立于美国华盛顿西雅图，总部位于美国佐治亚州亚特兰大市。公司官网首页如图 3-10 所示。UPS 主要提供快递服务和空运服务。

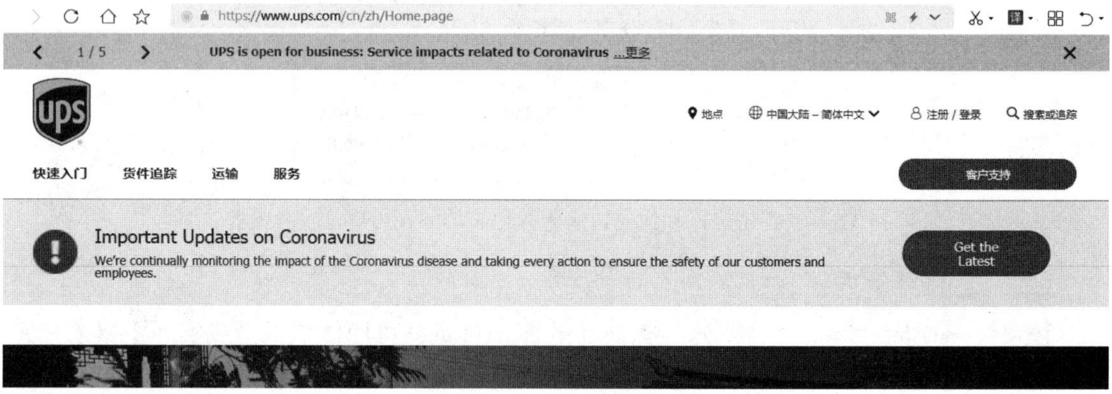

图 3-10　UPS 公司官网首页

UPS 提供的快递服务有以下几种，如图 3-11 所示。

（1）全球特快加急服务（UPS Worldwide Express Plus）。资费最高。可以送达欧美和亚洲的主要城市，适用于 UPS 10 公斤箱和 UPS 25 公斤箱。

（2）全球特快服务（UPS Worldwide Express）。可以送达美国国内大部分地区，美洲特定区域，以及加拿大、欧洲和亚洲的主要城市，适用于 UPS 10 公斤箱和 UPS 25 公斤箱。

（3）全球特快货运（UPS Worldwide Express Freight）。可以送达全球 60 多个国家和地区，有“门到门”和非“门到门”的递送服务供卖家选择。该快递服务主要针对超过 70 公斤的托盘货件。

（4）全球特快货运日中送达服务（UPS Worldwide Express Freight® Midday）。可以送达全球 30 多个国家和地区。有“门到门”和非“门到门”的递送服务供卖家选择。该快递服务主要针对超过 70 公斤的托盘货件。

（5）全球速快服务（UPS Worldwide Express Saver）。可以送达全球 220 多个国家和地区，是 UPS 提供的全球限时快递的一项经济实惠型的服务。适用于 UPS 10 公斤箱和 UPS 25 公斤箱。

（6）全球快捷服务（UPS Worldwide Expedited）。这项服务是 UPS 服务中速度最慢，资费最低的。可以在亚洲境内递送或从亚太地区送至欧洲、南北美洲的主要商业中心，通常需要 3～5 个工作日，是寄送非紧急货件时非常经济的一种选择。可指定日期和转运时间，按计划将货件送到买家手中。该服务在特定国家和地区提供准时送达保证。

地点

快速入门　货件追踪　运输　服务

出口和进口（可提供的服务）

递送承诺	服务描述	服务
1-3 个工作日	最早可在早晨 8:00 前送达	UPS 全球特快加急服务
1-3 个工作日	通常在早晨 10:30 或中午 12:00 前送达	UPS 全球特快服务
1-3 个工作日	工作日结束前送达	UPS 全球特快货运
1-3 个工作日	保证在中午 12:00 或下午 2:00 前送达，视目的地邮编而定	UPS 全球特快货运日中送达服务
1-3 个工作日	工作日结束前送达	UPS全球速快服务
3-5 个工作日	工作日结束前送达	UPS 全球快捷服务

图 3-11　UPS 提供的快递服务

UPS 提供的空运服务如图 3-12 所示。

空运服务

服务	递送承诺	服务范围	优点
1～3 天			
UPS Air Freight Premium Direct™	特定日期取件、门到门的运送服务，转运时间为 1-3 天	覆盖 50 多个国家和地区	•超过 70 公斤货件的理想选择 •方便快捷地处理托盘和非托盘货件 •门到门的运送服务包括常规的清关服务
UPS Air Freight Direct®	特定日期取件，机场到机场的运送服务，转运时间为 1-3 天	近乎覆盖全球任何地点	•超过 70 公斤货件的理想选择 •方便快捷地处理托盘和非托盘货件 •可选服务包括取件、派件和清关
3～5 天			
UPS Air Freight Consolidated®	特定日期取件，机场到机场的运送服务，转运时间为 3-5 天	覆盖全球	•超过 70 公斤货件的理想选择 •方便快捷地处理托盘和非托盘货件 •可选服务包括取件、派件和清关

图 3-12　UPS 提供的空运服务

（一）尺寸和重量限制

UPS 国际快递服务对不同重量的包裹关于尺寸和重量的限制有所不同，具体如下。

1. UPS 快递服务对包裹的尺寸和重量限制

（1）每件包裹的重量上限为 70kg。

（2）每件包裹的长度上限为 274cm。

（3）每件包裹尺寸上限为 400cm（长+周长[（2×宽）+（2×高）]）。

（4）每批货件的总重量和包裹件数没有限制。

2. UPS 10 公斤箱及 UPS 25 公斤箱的尺寸和重量限制

UPS 10 公斤箱及 UPS 25 公斤箱可用于 UPS 全球特快服务和 UPS 全球速快服务的货件，需要出口凭证。尺寸限制如下。

（1）UPS 10 公斤箱：42cm×34cm×27cm（最大载重量 15kg）。

（2）UPS 25 公斤箱：50cm×45cm×34cm（最大载重量 30kg）。

3. UPS 快递箱的尺寸和重量限制

可使用 UPS 快递箱包装的商品种类非常多，如计算机外设产品和电子商品零部件，需要出口凭证。尺寸限制为：31.8cm×7.6cm×44.5cm。

（二）运费计费

例：杭州远溪贸易有限公司使用 UPS10 公斤箱包装了 9 公斤重的商品运送至新加坡，请参考图 3-13 和图 3-14 计算运费。

国家/地区		出口区				进口区			
		全球特快加急服务	全球特快服务	全球速快服务	全球快捷服务	全球特快加急服务	全球特快服务	全球速快服务	全球快捷服务
Singapore#	新加坡*	4	4	4	4	4	4	4	4
Slovakia	斯洛伐克	7	7	7	7	7	7	7	7
Slovenia	斯洛文尼亚	9	9	9	9	9	9	9	9
Solomon Islands	所罗门群岛	-	5	5	5	-	-	-	-
South Africa*	南非*	8	8	8	8	8	8	8	8
Spain*	西班牙*	7	7	7	7	7	7	7	7
Sri Lanka*	斯里兰卡*	-	7	7	7	7	7	7	-
St. Barthelemy	圣巴夫林米	-	-	9	9	-	9	9	-
St. Christopher (St. Kitts)	圣克里斯托弗(圣基茨)	-	-	9	9	-	9	9	-
St. Croix (U.S. Virgin Islands)	圣克鲁斯(美属维尔京群岛)	-	-	9	9	-	9	9	-

图 3-13 UPS 快递服务分区

UPS 10 公斤箱及 UPS 25 公斤箱

UPS 10 公斤箱（42厘米x34厘米x27厘米）
10公斤以内采用单一固定费率。*

货件重量（公斤）	固定费率	超过10公斤，低于15公斤每公斤加收费用	超过15公斤，低于25公斤
地区 1	947	65	按照UPS全球特快服务25公斤箱费率计算
地区 2	1 125	65	
地区 3	1 384	81	
地区 4	1 402	81	
地区 5	1 716	123	
地区 6	1 814	137	
地区 7	2 188	121	
地区 8	2 953	193	
地区 9	3 463	193	

UPS 25 公斤箱（50厘米x45厘米x34厘米）
25公斤以内采用单一固定费率。*

货件重量（公斤）	固定费率	超过25公斤，低于30公斤每公斤加收费用	超过30公斤
地区 1	1 850	67	按照UPS全球特快服务非文件包裹费率计算
地区 2	2 092	67	
地区 3	2 801	85	
地区 4	2 834	85	
地区 5	3 557	128	
地区 6	3 761	142	
地区 7	4 695	136	
地区 8	6 611	213	
地区 9	7 610	213	

图 3-14　UPS10 公斤箱及 25 公斤箱收费标准

从图 3-13 中可以看到，新加坡属于地区 4，从图 3-14 中查到地区 4 对应的运费为固定费率 1 402 元，超过 10 公斤低于 15 公斤每公斤加收费用 81 元。超过 15 公斤低于 25 公斤按照全球 UPS 特快服务 25 公斤箱费率计算。

从题中得知，商品使用的是 10 公斤的箱子，重量为 9 公斤，那么可以使用 10 公斤以内单一固定费率，因此运费是 1 402 元。

（三）时效与物流信息跟踪查询

UPS 的配送参考时间为 1～7 个工作日，如遇到海关查车等不可抗因素，则以海关放行时间为准。

（四）优缺点

优点：UPS 的运送速度快，一般 1～3 个工作日可以送达，特别是北美洲、南美洲、英国、日本等地区和国家；UPS 的运送范围广，可送达全球 200 多个国家和地区；查询网站信息更新快，遇到问题可及时解决。

缺点：UPS 相对于其他跨境物流方式而言运费较贵（但速卖通线上发货折扣较优惠），有时会收偏远附加费和进口关税，这些会增加买家成本负担，计算运费时计体积重。

三、DHL

DHL，敦豪国际航空快递公司，是德国邮政全资子公司，总部设于布鲁塞尔，是有名的国际商业快递之一，图 3-15 是公司官网首页。与中国合资的中外运敦豪国际航空快件有限公司于 1986 年 12 月 1 日在北京正式成立。合资双方为中国对外贸易运输（集团）总公司和敦豪国际航空快递公司，双方各占一半股权。

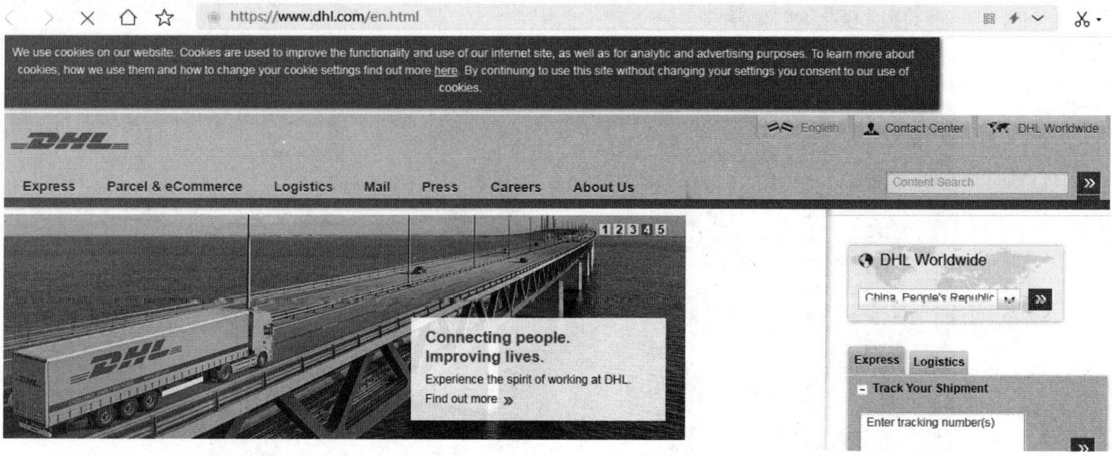

图 3-15　DHL 公司官网首页

DHL 提供的国际快递服务包括进口快递服务和出口快递服务。出口到其他国家的快递服务，包括针对紧急快件的当日快递、有时间保障的次日达快递及时间宽松的限日快递，具体的分类及区别见图 3-16。从图中可以看出限时快递有 DHL 朝九特派、DHL 十点半特派、DHL 正午特派、DHL 环球快递和 DHL 易速箱等，它们的区别主要是送达时间不一样。在图 3-17 中，可以看到 DHL 进口快递服务有在标准转运时间的工作日中午 12 点前完成配送的“DHL EXPRESS 12:00 IMPORT”和在标准转运时间的工作日结束前完成配送的“DHL EXPRESS WORLDWIDE IMPORT”，两者主要在时效性上有区别。

图 3-16　DHL 出口快递服务

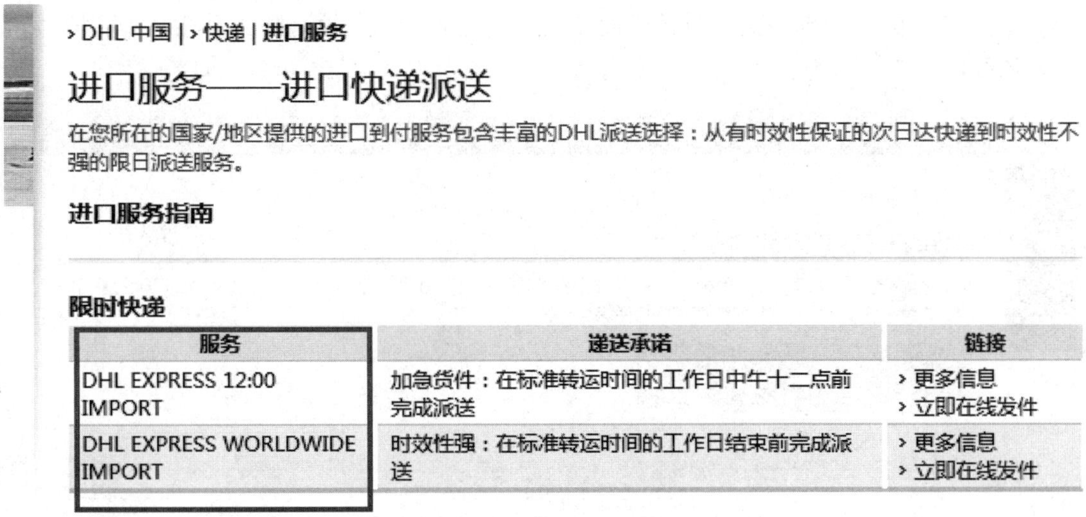
› DHL 中国 | › 快递 | 进口服务

进口服务——进口快递派送

在您所在的国家/地区提供的进口到付服务包含丰富的DHL派送选择：从有时效性保证的次日达快递到时效性不强的限日派送服务。

进口服务指南

限时快递

服务	递送承诺	链接
DHL EXPRESS 12:00 IMPORT	加急货件：在标准转运时间的工作日中午十二点前完成派送	› 更多信息 › 立即在线发件
DHL EXPRESS WORLDWIDE IMPORT	时效性强：在标准转运时间的工作日结束前完成派送	› 更多信息 › 立即在线发件

图 3-17　DHL 进口快递服务

（一）体积和重量限制

出于作业因素（货车门和飞机门的尺寸）的考虑，DHL 要求每个包裹的长、宽、高都不得超过 120cm。如果寄送的商品重量超过 50kg，需要提前告知 DHL。DHL 对大部分国家的包裹要求为单件包裹的重量不超过 70kg，单件包裹的最长边不超过 1.2m。但是对部分国家的要求有所不同，具体以 DHL 官方网站公布的信息为准。

（二）运费计算

在计算 DHL 的运费时，要比较商品的体积重量和实际重量。商品的体积重量（kg）计算公式为：

$$长（cm）×宽（cm）×高（cm）÷5\,000$$

如果商品的体积重量大于实际重量，则按体积重量计算。如果商品的实际重量大于体积重量，则按实际重量计算。

（三）时效与物流信息跟踪查询

DHL 配送参考时间为 2～4 个工作日，不包括清关时间，如果遇到不可抗力因素导致的特殊情况，则以实际送达时间为准，DHL 运输的包裹可以全程跟踪物流信息，跟踪网站的网址是 http://www.cn.dhl.com。如图 3-18 所示，在对应条框中输入相关信息即可跟踪包裹的物流信息。

（四）优缺点

优点：使用 DHL 发货至西欧、北美地区较有优势，可送达的网点比较多；DHL 运送快，一般情况下 2～4 个工作日可送达；支持在网站查询物流信息，网站信息更新快；DHL 的客户服务较好，遇到问题能够快速解决。

缺点：DHL 的运费价格高；对托运商品的限制比较严格，填写物品描述时需要填写实际品名和数量。

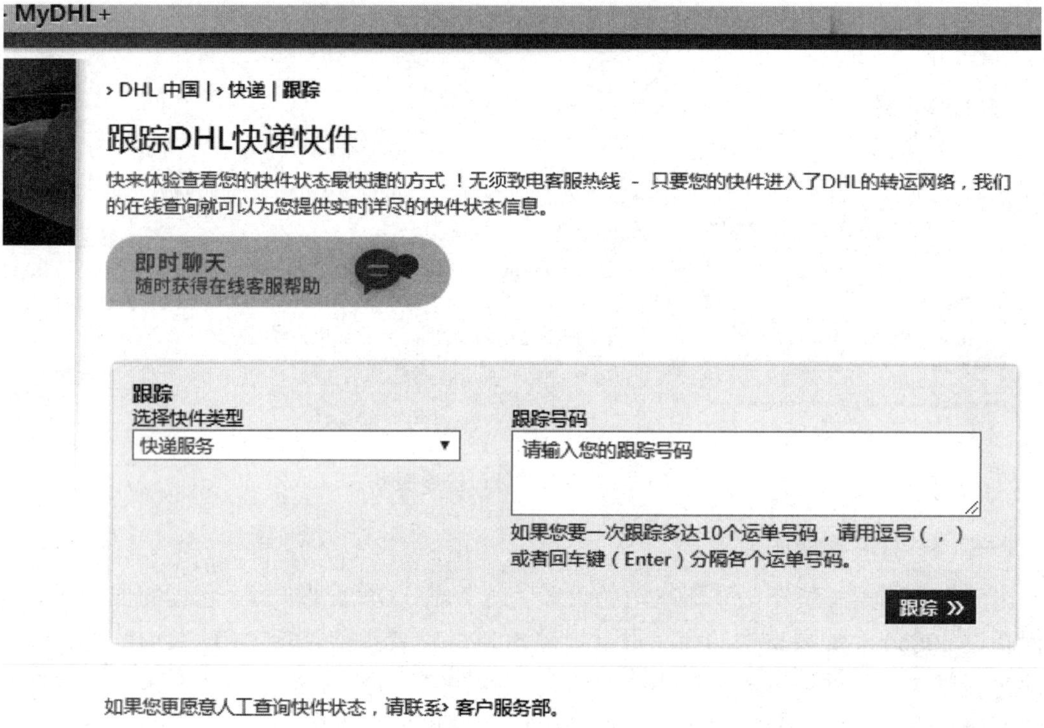
MyDHL+
› DHL 中国 | › 快递 | 跟踪
跟踪DHL快递快件
快来体验查看您的快件状态最快捷的方式！无须致电客服热线 - 只要您的快件进入了DHL的转运网络，我们的在线查询就可以为您提供实时详尽的快件状态信息。
即时聊天
随时获得在线客服帮助
跟踪
选择快件类型
快递服务
跟踪号码
请输入您的跟踪号码
如果您要一次跟踪多达10个运单号码，请用逗号（，）或者回车键（Enter）分隔各个运单号码。
跟踪 »
如果您更愿意人工查询快件状态，请联系 客户服务部。

图 3-18　DHL 物流信息跟踪查询页面

案例解析

众所周知，跨境电商物流在跨境电商业务中有着十分重要的作用。作为跨境电商卖家，如果物流方式选择得当，买家对物流满意度高，那么由物流导致的差评也会相应地减少，有助于公司顺利开展跨境电商业务。如果物流方式选择不当，则可能在运输过程中出现丢失包裹、包裹外包装破损或运输时间过长等情况，这些都有可能引起交易纠纷。特别是价值较高的物品，如果物流出现的问题较多，对店铺的业务就会产生非常不利的影响。因此，在速卖通上，有必要根据物品的特点设置多种物流方案，以便买家选择适宜的物流方式。

一、新增国际快递的物流方案

杭州景元婚纱用品有限公司于今年开展了跨境业务，在运营过程中发现使用邮政渠道运输时容易出现各种问题，如运输时间久，包裹容易丢失等。为解决这些问题，经理让小张查询联邦快递的相关资料，并判断是否可以使用联邦快递运送公司的商品。小张要如何完成此项任务呢？

小张通过网页搜索找到联邦快递的官网，浏览以后，小张发现联邦快递的官网上提供了比较详细的资料。小张查阅了联邦快递的标准货运条款，发现自己公司的商品可以使用联邦快递进行运输。联邦快递的官网也提供联邦快递最新国际运费表，小张下载运费表以后，经过计算发现使用联邦快递运送商品的成本在可控范围之内。

如果要使用联邦快递，可以在其官网上注册账号并在线寄件，小张在线注册了账号并试用了相关功能。通过分析总结，小张认为公司可以使用联邦快递运送商品，他把这一结论汇报给了经理，并按查找到的相关资料在店铺后台设置了联邦快递的运费模板。

二、UPS 计费重量：选择实际重量还是体积重量

在使用 UPS 快递服务时，到底是选择实际重量还是体积重量，要根据以下规则来确定。实际重量是指托盘中所有商品的重量与托盘自重的总和，计算出的数值的小数部分取下一个半公斤数。体积重量取决于托盘密度，即托盘所占体积与其实际重量的大小关系。

计费重量取托盘的实际重量或体积重量中的较大者，用于计算运费。

（一）运费计算步骤

步骤 1：计算实际重量

实际重量是指托盘中所有商品的重量与托盘自重的总和，计算出的数值的小数部分取下一个半公斤数。

步骤 2：计算体积重量

当度量数值为非整厘米数时，将取数值的小数部分至最接近的下一个整厘米数来进行计算。将托盘的总体积数值除以 5 000 得到以公斤为单位的体积重量，计算出的数值的小数部分取下一个半公斤数。

步骤 3：计算计费重量

比较计算出的托盘的实际重量和体积重量，取数值较大者作为计费重量用于运费计算。如若一票货件包含多个托盘，则所有托盘计费重量的总和为该票货件的总计费重量。

（二）计费重量计算方法

例：某卖家递送了一票货件，共有 3 个托盘，实际重量分别为 60kg、410kg 和 300kg，所有托盘的体积均为 120cm×100cm×150cm。请计算货件的计费重量是多少？

1. 计算实际重量

实际重量：60kg+410kg+300kg=770kg

2. 计算体积重量

托盘体积重量：123cm×100cm×150cm/5 000=369kg

货件体积重量：369kg+369kg +369kg=1 107kg

3. 计算计费重量

货件计费重量：369kg+410kg+369kg=1 148kg

习题演练

一、简答题

1. 适用于跨境物流运输的国际商业快递有哪些？请举例说明这些快递的优缺点。
2. 选择国际商业快递时需要考虑哪些因素？

二、运费计算

1. 某买家递送了一票货件给 UPS，共有两个托盘，实际重量分别为 50kg 和 420kg，两个托盘的体积均为 110cm×102cm×150cm。请计算货件的计费重量。

实践操作

实践任务一

请从 FedEx 官网查找运价表，并根据运价表计算同件商品到达不同目的地的运费，合理预估店铺中每个商品的运费并在速卖通后台设置运费模板。

实践任务二

请登录 UPS 官网，了解 UPS 的跨境快递方案，据此设置合理的物流方案。

子情景三　速卖通物流

学习目标

知识目标

- 了解速卖通的物流方式。
- 了解速卖通的无忧物流方案及其时效要求。
- 了解 EMS 的费用、重量与规格限制、适用范围和运费计算方法。

能力目标

- 能根据速卖通无忧物流运价表进行运费计算。
- 能根据买家的要求选择合适的物流方式。

素质目标

- 提出物流最优解决方案，培养学生的逻辑分析能力。
- 设计组合物流方案，培养学生解决复杂问题的综合能力。

项目背景

小张毕业后在杭州景慧贸易有限公司实习，经理让小张在速卖通开设了公司的跨境店铺，但是在设置运费模板时，小张发现速卖通有很多种物流方式，每种物流方式的要求又不尽相同。于是小张向经理请教，经理建议他先去速卖通官网学习速卖通的物流相关知识，了解不同物流方式对商品的重量和体积要求和运费计算方法等。

任务实施

步骤一：学习速卖通的物流相关知识。

步骤二：了解速卖通不同物流方式的运送范围、重量和体积要求、运送时效等内容。

步骤三：根据不同物流方式的资费标准计算运费。

知识铺垫

一、速卖通的物流方式

速卖通与不同的快递公司或第三方物流合作，为平台卖家提供了多样的跨境物流方式。速卖通根据线路的成本、运费、时效等条件把这些物流方式分为经济类物流、简易类物流、标准类物流和快速类物流。每种物流方式详见表 3-11。

经济类物流指的是物流运费成本较低，目的国包裹妥投信息不可查询的物流方式。在速卖通的经济类物流仅允许使用线上发货方式，适合运送商品价值低、重量轻的商品。使用经济类物流配送商品的参考时间为 16～35 天，特殊情况为 60 天。

简易类物流指的是邮政简易挂号物流服务，此类物流可查询关键环节物流信息，如物流跟踪信息、商品妥投信息和买家签收信息。简易类物流承诺的送达时间为 60 天内。

标准类物流包括邮政挂号物流服务和专线类物流服务，全程物流信息可追踪查询。适用于货值较大的商品，是卖家常使用的物流方式之一。全球配送的物流承诺运达时间为 60 天内，各个国家的专线物流承诺的送达时间为 15～20 天。

快速类物流包括国际商业快递和邮政提供的快递服务，这类物流运送速度快，运费相对较高，可追踪查询全程物流信息，可用于运送高货值商品。

表 3-11 速卖通物流方式详情

物流服务等级	线路展示名称（英）	线路展示名称（中）	填写发货通知 API serviceName	是否支持填写发货通知	是否支持设置运费模板	是否支持线上发货
经济	Cainiao Super Economy	菜鸟超级经济	CAINIAO_SUPER_ECONOMY	是	是	是

续表

物流服务等级	线路展示名称（英）	线路展示名称（中）	填写发货通知 API serviceName	是否支持填写发货通知	是否支持设置运费模板	是否支持线上发货
经济	Cainiao Super Economy Global	菜鸟超级经济 Global	AE_CN_SUPER_ECONOMY_G	是	是	是
经济	Cainiao Super Economy for Special Goods	菜鸟特货专线-超级经济	CAINIAO_SUPER_ECONOMY_SG	是	是	是
经济	Cainiao Expedited Economy	菜鸟专线经济	CAINIAO_EXPEDITED_ECONOMY	是	是	是
经济	China Post Ordinary Small Packet Plus	中国邮政平常小包	YANWEN_JYT	是	是	是
经济	SF Economic Air Mail	顺丰国际经济小包	SF_EPARCEL_OM	是	是	是
经济	SunYou Economic Air Mail	菜鸟超级经济-顺友	SUNYOU_ECONOMY	是	是	是
经济	Yanwen Economic Air Mail	菜鸟超级经济-燕文	YANWEN_ECONOMY	是	是	是
经济	4PX Singapore Post OM Pro	4PX 新邮经济小包	SGP_OMP	是	是	是
简易	AliExpress Saver Shipping	速卖通无忧物流-简易	CAINIAO_ECONOMY	是	是	是
简易	Cainiao Saver Shipping For Special Goods	菜鸟特货专线-简易	CAINIAO_ECONOMY_SG	是	是	是
标准	AliExpress Standard Shipping	速卖通无忧物流-标准	CAINIAO_STANDARD	是	是	是
标准	Aliexpress Direct	无忧集运-沙特	CAINIAO_CONSOLIDATION_SA	是	是	是
标准	Aliexpress Direct	无忧集运-阿联酋	CAINIAO_CONSOLIDATION_AE	是	是	是
标准	Aliexpress Direct	无忧集运-巴西	CAINIAO_CONSOLIDATION_BR	是	是	是
标准	Anjun Tracked	安骏小包挂号	Anjun_Tracked	是	否	否
标准	Aramex	中东专线	ARAMEX	是	是	是
标准	Asendia	Asendia	ASENDIA	是	否	否
标准	Bpost International	比利时邮政	BPOST	是	否	否
标准	Cainiao Heavy Parcel Line	菜鸟大包专线	CAINIAO_STANDARD_HEAVY	是	是	是

续表

物流服务等级	线路展示名称（英）	线路展示名称（中）	填写发货通知 API serviceName	是否支持填写发货通知	是否支持设置运费模板	是否支持线上发货
标准	Cainiao Standard For Special Goods	菜鸟特货专线-标准	CAINIAO_STANDARD_SG	是	是	是
标准	China Post Air Parcel	中国邮政大包	CPAP	是	是	否
标准	China Post Registered Air Mail	中国邮政挂号小包	CPAM	是	是	是
标准	CHOICE	赛拾	CHOICE	是	否	否
标准	Chukou1	出口易	CHUKOU1	是	否	否
标准	CJ_LOGISTICS	希杰物流	CJ	是	是	否
标准	CKE Express	希凯易专线	CKE	是	否	否
标准	CNE Express	CNE	CNE	是	否	否
标准	Correios Brazil	巴西邮政	CORREIOS_BR	是	否	否
标准	DHL e-commerce	DHL e-commerce	DHLECOM	是	是	否
标准	EKC	易可成	EKC	是	否	否
标准	Enterprise des Poste Lao	老挝邮政	LAOPOST	是	否	否
标准	ePacket	e 邮宝	EMS_ZX_ZX_US	是	是	是
标准	eTotal	eTotal	eTotal	是	否	否
标准	Flyt Express	飞特物流	FLYT	是	否	否
标准	GES Express	翼速专线	GES	是	否	否
标准	HongKong Post Air Mail	中国香港邮政挂号小包	HKPAM	是	是	否
标准	JCEX Express	佳成专线	JCEX	是	否	否
标准	J-NET	J-NET 捷网	CTR_LAND_PICKUP	是	是	否
标准	Meest	Meest 专线	MEEST	是	否	否
标准	One World Express	万欧国际	ONEWORLD	是	否	否
标准	POS Malaysia	马来西亚邮政挂号小包	POST_MY	是	是	否
标准	Posti Finland	芬兰邮政挂号小包	ITELLA	是	是	是
标准	POSTKR	韩国邮政	POSTKR	是	是	否
标准	PostNL	荷兰邮政挂号小包	POST_NL	是	是	否
标准	SF eParcel	顺丰国际挂号小包	SF_EPARCEL	是	是	否
标准	SFCService	三态速递	SFC	是	否	否

续表

物流服务等级	线路展示名称（英）	线路展示名称（中）	填写发货通知 API serviceName	是否支持填写发货通知	是否支持设置运费模板	是否支持线上发货
标准	Singapore Post	新加坡邮政挂号小包	SGP	是	是	是
标准	Special Line-YW	燕文航空挂号小包	YANWEN_AM	是	是	是
标准	SunYou	顺友	SUNYOU_RM	是	否	否
标准	Sweden Post	瑞典邮政挂号小包	SEP	是	是	否
标准	Swiss Post	瑞士邮政挂号小包	CHP	是	是	否
标准	Turkey Post	土耳其邮政挂号小包	PTT	是	是	否
标准	UBI	UBI	UBI	是	是	否
标准	UPOST	UPOST	U_Post	是	否	否
标准	139 ECONOMIC Package	139 俄罗斯专线	ECONOMIC139	是	是	否
标准	4PX RM	递四方专线小包	FOURPX_RM	是	否	否
快速	AliExpress Premium Shipping	速卖通无忧物流-优先	CAINIAO_PREMIUM	是	是	是
快速	DHL	DHL	DHL	是	是	否
快速	DPEX	DPEX	TOLL	是	是	是
快速	EMS	EMS	EMS	是	是	是
快速	e-EMS	e 特快	E_EMS	是	是	是
快速	Fedex IE	Fedex IE	FEDEX_IE	是	是	是
快速	Fedex IP	Fedex IP	FEDEX	是	是	是
快速	GATI	GATI	GATI	是	是	是
快速	SF Express	顺丰速运	SF	是	是	是
快速	Speedpost	新加坡邮政速递	SPEEDPOST	是	否	否
快速	UPS Expedited	UPS 全球快捷	UPSE	是	是	是
快速	UPS Express Saver	UPS 全球速快	UPS	是	是	是
其他	Seller's Shipping Method	卖家自定义	Other	仅特殊类目支持	是	否

二、速卖通无忧物流

速卖通无忧物流是阿里巴巴集团旗下的速卖通和菜鸟网络与优质物流商合作，为确保卖家可以放心地在速卖通上经营，帮助卖家降低物流不可控影响而推出的官方物流服务，为速卖通卖家提供稳定的国内揽收、国际配送、物流跟踪查询与纠纷处理和售后赔付的一站式物流解决方案。

（一）速卖通无忧物流-简易

速卖通无忧物流-简易（AliExpress Saver Shipping）物流是专门针对速卖通卖家发往俄罗斯、乌克兰、西班牙、白俄罗斯和智利的小包的简易挂号类物流。对包裹重量的具体要求为发往俄罗斯和乌克兰、白俄罗斯、智利的包裹重量小于 2kg，发往西班牙的包裹重量小于 500g，订单成交金额不超过 5 美元（发往西班牙的不超过 10 美元）。

1．重量体积限制

表 3-12　速卖通无忧物流-简易重量体积限制

包裹形状	重量限制	最大体积限制	最小体积限制
方形包裹	俄罗斯、乌克兰、白俄罗斯、智利小于 2kg（不包含） 西班牙小于 500g（不包含）	长+宽+高≤90cm， 单边长度≤30cm	表面尺码≥8cm×10cm
圆柱形包裹	俄罗斯、乌克兰、白俄罗斯、智利小于 2kg（不包含） 西班牙小于 500g（不包含）	2 倍直径及长度之和≤104cm， 单边长度≤90cm	2 倍直径及长度之和≥17cm， 单边长度≥10cm

2．运送范围和参考时效

速卖通无忧物流-简易的承诺运达时间为 60 天，由平台承诺，卖家不能进行修改。包裹可运送至俄罗斯、西班牙、乌克兰、白俄罗斯和智利 5 个国家全境邮局可到达的区域。

正常情况下，俄罗斯和乌克兰大部分地区需要 15～20 天送达，个别偏远地区需要 20～35 天；西班牙、白俄罗斯大部分地区 20～25 天可以送达，智利大部分地区需要 30～40 天送达。

3．物流信息跟踪查询与纠纷处理

速卖通无忧物流-简易可提供出口报关、国际干线运输、到达目的地、到达目的地邮局、买家签收等关键环节的物流信息跟踪查询。

1）物流信息跟踪查询

（1）可在速卖通订单页面查询跟踪物流信息，速卖通会在订单详情页面直接展示物流信息。

（2）通过菜鸟官方物流追踪网站跟踪查询物流信息，即在 https://global.cainiao.com 网站上进行查询。

2）纠纷处理

如果产生物流纠纷，则由平台直接介入，核实物流问题并判责，卖家无须响应此纠纷。因物流导致的纠纷，DSR 低分不计入卖家账号考核；因物流导致的纠纷退款，平台承担赔付且赔付上限为 35 元人民币。

4．运费计算方法

运费根据包裹重量按克数计费，1g 起重，单件包裹限重在 2 000g 以内的运费标准如表 3-13 和表 3-14 所示；运往西班牙的单件包裹限重在 500g 以内的运费标准如表 3-15 所示。

表 3-13 速卖通无忧物流-简易运费标准

国家/地区列表			配送服务费 美元（USD）/kg，每 1g 计重	挂号服务费 美元（USD）/包裹
Russian Federation	RU	俄罗斯（普货）	16.70	0.80
		俄罗斯（带电）	18.87	0.88
Ukraine	UA	乌克兰（普货）	15.11	0.79
Belarus	BY	白俄罗斯（普货）	17.97	0.65

表 3-14 速卖通无忧物流-简易智利运费标准

国家/地区列表			重量段（g）	配送服务费 美元（USD）/kg， 每 1g 计重	挂号服务费 美元（USD）/包裹	分界（g）
Chile	CL	智利	0～80	23.60	1.42	
			81～100	23.60	1.68	81.00
			101～150	23.60	1.94	101.00
			151～200	23.60	2.21	151.00
			201～500	23.60	2.57	201.00
			501～1 000	23.60	3.65	501.00
			1 001～1 500	23.60	4.51	1 001.00
			1 501～2 000	23.60	5.13	1 501.00

表 3-15 速卖通无忧物流-简易西班牙运费标准

国家/地区列表			500g 以内（包含 500g）	
			配送服务费 美元（USD）/kg， 每 1g 计重	挂号服务费 美元（USD）/包裹
Spain	ES	西班牙	14.57	1.24

例：速卖通有一笔订单金额为 4.5 美元，商品重量为 30g，拟使用无忧物流-简易方式运往乌克兰，若该商品包邮，则跨境物流运费成本为多少？

解：商品重量为 30g，即 0.03kg。

由表 3-13 可知，送到乌克兰的配送服务费为 15.11 美元/kg，每 1g 计重，挂号服务费为 0.79 美元。因此运费为：

$$15.11 \times 0.03 + 0.79 = 1.2433\text{（美元）}$$

因此该商品的跨境物流运费成本为 1.2433 美元。

（二）速卖通无忧物流-标准

速卖通无忧物流-标准（AliExpress Standard Shipping）可以通过智能分单系统，根据交易目的地、商品类目、重量等因素匹配出最佳物流方案，降低卖家的物流成本。该物流方式操作简单，一键选择“无忧物流”即可完成运费模板设置，并在一些重点城市提供免费上门揽收的服务。

1．重量体积限制

包裹最小体积限制要求如下：方形包裹要求表面尺寸不小于 9cm×14cm；圆柱形包裹要求 2 倍直径及长度之和不小于 17cm，单边长度不短于 10cm。

俄罗斯自提服务限制包裹重量不超过 15kg，包裹的尺寸长不超过 60cm，宽不超过 36cm，高不超过 36cm。

速卖通无忧物流-标准对包裹的重量和体积限制由于国家不同，具体要求也有所不同，卖家可以查询官网获取所需信息。

2．运送范围和参考时效

速卖通无忧物流-标准运送范围包括全球 254 个国家及地区，其中俄罗斯自提服务覆盖俄罗斯本土 66 个州，183 个城市的近 800 个自提柜，法国自提服务支持法国本土全境，目前不包括科西嘉岛等外岛。如果遇到部分国家政局不稳定的情况，速卖通会视情况暂停这些国家的物流服务。

速卖通无忧物流-标准承诺商品运达巴西时间为 90 天以内，其他国家运达时间为 60 天以内。正常情况下实际运输商品到达目的地需要 16～35 天的时间。

3．物流信息跟踪查询与赔付

买家可通过速卖通后台直接查看订单详情页面展示的物流信息，也可以通过菜鸟官方网站 https://global.cainiao.com 查询物流信息。如果是物流原因导致的纠纷，平台承担退款，赔付上限为 800 元人民币。

4．运费计算方法

无忧物流-标准计费时小包和大包的计算方式不一样。

（1）小包计费：小包重量 1g 起重，每 1g 计重；包裹申报重量不超过 2kg，且包裹实际重量不超过 2kg，小包的尺寸要求为包裹单边长度不超过 60cm，且包裹长、宽、高之和不超过 90cm。

（2）大包计费：大包重量 500g 起重，每 500g 计重，不足 500g 按 500g 计费。部分国家不支持寄送大包商品。大包包裹申报重量须大于 2kg，或包裹实际重量大于 2kg，包裹单边长度大于 60cm，且包裹长、宽、高之和大于 90cm。

在实际操作中，仓库根据包裹入库时的重量尺寸计算运费。如果包裹超出原物流渠道的寄送限制，仓库会按包裹实际重量和尺寸重新分配物流渠道和计算运费，这时实际支付运费有可能高于试算运费。

例如，卖家小王的订单包裹重量小于 2kg，但如果包裹单边长度为 70cm 大于 60cm，或包裹长、宽、高之和大于 90cm，则该单无法通过无忧物流小包寄送，会通过中大包进行寄送，运费高于小包运费。因此，如果卖家需要通过小包发货，在寄送前需要确保包裹符合小包寄送要求。

（三）速卖通无忧物流-优先

速卖通无忧物流-优先（AliExpress Premium Shipping）物流方式运送速度快，收费较高，适用于运送价值高的商品。

1. 重量体积限制

无忧物流-优先要求运至俄罗斯的包裹重量不超过 30kg，任意单边长不超过 120cm，三边长之和不超过 180cm。运至其他国家的包裹重量不超过 70kg，任意单边长不超过 120cm。

2. 运送范围和参考时效

无忧物流-优先运送范围包括全球 176 个国家及地区。运送到西班牙、法国、德国、美国、英国、以色列、意大利、加拿大、澳大利亚、比利时、爱沙尼亚、印度、印度尼西亚、日本、柬埔寨、马来西亚、墨西哥、缅甸、新西兰、菲律宾、波兰、新加坡、韩国、瑞典、泰国、越南、文莱的预计时长为 4～10 天，承诺送达时间为 20 天以内。除此之外的国家预计时长为 8～15 天，承诺时效为 30 天以内。承诺时效为平台规定，卖家无法修改。

3. 物流信息跟踪查询与赔付

卖家可通过速卖通直接查看订单详情页面展示的物流信息，也可以通过菜鸟官方物流网站：https://global.cainiao.com 查询物流详情。平台承担因物流导致的纠纷退款，赔付上限为 1 200 元人民币。

4. 运费计算方法

俄罗斯：首重 100g，续重 100g，最大支持到 30kg，以实际重量计费（不收取燃油费），收费标准如表 3-16 所示。

表 3-16　速卖通无忧物流-优先收费标准

国家列表			配送服务费（根据包裹重量按 100 克计费）元（RMB）/kg	挂号服务费 元（RMB）/包裹
Russian Federation	RU	俄罗斯	82.00	29.00

俄罗斯以外的其他国家及地区：30kg 及以下，首重 500g，续重 500g；30～70kg 按公斤计费。俄罗斯以外的其他国家和地区，以体积重量和实际重量的较大者为计费重量，体积重量计算方式为：长（cm）×宽（cm）×高（cm）/5 000，单位为 kg。

具体的运费报价可在速卖通查询，运费报价不包括燃油附加费。燃油价格的变动会导致国际商业快递的成本产生波动，燃油附加费会随燃油价格变动而变动，速卖通于每月底公布下月燃油附加费费率。

三、速卖通物流规则

在速卖通基础规则的第七节中对物流做了规定，包括发商品流方式、物流保护政策和海外仓声明 3 个部分的内容。

（一）发商品流方式规则

根据速卖通的物流规则，卖家可以自主选择发货采用的物流服务，包括但不限于菜鸟平台的线上物流商、无忧物流或其他线下物流方式。但是当卖家向部分国家发货时，如果平台有特殊规定的，卖家应遵守平台的相关规定。

不管卖家是选择线上还是线下物流服务，都应向买家准确、全面地提供物流服务的相关信息，包括但不限于卖家向买家收取的物流服务费和卖家指定的线下物流服务提供商向买家额外收取的物流费用（如物流服务费、关税、VAT 等）。如果由于卖家未按规定向买家提供相关物流服务的信息引起纠纷，那么买家有权撤销交易，且卖家应承担未如实告知部分的全部费用。

如果买家自行选择物流方式，则卖家必须按买家所选择的物流方式发货。卖家不得无故更改物流方式，除非经买家同意。卖家在填写发货通知时，所填写的运单号必须完整、真实、准确，并可查询。

特殊市场的订单，卖家应按照表格中所列的物流政策选择发货物流方式。

（二）物流保护政策

采用线上发商品流方式的订单通常享有以下物流保护政策。

（1）若产生“DSR 物流服务 1，2，3 分”的低分评价和物流引起的“纠纷提起”“仲裁提起”“卖家责任裁决率”，平台会对该笔订单的这 4 项指标进行免责（不记入平台相关考评）。

（2）因物流问题产生的纠纷（如妥投地址错误，但卖家填写地址无误的情况），卖家可发起线上投诉。

案例解析

一、无忧物流投诉举证和赔付标准

跨境电商 B2C 卖家经常遇到各种各样的纠纷问题，有关物流的投诉是常见的买家投诉问题之一。在使用速卖通物流之前，卖家需要清楚了解速卖通物流投诉举证和赔付标准的相关知识，以便更好地处理物流投诉的相关问题。

1. 查找速卖通关于物流投诉规定

（1）打开速卖通卖家官网（https://sell.aliexpress.com/vk）找到阿里无忧物流官网页面，

如图 3-19 所示。

图 3-19 阿里无忧物流官网页面

（2）单击无忧物流-简易下方的“查看详细”按钮，即可进入该物流方式的说明页面，单击页面中的“时效”按钮，选择“关于赔付的详细说明”选项，则出现如图 3-20 所示页面。

图 3-20 无忧物流投诉举证和赔付标准页面

（3）下拉此页面会出现关于物流投诉与赔付的相关说明，如图 3-21 中所示，查看“投诉特别提醒”中的投诉类型，并根据图中的投诉流程进行投诉。

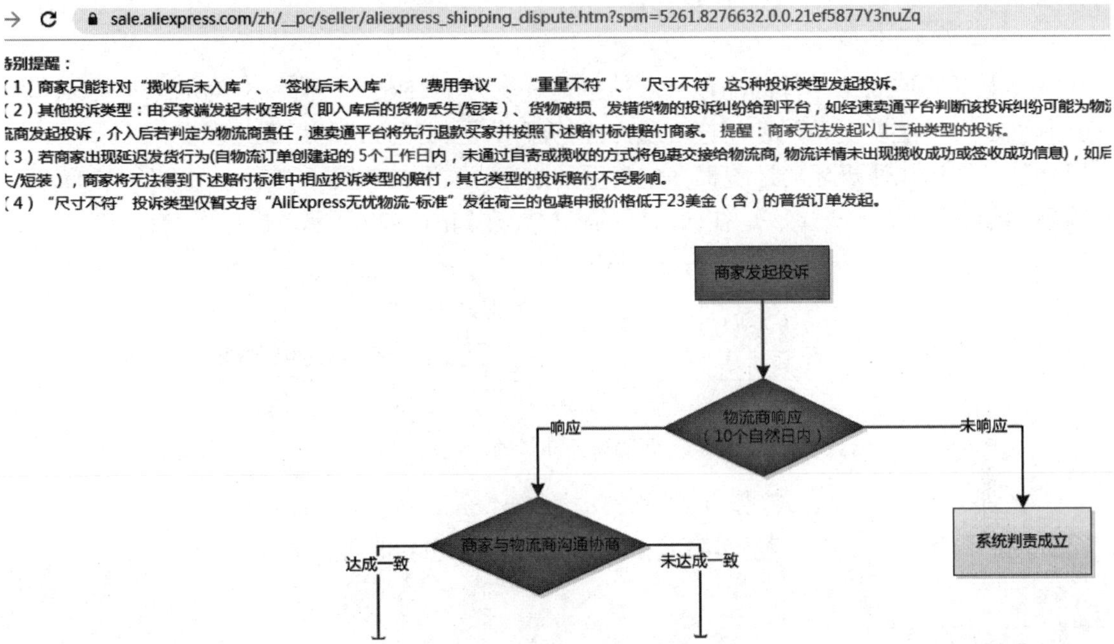
sale.aliexpress.com/zh/__pc/seller/aliexpress_shipping_dispute.htm?spm=5261.8276632.0.0.21ef5877Y3nuZq
别提醒：
1）商家只能针对“揽收后未入库”、“签收后未入库”、“费用争议”、“重量不符”、“尺寸不符”这5种投诉类型发起投诉。
2）其他投诉类型：由买家端发起未收到货（即入库后的货物丢失/短装）、货物破损、发错货物的投诉纠纷给到平台，如经速卖通平台判断该投诉纠纷可能为物
商发起投诉，介入后若判定为物流商责任，速卖通平台将先行退款买家并按照下述赔付标准赔付商家。提醒：商家无法发起以上三种类型的投诉。
3）若商家出现延迟发货行为(自物流订单创建起的 5个工作日内，未通过自寄或揽收的方式将包裹交接给物流商，物流详情未出现揽收成功或签收成功信息)，如
/短装），商家将无法得到下述赔付标准中相应投诉类型的赔付，其它类型的投诉赔付不受影响。
4）“尺寸不符”投诉类型仅暂支持“AliExpress无忧物流-标准”发往荷兰的包裹申报价格低于23美金（含）的普货订单发起。
商家发起投诉
物流商响应
（10个自然日内）
响应
未响应
系统判责成立
商家与物流商沟通协商
达成一致
未达成一致

图 3-21　无忧物流投诉流程

速卖通客服与菜鸟客服会处理在速卖通上产生的无忧物流投诉，投诉处理流程如下。

（1）卖家根据不同投诉类型的具体要求，在规定的时间内通过系统发起投诉。

（2）投诉发起后，卖家家通过系统举证，物流服务商在 10 个自然日内将处理结果反馈给平台。

（3）若物流服务商判责不成立，系统将自动帮卖家发起申诉，并承诺在一个工作日内介入。系统介入后判为物流服务商责任的，则物流商应按照相关赔付标准向卖家进行赔付。

二、无忧物流投诉注意事项

（1）卖家只能针对揽收后未入库、签收后未入库、费用争议、重量不符、尺寸不符这 5 种投诉类型发起投诉。

（2）其他投诉类型：由买家端发起的未收到货（入库后的商品丢失或短装）、商品破损、发错商品等投诉纠纷由平台处理，如经速卖通判断该投诉纠纷可能为物流服务商责任非卖家问题，则速卖通将代替卖家向物流服务商发起投诉，介入后若判定为物流服务商责任，速卖通将先行退款给买家，并按照相关赔付标准赔付卖家。需要注意的是，卖家无法发起以上 3 种投诉。

（3）若因卖家延迟发货（自物流订单创建起的 5 个工作日内，未通过自寄或揽收的方式将包裹交接给物流服务商，物流详情未出现揽收成功或签收成功信息），导致后期发生时限内未收到货纠纷，则卖家将无法得到相应投诉类型的赔付。

（4）“尺寸不符”型投诉仅暂支持由“速卖通无忧物流-标准”发往荷兰且申报价格低于 23 美元（含 23 美元）的普货订单发起。

三、运费计算方法

例：某品牌连衣裙单件商品包装后的包裹重量为 0.25kg，价值 9.5 美元，现在要计算其运往西班牙的运费。请问使用速卖通无忧物流-简易物流方式的运费是多少？

解：已知运往西班牙的运费根据包裹重量按克计费，1g 起重，单件包裹限重 500g，订单金额不超过 10 美元。包裹运往西班牙的资费标准如图 3-22 所示。

国家/地区列表			500g以内（包含500g）	
			配送服务费 美元（USD）/kg，每1g计重	挂号服务费 美元（USD）/包裹
Spain	ES	西班牙	14.57	1.24

图 3-22　包裹运往西班牙的资费标准

运费=1.24+0.25×14.57=4.88（美元）

此商品使用速卖通无忧物流-简易物流方式的运费是 4.88 美元。

习题演练

一、选择题

1. 线上发货 4PX 新邮经济小包（4PX Singapore Post OM Pro）是由递四方与新加坡邮政合作，针对（　　）以下的小件物品推出的空邮商品。

A. 0.5kg　　B. 1kg　　C. 2kg　　D. 3kg

2. 菜鸟超级经济是菜鸟网络与目的国邮政联合推出的优质物流服务，针对 2kg 以下小件物品推出的（　　）类邮政商品。

A. 商业　　B. 标准　　C. 快速　　D. 经济

3. 速卖通无忧物流-简易因物流导致的纠纷退款，由平台承担赔付，赔付上限为（　　）元人民币。

A. 10　　B. 35　　C. 50　　D. 800

二、判断题

1. 中邮挂号小包的配送范围为全亚洲地区。（　　）

2. 顺丰国际经济小包是顺丰国际针对订单金额 5 美元以下、重量 2kg 以下的小件物品推出的专机空运商品，派送范围覆盖爱沙尼亚、拉脱维亚、立陶宛、挪威、芬兰、瑞典、波兰 7 国全境。（　　）

3. 菜鸟特货专线-简易是菜鸟网络与目的国邮政联合推出的，针对 2kg 以下的小件特殊货品（液体，粉末，膏状等）的简易挂号类物流服务，目前只运送到俄罗斯，限 10 美元

以下的订单使用。(　　)

4. 速卖通无忧物流-优先可将包裹运送至全球176个国家及地区。(　　)

5. 速卖通无忧物流-简易的物流信息全程不可跟踪。(　　)

三、简答题

1. 什么是速卖通无忧物流?
2. 速卖通无忧物流提供哪些物流方案?
3. 速卖通无忧物流实际走的是什么物流渠道?
4. 用速卖通无忧物流发货与自己选择货代发货有何区别?

实践操作

实践任务一

打开速卖通无忧物流官网，整理速卖通的物流方案并以思维导图的形式呈现。

实践任务二

尝试使用速卖通线上发货对订单进行发货处理。

实践任务三

某位俄罗斯买家在速卖通购买了一条连衣裙，包裹总重量为205g，选择了速卖通无忧物流-标准物流方案，请查找运费计算标准，并计算该包裹的运费。

实践任务四

跨境物流运费计算：杭州万向电子商务有限公司在速卖通向巴西商人销售了1件饰品，饰品包裹总重量为115g，请计算使用e邮宝的运送费用。e邮宝的资费标准参见表3-17。计算结果四舍五入。

表3-17　e邮宝的资费标准

序号	路向	资费标准		运输附加费	起重	限重	备注
		元/件	元/kg	元/kg	g	g	
1	爱尔兰	25	65	20	1	2 000	
2	奥地利	25	60	20	1	2 000	
3	澳大利亚	19	60	25	1	2 000	本价格自2020年6月3日零点起生效
4	巴西	25	80	40	50	2 000	

子情景四 跨境物流专线和海外仓

学习目标

知识目标

- 了解主要的跨境物流专线的基本知识。
- 熟悉 FBA 物流方案。
- 了解主要跨境物流专线的费用、重量规格限制、适用范围和运费计算方法。

能力目标

- 能根据跨境物流专线的运价表进行运费计算。
- 能根据买家要求选择合适的物流方式。

素质目标

- 培养学生的逻辑分析能力。
- 培养学生解决复杂问题的综合能力。

项目背景

海外仓是解决跨境电商物流痛点的一种方式，能够有效地解决跨境电商物流运输时间过长的问题。当前国家鼓励商业模式创新，扩大跨境电商试点范围，支持一些企业建设海外仓，便于促进外贸综合服务企业发展。在国家的大力支持下，跨境电商服务业发展迅速，许多跨境电商企业已经建立了海外仓，布局全球跨境物流产业链，第三方海外仓也顺势崛起。

任务实施

步骤一：了解什么是海外仓。

步骤二：掌握海外仓运费计算方法。

步骤三：根据商品实际需求选择合适的海外仓。

知识铺垫

一、跨境物流专线

跨境物流专线一般是以航空专线或海运专线的方式把商品运输到国外，再通过当地的合作公司进行目的地当地的配送，是近几年比较流行的一种物流方式。目前较常用的专线有美国专线、欧洲专线、澳大利亚专线、俄罗斯专线等，也有不少物流公司推出了中东专线、南美专线。这些专线的共同特点是运费比普通邮政包裹便宜，清关能力比普通邮政包裹强，运达速度快。因此，在发货时若有到目的地的跨境物流专线，可以首选跨境物流专线。跨境物流专线是指针对某个指定目的地的一种专线递送方式。它的特点是商品送达时间基本固定，如送到欧洲的英国、法国和德国需要5～6个工作日，运输费用比传统国际商业快递低，同时还可以保证清关便利。

跨境物流专线集中大批量商品发往目的地，通过规模效应降低成本，因此价格比国际商业快递低，速度快于邮政小包，丢包率也比较低。但是相比邮政小包，运费成本还是高了不少，而且在国内的揽收范围相对有限，覆盖范围有待扩大。

（一）Aramex中东专线物流

Aramex成立于1982年，是中东地区知名的快递公司是之一，旨在为用户提供全球范围的综合物流和运输解决方案。Aramex在全球拥有354个分公司，17 000多名员工。2012年Aramex与中外运空运发展股份有限公司合资成立了中外运安迈世（上海）国际航空快递有限公司，为用户提供一站式的跨境电商服务，以及进出口中国的清关和配送服务。

Aramex服务目前支持中东、印度次大陆、东南亚、欧洲及非洲航线。目前平台上的发货目的地有36个：阿联酋、印度、巴林、塞浦路斯、埃及、伊朗、约旦、科威特、黎巴嫩、阿曼、卡塔尔、沙特阿拉伯、土耳其、孟加拉国、巴基斯坦、斯里兰卡、新加坡、马来西亚、印度尼西亚、泰国、肯尼亚、尼日利亚、加纳、以色列、利比亚、纳米比亚、赞比亚、南非、美国、澳大利亚、贝宁、埃塞俄比亚、毛里求斯、摩洛哥、莫桑比克和坦桑尼亚，且均为全境服务。在目的地无异常情况下一般3～6天完成配送。

1．重量和尺寸限制

重量限制：包裹单件重量不超过30kg，重量超出则不承运。

尺寸限制：包裹的单边尺寸不超过120cm，围长不超过330cm。

2．禁寄物品

（1）无法寄送涉及知识产权侵权的商品。

（2）无法寄送电池及带有电池的商品。

（3）无法寄送各寄达国家和地区禁止寄递或进口的物品。

（4）任何全部或部分含有液体、粉末、颗粒状的化工品，易燃、易爆违禁品，以及带有磁性的商品（上海仓库可安排磁性检验后出运）均不予接收。

3．物流信息跟踪查询

在Aramex官网可以查询物流信息，查询网址为https://www.aramex.com。

（二）菜鸟专线-标准

菜鸟专线-标准（Cainiao Expedited Standard）是菜鸟网络推出的优质物流服务，为速卖通卖家提供国内揽收、国际配送、物流详情追踪、物流纠纷处理和物流赔付的一站式物流解决方案。首个开通的国家是美国，运送时间为10～15天。菜鸟专线在深圳、广州、义乌等重点城市提供免费上门揽收服务，揽收区域外的卖家可自行把商品寄送至仓库。

1．重量和尺寸限制

（1）重量限制：单件包裹申报重量和实际重量均不超过2kg。

（2）尺寸限制：包裹单边长度不超过60cm，并且包裹长、宽、高之和不超过90cm。

（3）菜鸟专线-标准物流路线不支持不可达退运服务和电子回签单，不支持圆柱体包裹，也不支持异形件包裹。

2．运送范围和参考时效

（1）运送范围：菜鸟专线-标准物流的运送范围为美国大陆地区，不包括夏威夷、波多黎各和阿拉斯加等离岛。

（2）参考时效：菜鸟专线-标准物流承诺包裹自揽收起60天内送达目的国（不可抗力除外）。在实际业务中，正常情况下包裹送往美国的主要城市，10～15天即可到达，如遇到不可抗力影响、海关查验、目的地政策调整及节假日等情况，送达时间则不确定。

3．物流信息跟踪查询与物流赔付

（1）物流信息跟踪查询：菜鸟专线-标准物流的物流信息全程可跟踪查询，查询方法有两种，第一种方法是在速卖通订单详情页面直接显示的物流信息；另一种是通过菜鸟官方物流信息查询网站 http://global.cainiao.com/进行查询。

（2）物流赔付：因物流原因在承诺时间内未妥投时，卖家可以根据速卖通的相关规定申请由物流服务商承担赔偿。物流服务商将按照订单在速卖通的实际成交价格进行赔偿，赔偿金额最高不超过300元人民币。

4．运费计算方法

菜鸟专线-标准物流的运费计算方式为小包50g起重，每1g计重。收取配送服务和挂号服务费，运往美国的菜鸟专线-标准物流的收费标准如表3-18所示。

表3-18　菜鸟专线-标准物流的收费标准

国家/地区列表			起重（g）	配送服务费（50g起重）元（RMB）/kg	挂号服务费元（RMB）/包裹
美国	United States	US	50	116.00	23.00

例：小张有一件重量为40g的包裹，拟采用菜鸟专线-标准物流运往美国，请参考表3-14的收费标准计算运费。

解：包裹重量为40g，小于起重重量50g。因此包裹重量按50克计算。

$$50/1\,000\times116+23=28.8\text{（元）}$$

此包裹的运费为28.8元人民币。

二、海外仓

海外仓指卖家将商品存储到目标市场所在地的仓库，当买家有需求时，可以第一时间做出快速响应，及时进行商品的分拣、包装及递送。整个流程包括头程运输、仓储管理和本地配送 3 个部分。

（一）海外仓兴起的原因

1. 跨境电商的迅速发展对物流业的要求日益提高

退换货情况在境内的网购中较为普遍，境外买家的心态与境内买家是一样的，也希望购买的商品尽快送到手中，不满意还能轻松退换货。但在跨境交易中，物流耗时长，单独商品运输费用较高。海外仓有效地解决了这个问题，便于卖家向境外买家提供与当地电商一样的本土化服务，做到及时给买家退换货。在竞争日益激烈的跨境电商市场，优化跨境物流，建立海外仓将成为电商时代物流业发展的必然趋势，海外仓在跨境电商中的优势有以下几点。

（1）海外仓的头程运输将零散的国际小包转化成大宗运输，大大降低了物流成本。

（2）海外仓能将传统的国际配送转化为当地配送，确保商品更快速、更安全、更准确地送达买家手中，提升买家跨境购物体验。

（3）海外仓的退货处理流程高效便捷，有利于解决退换货时效长的问题。海外仓能够适应当地买家的购物习惯，让买家在购物时更加放心。

（4）海外仓与传统仓储物流相结合可以规避外贸风险，避免因节假日等特殊原因造成的物流延迟，从而提高电商的境外竞争力，帮助电商提供本土化服务，适应当地买家的消费习惯。

2. 跨境电商企业根据自身需求转型建仓

跨境电商与境内电商最大的区别就是把商品卖到境外，物流运输不稳定是对供应链体系的一大挑战。无论是企业电商还是个体电商，使用海外仓都能有效降低成本，加快配送时效，规避外贸风险。在前期，卖家只要把商品大批量运到海外仓库，就有专门的工作人员代替卖家处理后续各项琐事，在线处理发货订单，一旦有人下单就能立即完成抓货、打包、贴单、发货等一系列物流程序，可以给卖家腾出时间和精力开发新商品，从而获取更大的利润。

从当地发货更容易取得境外买家的信任，大多数买家更相信快捷的本土化服务，在价格相差不大的情况下，他们更愿意选择设置海外仓的商品，因为这些商品配送速度更快、安全性更高。特别是在黑色星期五、圣诞节等购物旺季，订单暴增，跨境配送的效率受到影响，丢包的风险加大，各国海关的抽查政策更加严格，如在途经意大利、西班牙海关时，包裹很容易被扣关检查，这些都将延迟商品配送的时间。因此，越来越多的卖家意识到选择海外仓的好处。海外仓不仅可以将跨境电商交易中的物流风险“前置”，还有利于提高买家的满意度，增加成交量，待卖家的信誉和评价提升了，营业额也必然增长。

除了本地发货的可信度和时效性，海外仓及其配套系统，也能给买家带来更好的跨境购物体验，节省更多时间，降低出错率。

3．海外仓的数据化物流体系带动跨境电商产业链升级

目前海外仓已采取数据化、可视化的运营方式。从长远来看，数据化物流体系日趋完善将进一步带动跨境电商产业链升级。利用数据管理物流，分析流程中的时间点数据，有利于卖家在配送过程、成品发货流程等方面发现问题，在供应链管理、库存水平管控、动销管理等方面提高效率。

（二）海外仓费用

从整体上来看，海外仓模式可以让广大卖家实现对仓储、分拣、包装及配送等诸多环节的有效控制。卖家将自己的商品存储到境外的仓储中心快速发货，有效节约了物流成本，使买家的购物体验得到极大的提升。

海外仓储费用=头程费用+仓储及处理费+当地配送费用

（1）头程费用是指卖家将商品从我国或其他国家运往境外的仓储中心的产生的费用。

（2）仓储及处理费是指卖家将商品存储在海外仓和处理订单时产生的费用。

（3）当地配送费用是指在对卖家的商品进行当地配送时产生的快递费用。

（三）海外仓模式的优势与劣势

1．海外仓模式的优势

使用海外仓配送速度快，买家一下订单，卖家就可以令海外仓库将商品以本地快递的速度配送给买家处，给买家良好的购物体验；另外，使用海外仓还可以降低成本，大批量的商品以海运等方式运至海外仓库，可以极大地减少头程运费，降低成本。

1）大幅提升了买家的物流服务体验

海外仓模式提前将商品送至目标地区存储，卖家收到订单后直接从离买家最近的仓库中发货，大大缩短了物流等待时间，让买家享受到极速的物流服务。从另一个角度来看，海外仓模式其实是通过提前备货，将跨境物流转化成当地物流，因而能够大幅度减少商品配送的时间。

海外仓模式在运输商品的体积、重量等方面比邮政小包等国际快递的限制更少，能够为跨境买家提供更为多元的商品类目选择。在费用方面，海外仓模式需要买家承担的物流费用也比国际快递更少。因此，海外仓模式能够让买家以更低的费用获得更便捷和更多商品类目选择的物流服务，从而大幅提升买家的物流服务体验。

2）提高了跨境电商的服务水平

海外仓模式首先通过传统跨境物流的清关流程将大批商品集中运送到目的国。这种集中、批量式的跨境运输，既简化了出口方向的清关程序，又为目的国的海关监管提供了便利。将商品提前送至目的国，有利于提升跨境电商对订单的实时物流反应能力。同时，本地化物流能够在线上平台实时查看商品的物流信息，因此大大增强了卖家对运送风险的控制力。

从整体流程来看，海外仓模式让卖家从被动地等待物流公司配送转为自主地远程控制商品配送的全过程，从而增强了卖家对跨境物流服务的掌控力，有利于提升跨境电商整体服务水平。

2．海外仓模式的劣势

使用海外仓模式会增加订单后续的处理费，若销量不高，商品滞销，就会导致成本急剧上升，反而对经营不利。

1）难以准确估算预存商品数量

海外仓模式是通过提前备货来缩短配送时间，优化买家的物流体验，因此，根据目标市场所在地的销售状况和市场趋势精准估算预存的商品数量，是海外仓模式发挥价值的基础。然而，互联网时代商业环境的快速变化和高度不确定性，又使卖家常常难以对目标市场所在地做出精准判断。若由于海外仓提前备货过多导致商品积压，则不仅会影响卖家的资金周转，还会使仓储费用和商品销售时额外的退运费用成为负担；而如果卖家对目标市场所在地的估算过于保守以致备货不足，则又容易影响境外市场业务的拓展，也不足以发挥海外仓的应有价值。

2）不适合定制的个性化商品

海外仓模式是将一定量的商品预存到目标市场所在地，因此只适合标准化的商品，个性化、定制化的商品显然是无法提前备货的。

（四）海外仓运营模式

海外仓模式的出现，使得被境外贸易公司长期垄断渠道的国内传统出口贸易产业有望迎来新的发展机遇。

1．大企业：使用自营海外仓

对于企业巨头而言，他们有足够的资金用于租用海外仓储中心，而且随着业务规模的不断扩大，还能够进一步拓展市场份额。更为关键的是，企业在拥有海外仓储中心后，可以通过物流管理系统使其与国内的仓储中心实时同步，打通国内外业务之间的信息壁垒，进一步提升物流效率。

2．中小企业：合资、合作或外包

对于中小企业公司而言，由于缺乏相应的管理人才及充足的资金，仅凭自己的实力很难完成境外建仓。现阶段，国内的中小企业主要通过以下几种方式运营海外仓。

（1）与境外的企业进行合作，合资组建海外仓储中心。

（2）租用第三方物流企业建立的海外仓储中心。

（3）采用服务外包的形式，依靠其他企业完善海外仓储环节。

（4）使用亚马逊提供的代发货服务。

3．国内企业使用海外仓面临的阻碍

国内企业布局的海外仓储中心主要位于英国、德国、俄罗斯及澳大利亚等国家。但在

这些地区建立海外仓储中心对国内的中小企业而言，并非是一件容易的事情，面临的阻碍主要有以下 3 个方面。

（1）过高的人力成本。这些经济较为发达的地区人力成本要比国内高得多，以美国为例，企业需要为每个仓库管理人员最低支付 14～15 美元的薪资。

（2）过高的仓库租金成本。美国的海外仓储中心年租金在 100～120 美元每平方米，英国的海外仓储中心年租金为 80～100 英镑每平方米，德国和澳大利亚的则是 60～100 美元每平方米。

（3）提供信用证明。想要在境外租用仓储中心必须提供企业信用证明，如企业自身无法提供则需要向银行缴纳高额的保证金做担保。

中小企业很难在发达地区建立海外仓储中心，部分企业选择在成本较低的波兰及捷克等地建立仓储中心，但是运输成本及时间成本却明显增加。境外建仓模式是一种需要投入大量资金的重资产运营模式，因此中小企业运营的难度要比巨头企业大得多。对于跨境电商企业而言，海外仓模式可以让其与合作货币实现无缝对接，产品生产商与境外采购商直接进行面对面交易。海外仓储中心不仅承担仓储功能，还能够作为展示企业品牌，提供产品咨询及售后服务的线下网店，其在提升企业品牌形象及核心竞争力方面展现了强大的实力。

在当前的跨境电商行业中，重量仅为 400g 的普通商品通过国际商业快递公司发货需要支付 96 元，即便是使用 EMS 运费也要 88 元，如果遇到物流旺季，商品需要将近 3 周才能送达。而直接在海外仓储中心发货，到达目的地成本约为 56 元，一般 2 天内就能到达，还能为买家提供方便快捷的退换货服务。

海外仓模式不仅使物流时效更佳，而且由于使用海外仓模式的企业通常采用大规模、分批次运输，所以其物流成本要比使用零售直邮模式的成本低得多。根据相关的数据显示，海外仓模式下的物流成本将降低 209%～509%。此外，零售直邮模式中通常采用空运模式，对商品的类目、体积及重量等方面有更高的限制，而使用海外仓模式则无须考虑这个问题。

目前，美国、英国、德国、巴西及澳大利亚是我国乃至全世界的几大主流跨境电商市场。然而这些经济发达地区的买家对物流体验要求极高，导致国内卖家在竞争中非常被动，海外仓模式的使用则有望扭转这一不利局面。

（五）海外仓的主要类型

跨境电商的快速崛起，对物流配送服务水平提出了更高的要求，方便快捷的海外仓迎来了快速发展期，在强大的市场需求的驱动下，企业纷纷入局。

对于经营跨境电商业务的卖家而言，如何在诸多物流商中找到一个满足自己需求的合作伙伴，是摆在跨境电商卖家面前的一大难题。现阶段，经营海外仓的企业主要有以下 3 种。

1. 实力较强，自建海外仓的电子商务公司转型为海外仓企业

这类实力较强，自建海外仓的电子商务公司由于具备丰富的电商发展经验，对电商的

发展趋势有着一定的把控能力。但是这类企业在其日常的管理实践中，对自营商品与合作伙伴的商品的态度存在差异，有部分企业甚至会山寨他人的商品来抢占更多的市场份额。

2．经营国际物流专线的快递服务公司建立海外仓

事实上，这种海外仓企业是最早发现市场需求并运营海外仓的入局者。由于有长期的国际快递服务经验，而且起步时间较早，他们积累了大量的电商卖家资源。然而国际快递服务行业的各项制度尚不够完善，组织内部员工的业务素质还不够高，这些隐患会使商品在配送过程中面临较高的风险。

3．从互联网企业转型而来的海外仓企业

这种企业在物流信息管理系统方面具有绝对的领先优势，但在其他方面则明显处于被动位置，其中部分缺少物流运营经验的企业，甚至将境外的运营业务外包给其他企业。而随着顺丰、天猫及京东等互联网企业的入局，这种局面有望得到改观。对于跨境电商物流企业而言，不但要具备强大的物流运营及管理能力，更要结合电子商务特点开发配套的操作系统，以适应海外仓运营的需要。

三、俄速通海外仓

俄速通成立于 2013 年，业务范围涵盖跨境物流仓储服务、供应链贸易服务、供应链金融服务和电商分销服务四大版块，是中俄跨境电商的综合服务商。俄速通致力于帮助中国品牌出海，为中国企业提供高效率、低成本的跨境物流解决方案。

俄速通成立伊始参与了“哈尔滨对俄跨境电商大通道”的建设与运营，将哈尔滨对俄罗斯的包机航线打造成全国对俄罗斯跨境电商包裹物流的金牌航线。目前俄速通已成为行业内公认的对俄罗斯跨境流通第一品牌。同时俄速通也是速卖通、菜鸟、京东、环球易购等电商平台的主力对俄服务商。

2015 年，俄速通建立了中国跨境电商行业在俄罗斯的第一个合法、正规的大型海外仓。俄罗斯海外仓占地面积 3 万平方米，仓内中国品牌商品种类上千种，IT 系统完善，并对接了俄罗斯邮政、SPSR、DPD 等俄罗斯本土配送服务，运送范围实现了俄罗斯全境覆盖。俄罗斯海外仓也是当时唯一一个在俄罗斯与速卖通、菜鸟、京东、环球易购等平台签署服务合同的海外仓。2017 年，俄速通在洛杉矶建立了第二个海外仓，帮助中国跨境电商卖家拓展美国市场。

（一）包裹包装要求

1．重量体积限制

俄速通对包裹的重量和体积限制如图 3-23 所示。

2．外包装要求

建议卖家在使用俄速通时按照所寄物品的性质、大小、轻重选择适当的包装袋或纸箱。由于寄递路程较远，气候寒冷等原因，应选用结实恰当的包装材料，以防运输过程中商品发生损坏。包裹外包装上不能有文字、图片、广告等信息，否则可能导致退件。

包裹形状	重量限制	最大体积限制	最小体积限制
方形包裹	小于2公斤（不包含）	长+宽+高<90cm，单边长度<60cm	至少有一面的长度>14cm，宽度>9cm
圆柱形包裹		2倍直径及长度之和<104cm，单边长度<90cm	2倍直径及长度之和>17cm，单边长度>10cm

图 3-23　俄速通对包裹的重量和体积限制

3．卖家备货要求

卖家在线创建物流订单后，需打印平台生成的物流标签并粘贴在小包裹上。多个小包打包成一个大包，需在大包面单上标明仓库，如“中俄航空 Ruston 上海仓”，同时大包内需附上内件小包清单，标明小包数量和小包的国际运单号。

（二）寄送范围、破损赔偿与物流信息跟踪查询

1．寄送范围

俄罗斯全境都可送达。提货方式为买家自提货。邮局发放提货通知单给买家，买家可以凭通知单到邮局提货。

2．破损赔偿

最高破损赔偿标准按照实际货值赔付，最高不超 700 元且每票不退运费。

3．物流信息跟踪查询

在俄速通首页“轨迹查询”菜单下可进行商品物流信息的查询，输入运单号，单击“查询”按钮即可查看商品物流进度。同时也可以在 www.russianpost.ru 和 www.17track.net 这两个网址上查询商品物流进度。

四、FBA

FBA 是 Fulfillment By Amazon 的缩写，中文翻译为亚马逊物流，即亚马逊将自身平台开放给卖家，并为卖家提供包括仓储、拣货、包装、终端配送、收款、客服与退货等的一条龙式物流服务。亚马逊会根据卖家商品的重量、材质和存储时长等收取相应的仓储费。

亚马逊开通 FBA 业务的主要目的是提升用户体验，增强用户黏性，提高用户忠诚度。参加 FBA 的卖家可以将自己的商品库存交由亚马逊代理，卖家把自己的部分或全部商品通过头程运输发送到亚马逊仓库，订单产生以后，由亚马逊负责订单商品的物流配送和相关的买家服务工作。如果出现退货或物流相关问题，FBA 也能帮助卖家进行处理。

（一）FBA 的优势与劣势

对于卖家来说，使用 FBA 可以利用亚马逊提供的成熟的配送网络和专业知识，为买家

提供更好的物流服务。卖家只需要把商品运送到亚马逊的仓储中心，亚马逊会完成后续的物流配送及相应服务。使用 FBA 对卖家的好处是不言而喻的，FBA 的优势有以下几点。

（1）能够帮助卖家获得更多的流量。使用 FBA 发货的商品，能够获得更高的曝光率，有助于提升商品的 Listing 排名。亚马逊的买家很喜欢使用免费配送，Prime 会员在购买时会优先选择 FBA 发货的商品。据统计，FBA 发货的商品整体销量可以提高 40%以上。

（2）节省运费成本。采用 FBA 发货以后，卖家无须再对订单商品进行运输、包装和发货，能减少相应的人力成本，同时使用头程发货的费用也低于零散订单的物流费用。

（3）买家体验好，满意度高。使用 FBA 发货的商品有“亚马逊物流”的标识，买家通过标识可以知道该商品的包装、配送和客服都由亚马逊处理，增加了买家的信任度。亚马逊完善的物流服务能确保买家在 3 天内收到商品，买家收货快，满意度高，对店铺的回购率和对商品的评价就高。

（4）可以移除因 FBA 物流引起的差评。如果使用自发货，买家有时候会因对物流的不满而给差评。但采用 FBA 发货，如果是物流的原因导致买家给了差评，卖家可以向亚马逊申诉，请求移除差评，这样能够减少卖家的客服成本，提高店铺评价。

虽然使用 FBA 有诸多好处，但凡事有利有弊，使用 FBA 也会为卖家带来一些不利影响。

（1）长期仓储费用高。对于卖家而言，商品的物流成本是需要控制在合理范围内的。但是 FBA 的仓储费用并不便宜，如果商品畅销能节省运输成本，但是如果商品滞销，那就需要长期在亚马逊的仓库中存储，长期仓储费用较高，这样会增加卖家的物流成本，减少卖家的利润。

（2）随机分仓带来不便。所谓分仓就是在卖家发货之后，亚马逊把卖家发的同一批次的商品分到了不同的仓库。因为头程运输是发货量越大，单价越低，所以一旦商品被分仓就不能一起发运，而分开发运时单票货件的运费会增加，卖家需要承担的物流费用就会超出预期。

（3）退换货率高。有数据表明，FBA 的退换货率高达 30%，如此高的退换货率对卖家而言也是相当大的负担。由于 FBA 的客服工作由亚马逊客服处理，与专业卖家的客服相比，亚马逊客服对商品的认知是不够充分的，不是所有的亚马逊客服都能解决买家的售后问题，这样就容易使商品的退换货率居高不下。

（4）库存商品处理成本高。卖家在使用 FBA 时，一旦前期工作没有做好，带来的问题就会比较麻烦。最常见的就是卖家前期没有处理好给商品贴标签的问题，这时就需要请物流公司的员工帮助处理标签问题，产生高额费用。另外，使用 FBA 发货，一旦有人投诉商品侵权或有质量问题、安全问题而使商品遭到平台下架或删除，那么剩余的库存商品处理起来也比较麻烦，不管是撤仓还是销毁成本都很高。

（二）FBA 头程运输的物流方式

卖家在使用 FBA 物流时，需要创建 FBA 发货计划，先把商品发送到 FBA 仓库。国内的物流商把卖家商品运送至 FBA 仓库，并提供清关、代缴税等一系列服务，这就是头程运输。也就是头程运输物流商帮助使用 FBA 服务的卖家，通过空运、国际商业快递、海运等运输方式将商家的商品从中国转运到美国、德国、法国等地指定的 FBA 仓储，并提供相应的增值服务。

头程运输处理过程复杂且涉及环节众多，不同的物流方式下运输成本不同，发货时效不同，提供的服务也千差万别。卖家在选择头程运输物流商时，需要根据自己的实际需求，综合考虑成本和时效要求、物流商的服务水平和运输能力，选择合适的物流商。常见的头程运输物流方式有国际商业快递、海运和空运。

1．国际商业快递

国际商业快递主要包括 FEDEX，UPS，TNT，DHL 等快递服务公司。国际商业快递有很多优点，如运输时间短、服务较好，但同时收费也高。对卖家来说，选择头程运输物流方式时需要考虑成本问题，卖家可以根据自己的货值选择是否使用国际商业快递。

2．空运

空运是指一些物流公司和航空公司签订合作协议，用租赁航班的方式把商品运输到目的地机场，然后由物流商和当地合作公司把商品送到 FBA 仓库，一般有空运加配送、物流专线等。空运通常情况下到货时间在一周之内，比国际商业快递稍慢，费用也较便宜。使用空运时需要注意，FBA 不作为清关主体负责清关和缴税，卖家一定要做好申报和关税预付工作，并且提前联系好当地清关进口商。使用不同的国际物流公司发货运费也不同，卖家可向国际物流公司咨询具体费用，物流公司会根据 FBA 仓库的具体地址、商品的体积和重量来核算价格。使用国际物流公司进行 FBA 头程运输也可能产生关税，不同国家关于进出口商品的关税政策是不一样的，同一国家的政策在不同时期也会有所调整。

3．海运

海运发货有散货和整柜两种方式。如果卖家的商品较多，可以选择整柜的方式发货，这样能够有效降低运输成本。但如果卖家的商品较少，那么物流商便会把多个卖家的商品集合汇总到一个货柜运输。海运的费用低于国际商业快递和空运方式，但是发货速度较慢。如果卖家对时效没有太高要求，商品也不会因为海上运输方式而有所损坏的话，就可以选择海运方式。海运会涉及清关问题，以个人名义是很难通过的，一般都是以公司名义。海运涉及的费用包括运费、报关费用、舱租、柜租等。卖家可向物流公司咨询具体的操作费用。

卖家在实际工作中可以根据业务需要，选择搭配使用 3 种头程运输物流方式，做到既不断货又尽可能降低物流成本。

（三）FBA 业务流程

第 1 步：卖家把商品发送到亚马逊仓储中心。卖家把商品信息上传到卖家后台，亚马逊配送卖家的全部或其他库存，卖家打印亚马逊提供的商品标签，完成商品贴标等操作。

第 2 步：亚马逊存储商品。商品到达 FBA 仓库后，亚马逊接收卖家的商品并扫描入库，记录商品的尺寸进行存储。卖家通过亚马逊的系统可对库存进行监控管理。

第 3 步：买家购买商品。亚马逊的 Prime 会员在购买符合条件的亚马逊物流商品时，可以享受升级配送服务。亚马逊负责为商品订单进行配送，或者为卖家在非亚马逊上的商品订单进行配送。

第 4 步：亚马逊拣货包装。亚马逊根据卖家的订单信息从库存中智能分拣卖家所售的商品并进行包装，等待商品发货。

第 5 步：亚马逊配送商品。亚马逊把卖家的商品从仓储地配送至买家手中并提供物流信息，负责售后服务，处理买家的退换货要求。

（四）FBA 拒收商品

对于卖家来说，把商品交给货代之后，并不是就万事大吉了。卖家除了要注意清关查验、物流丢包等不可控因素，还要谨防商品被 FBA 拒收，因此卖家在打包发货时一定要谨慎，在发货之前要做好检查。以下是常见的 FBA 拒收商品的几种情形。

（1）标签不清晰。FBA 最常见的拒收情况是商品的箱唛出现问题，一旦箱子的唛头发生脱落丢失、模糊或受潮这些情况，就会被拒收。这些包裹即便没有被拒收，也无法被识别，只能被丢到“无主区”，商品一旦到了“无主区”，找回的概率就微乎其微了。

（2）纸箱有问题。当商品的包装纸箱发生破损或严重变形时，也会被拒收。另外，如果包装纸箱的重量和体积超出 FBA 的规定规格（重量超过 23kg，长、宽、高任一边超过 63cm），也有可能被拒收。

（3）托盘有问题。所有亚也逊 FBA 海运包裹必须要有托盘。如果没有托盘或托盘规格不对，就会被 FBA 拒收，符合要求的托盘规格为 1m×1.25m，高度不超过 1.8m，不能有破损，必须使用缠绕膜，重量不得超过 680kg，否则都有可能被拒收。

（4）胶带有问题。亚马逊官方规定运至 FBA 仓库的商品要使用透明胶带包装，卖家如果使用黄色胶带等有色胶带就会被拒收。同时，胶带不能覆盖箱唛，要保证标签清晰，卖家不能在货箱上大面积缠绕胶带。

案例解析

在运营不同跨境电商平台的过程中，难免出现各种纠纷，有的是商品质量问题引起的纠纷，有的是商品运输过程出现问题导致的纠纷。在亚马逊，如果使用 FBA 发货出现物流问题引起纠纷导致买家给差评，平台可以帮助卖家移除差评。同样地，在速卖通，如果是由平台物流问题引起的交易纠纷，平台也会进行赔付。因此卖家在运营亚马逊时，有必要学会设置使用 FBA 发货。同样地，如果是在速卖通运营店铺，那么卖家也要学会在速卖通查找适合的物流方式，并对常用平台提供的物流方式做到非常了解，以便更好地开展跨境电商业务。

一、卖家在 FBA 的发货过程

李想在亚马逊运营店铺一段时间后，听同事说使用 FBA 发货时由物流问题引起的差评可以申请删除。

于是李想也开始学习如可使用 FBA 发货，通过学习，他了解到 FBA 发货的过程如下。

1．注册 FBA

进入亚马逊官方服务页面，单击“Fulfillment By Amazon”按钮，在跳转的页面中填写公司名称并且勾选同意亚马逊相关条款及协议，选择 FBA 服务就可以成功注册。

2．将商品转变为 FBA SKU

在主页单击“Inventory”按钮，选择需要转变的 SKU，在“Action”菜单中选择“Change to Fulfill by Amazon”选项，也可以在选中多个 SKU 之后，单击“Actions”按钮选择“Change to Fulfill by Amazon”选项，这样就可以把商品转变为 FBA SKU 了。

3．确认 FBA 商品

在选好要发货的 FBA 商品之后，页面会自动跳转，单击“Convert Only”按钮，确认转换 FBA 发货就可以了。

4．创建发货单

1）设置数量

在“Units per Case”下输入发货商品的数量，如果卖家之前在上传商品的时候没有输入商品的包装类型，这里还要填写商品的包装类型，如图 3-24 所示。Packing Type 有两种类型：Individualproducts（混装）——不同的商品混合装箱、Casepackedproducts（原厂包装）——相同的商品、SKU 装一箱。

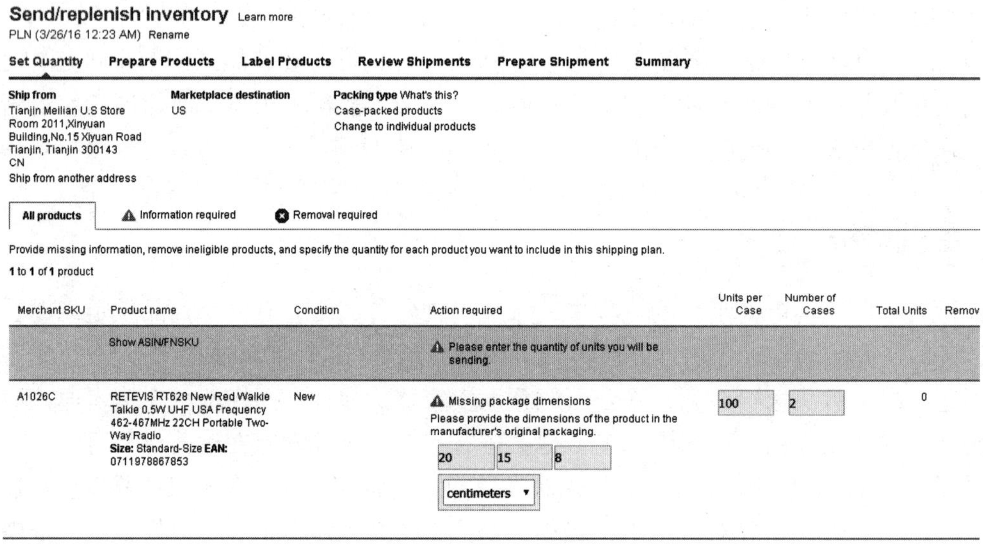

图 3-24　设置数量页面

2）准备商品

对商品的 SKU 和数量进行核对，确保实物商品的 SKU 和数量与创建时填写的完全一致，如图 3-25 所示。

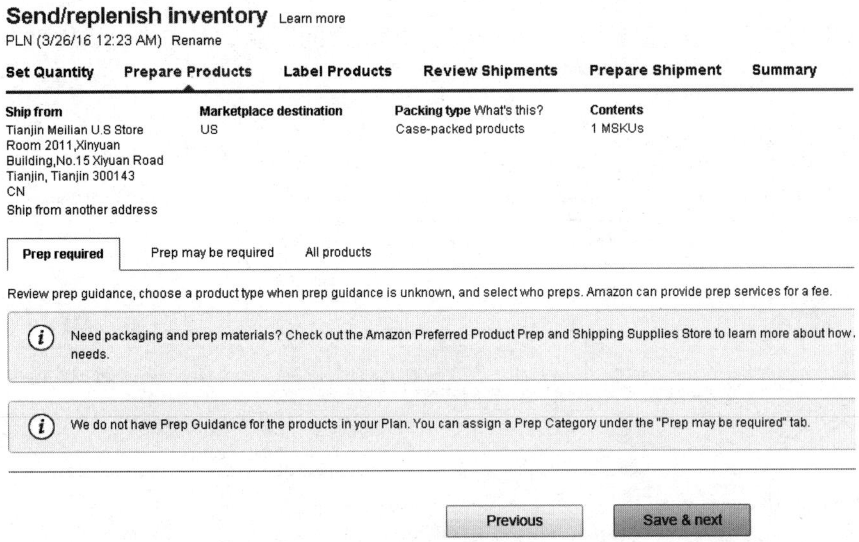

图 3-25　准备商品页面

3）给商品贴标签

发送至 FBA 仓的每一个商品都要贴标签，卖家可以在后台选择是由亚马逊贴标签还是由卖家自己贴标签，如果卖家选择自己贴标签，则需在“Who labels?”下面选择“Merchant”，如图 3-26 所示，并选择相应规格的标签纸打印标签。

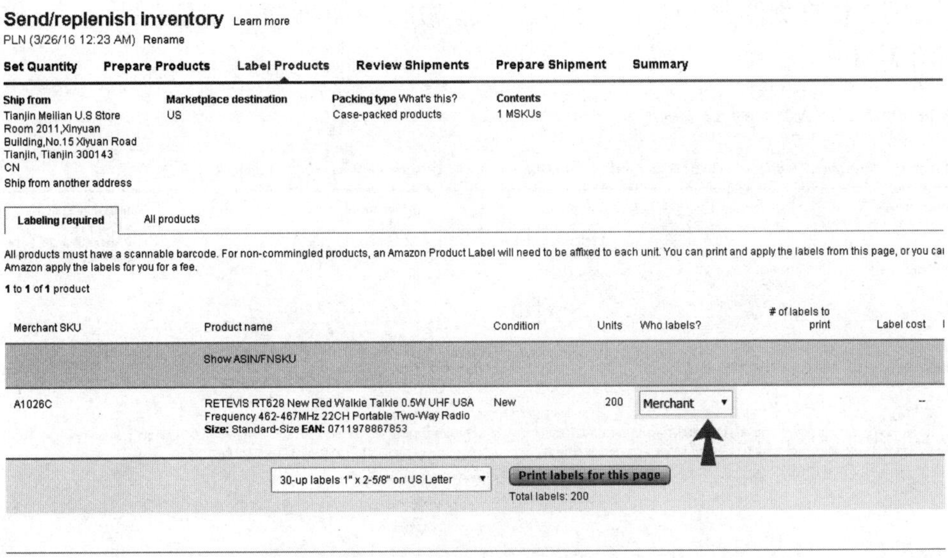

图 3-26　给商品贴标签页面

4）检查出货

检查货件的起运地、包装类型、商品和商品准备费等信息，在这里卖家可以看到亚马逊将商品分配到哪个仓库存储，并且可以看到卖家存放到该仓库有几个商品。每个“Shipment name”代表一个仓库，亚马逊系统自动分配仓库，如果卖家不想分仓，可以提前在后台设置合仓（合仓需要另外收取费用），确认没问题后，单击“确认货件”按钮即可，如图 3-27 所示。

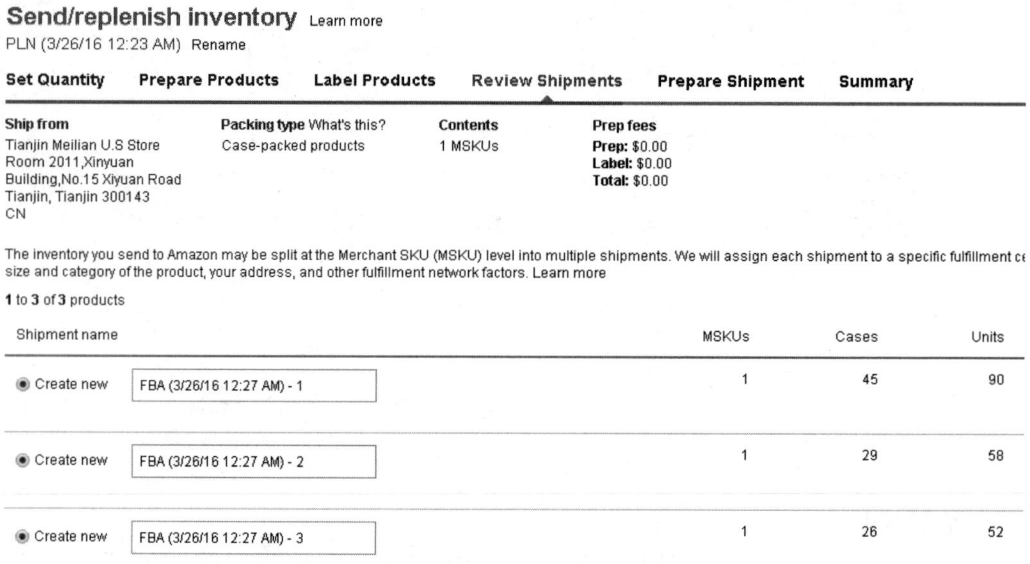

图 3-27　检查出货页面

5）准备装货

首先需要检查货件中的商品，然后选择运输服务，再设置箱子信息，最后打印货件标签，如图 3-28 所示。

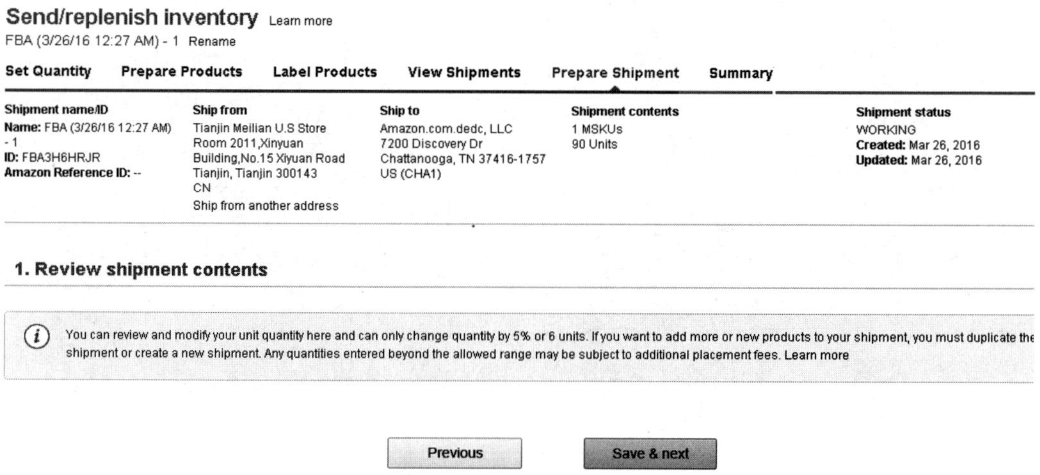

图 3-28　准备装货页面

“Shipping service”里需要卖家选择承运方式和承运人，一般承运方式默认填写小包裹快递，承运人默认填写“DHL EXPRESS(SUA)INC”，若发货重量在60kg左右可以选择“small parcel delivery(SPD)”。

6）收尾工作

填写物流跟踪号，拿到跟踪号后，在订单状态上标记“已发货”。

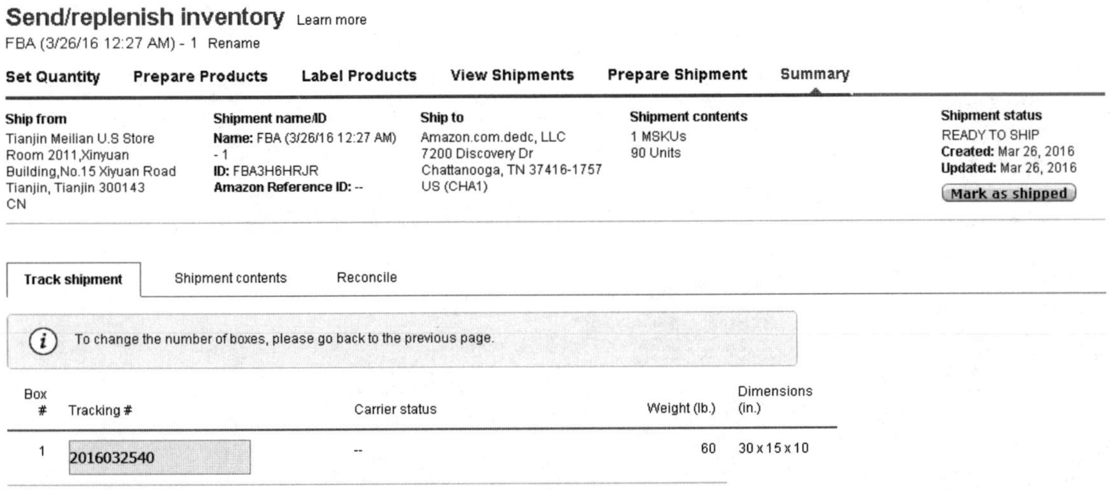

图3-29　标记发货页面

二、设置菜鸟大包专线运费模板

小张在实习的公司经营速卖通店铺时，有一款商品接到了一个来自俄罗斯的金额为450美元的订单，订单内的商品较多，商品重量为7.8kg。这个包裹的重量超过了一般邮政小包的重量，采用国际商业快递价格又比较高。到底用什么方式运送该批商品比较合适呢？小张带着疑惑请教了经理。经理告诉他，一般如果商品比较重，超出了小包的运送范围，就可以采用一些物流专线，这样总运费较低，还有利润空间。速卖通针对重量不超过31kg包裹推出了菜鸟大包专线，经理建议小张去了解菜鸟大包专线的相关知识，并建议他去设置一个菜鸟大包专线的运费模板。

（1）打开速卖通物流方案页面，找到菜鸟大包专线页面（见图3-30）。菜鸟大包专线是针对31kg以下大包的标准类物流专线服务，可寄送普通货物、带电物品、化妆品、特殊货物等类目，目前只支持运送到俄罗斯，且订单支付金额不能超过550美元。

（2）查看运送范围和运费计算方式。从图3-30中可以看出，菜鸟大包专线将商品运送至俄罗斯，正常情况下25～40天可以实现在俄罗斯大部分地区妥投。因物流问题导致的纠纷退款由平台承担，赔付上限为800元人民币。

（3）计算运费。菜鸟大包专线运送范围及价格详见图3-31。运费根据包裹重量按克计费，100g起重，续重100g，单件包裹限重在31kg以内。

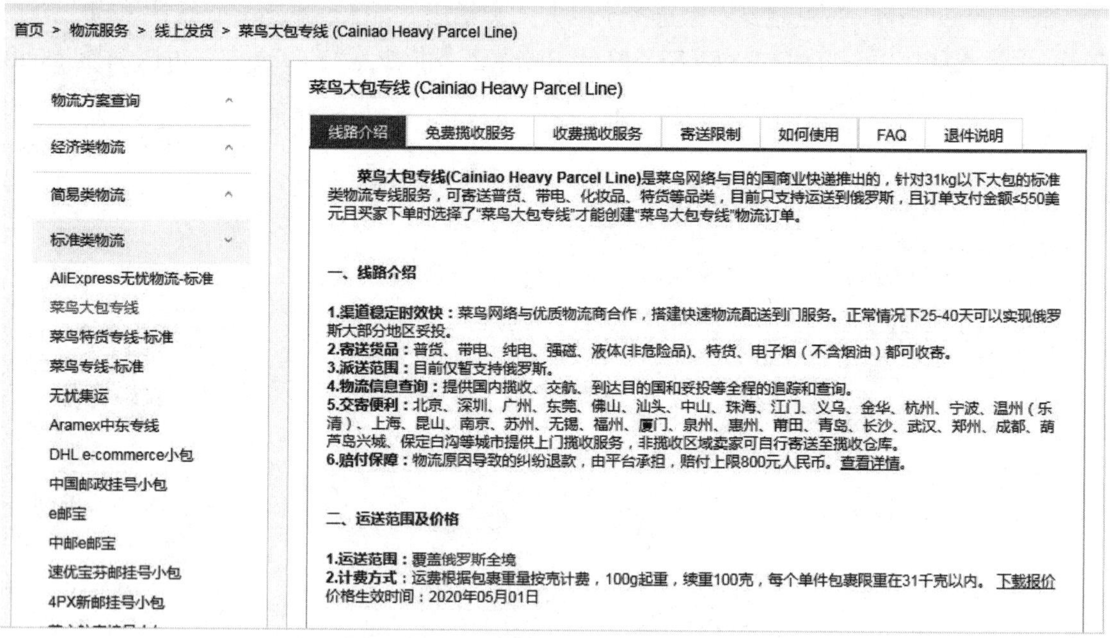
首页 > 物流服务 > 线上发货 > 菜鸟大包专线 (Cainiao Heavy Parcel Line)

物流方案查询
经济类物流
简易类物流
标准类物流
AliExpress无忧物流-标准
菜鸟大包专线
菜鸟特货专线-标准
菜鸟专线-标准
无忧集运
Aramex中东专线
DHL e-commerce小包
中国邮政挂号小包
e邮宝
中邮e邮宝
速优宝芬邮挂号小包
4PX新邮挂号小包

菜鸟大包专线 (Cainiao Heavy Parcel Line)

线路介绍 | 免费揽收服务 | 收费揽收服务 | 寄送限制 | 如何使用 | FAQ | 退件说明

菜鸟大包专线(Cainiao Heavy Parcel Line)是菜鸟网络与目的国商业快递推出的，针对31kg以下大包的标准类物流专线服务，可寄送普货、带电、化妆品、特货等品类，目前只支持运送到俄罗斯，且订单支付金额≤550美元且买家下单时选择了"菜鸟大包专线"才能创建"菜鸟大包专线"物流订单。

一、线路介绍

1.渠道稳定时效快：菜鸟网络与优质物流商合作，搭建快速物流配送到门服务。正常情况下25-40天可以实现俄罗斯大部分地区妥投。
2.寄送货品：普货、带电、纯电、强磁、液体(非危险品)、特货、电子烟（不含烟油）都可收寄。
3.派送范围：目前仅暂支持俄罗斯。
4.物流信息查询：提供国内揽收、交航、到达目的国和妥投等全程的追踪和查询。
5.交寄便利：北京、深圳、广州、东莞、佛山、汕头、中山、珠海、江门、义乌、金华、杭州、宁波、温州（乐清）、上海、昆山、南京、苏州、无锡、福州、厦门、泉州、惠州、莆田、青岛、长沙、武汉、郑州、成都、葫芦岛兴城、保定白沟等城市提供上门揽收服务，非揽收区域卖家可自行寄送至揽收仓库。
6.赔付保障：物流原因导致的纠纷退款，由平台承担，赔付上限800元人民币。查看详情。

二、运送范围及价格

1.运送范围：覆盖俄罗斯全境
2.计费方式：运费根据包裹重量按克计费，100g起重，续重100克，每个单件包裹限重在31千克以内。下载报价
价格生效时间：2020年05月01日

图 3-30　菜鸟大包专线页面

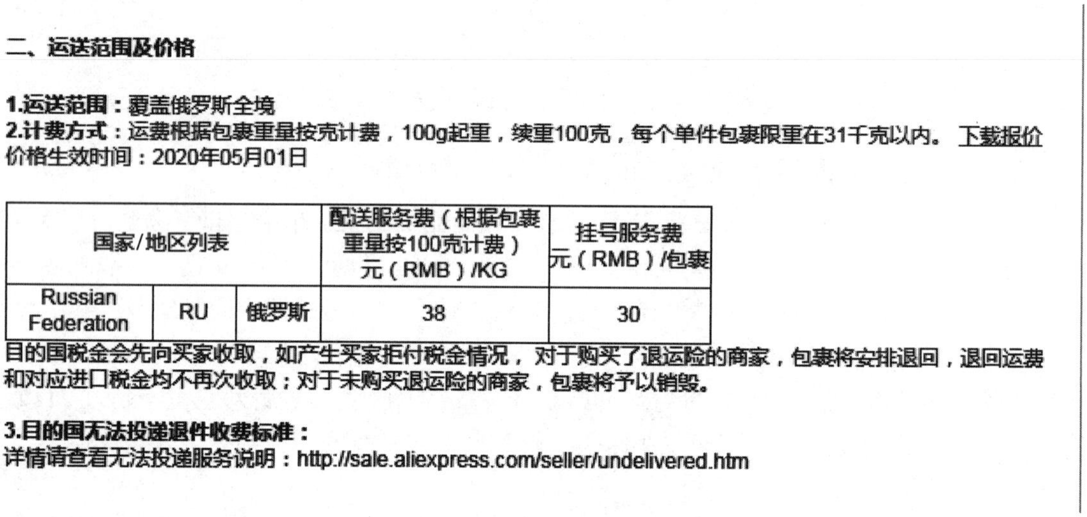
二、运送范围及价格

1.运送范围：覆盖俄罗斯全境
2.计费方式：运费根据包裹重量按克计费，100g起重，续重100克，每个单件包裹限重在31千克以内。下载报价
价格生效时间：2020年05月01日

国家/地区列表			配送服务费（根据包裹重量按100克计费）元（RMB）/KG	挂号服务费 元（RMB）/包裹
Russian Federation	RU	俄罗斯	38	30

目的国税金会先向买家收取，如产生买家拒付税金情况，对于购买了退运险的商家，包裹将安排退回，退回运费和对应进口税金均不再次收取；对于未购买退运险的商家，包裹将予以销毁。

3.目的国无法投递退件收费标准：
详情请查看无法投递服务说明：http://sale.aliexpress.com/seller/undelivered.htm

图 3-31　菜鸟大包专线运送范围及价格

习题演练

一、不定项选择题

1. Aramex 包裹重量限制为单件重量不超过（　　），超出不承运。

A. 20kg　　B. 25kg　　C. 30kg　　D. 31kg

2. 菜鸟专线-标准小包（50）g 起重，每（1）g 计重，包裹申报重量不超过（　　）kg。
A. 50，1，2　　B. 25，1，2　　C. 40，10，30　　D. 50，1，31
3. 使用 FBA 发货对卖家来说有很多益处，以下说法错误的是（　　）。
A. 能够提升商品获取购物车权限的概率
B. 大大缩短了运输时间，提升买家的服务体验
C. 提高商品曝光率，有利于 Prime 会员买家快速购买
D. 商品只要使用了 FBA，后期订单就会源源不断
4. 关于 FBA，以下说法正确的是（　　）。
A. FBA 商品也需要在后台设置运费模板
B. 卖家需联系招商经理才可以开通 FBA
C. FBA 是指由亚马逊提供高标准的，包括仓储、拣货、包装、配送、收款、客服和退货在内的所有物流服务
D. FBA 订单带来的所有差评都可以直接让亚马逊移除掉

二、判断题

1. 菜鸟专线-标准物流小包的运费根据包裹重量按克计费，100g 起重，每 1g 计重。（　　）
2. 菜鸟专线-标准可寄往美国全境，支持电子回签单。（　　）
3. Aramex 不可以寄送涉及知识产权侵权的商品。（　　）

实践操作

实践任务一

打开速卖通物流方案介绍页面，查找速优宝芬邮挂号小包（Posti Finland）的相关资料进行学习，并掌握运费计算方法。

情景四

商品发布

子情景一 速卖通商品发布

学习目标

知识目标

- 学习速卖通的商品发布要求。
- 了解速卖通对上传的商品图片的要求，以及标题填写的要求。
- 掌握商品详情页的编辑方法。

能力目标

- 掌握速卖通的商品发布要求。
- 能根据速卖通的图片要求，上传符合要求的商品图片。
- 能编辑商品的标题、属性、图片等详情页内容。

素质目标

- 提高学生的审美水平。

项目背景

杭州景慧贸易有限公司在速卖通已经注册好账户并开通支付功能。现在小张需要把公司的商品上传到店铺中，他要如何操作才能完成这一任务呢？

任务实施

步骤一：了解商品上传过程中需要填写的相关内容。

➢ 选择商品类目；

- 填写商品的基本信息；
- 填写商品标题；
- 上传商品图片；
- 设置 SKU 并设置商品价格；
- 制作商品详情页；
- 设置商品包装信息；
- 选择运费模板；
- 填写其他信息。

步骤二：准备商品发布时所需要的相关资料。

- 商品图片：准备好主图、细节图、模特图和情景图，注意图片格式为.jpg 格式；
- 商品标题：准备好商品标题（整理关键词）；
- 商品价格：准备好商品价格表，表格格式为.xls；
- 商品详情描述：撰写文案；
- 商品物流运费模板。

步骤三：商品发布。打开速卖通后台，填写完成相关信息后，单击“发布”按钮，商品发布即可完成。

知识铺垫

在速卖通上注册账户以后，就需要发布商品，开通店铺。商品发布是卖家在跨境电商平台上向买家展示商品的主要途径，能够让买家迅速了解商品。不同的跨境电商平台有不同的要求，但发布商品时大都应包括一些最基本的要素，如商品标题、商品图片、商品属性、商品简介和商品详情。

一、不同平台展示给买家的商品页面

1. 速卖通的商品页面

（1）图 4-1 是速卖通呈现给买家的商品页面的主图和标题部分。

（2）图 4-2 是速卖通呈现给买家的商品页面的商品描述及详情部分。

2. 亚马逊的商品页面

（1）图 4-3 是亚马逊呈现给买家的商品页面的标题及商品规格部分。

（2）图 4-4 是亚马逊展示给买家的商品描述部分。

3. eBay 平台的商品页面

（1）图 4-5 是 eBay 平台呈现给买家的商品页面的标题及运费部分。

（2）图 4-6 是 eBay 平台呈现给买家的商品页面的描述部分。

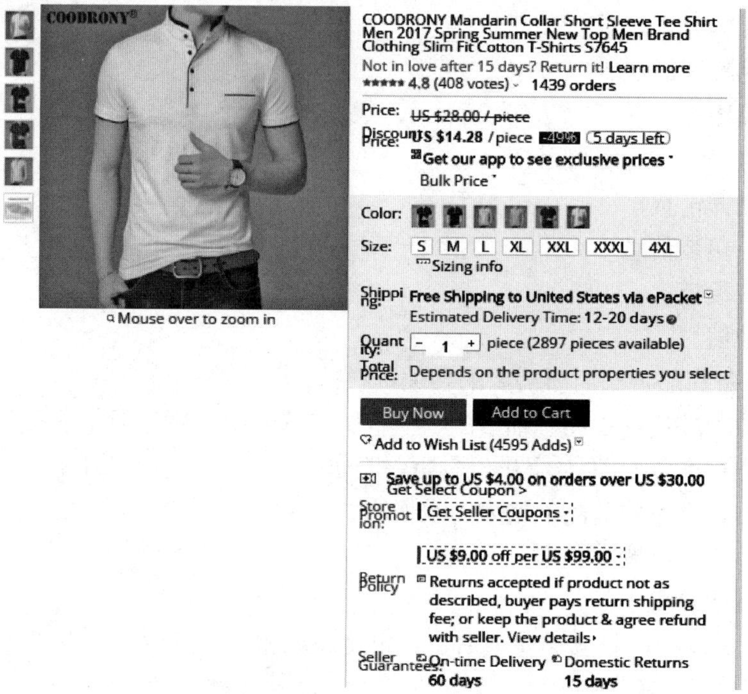

图 4-1　速卖通商品页面的主图和标题部分

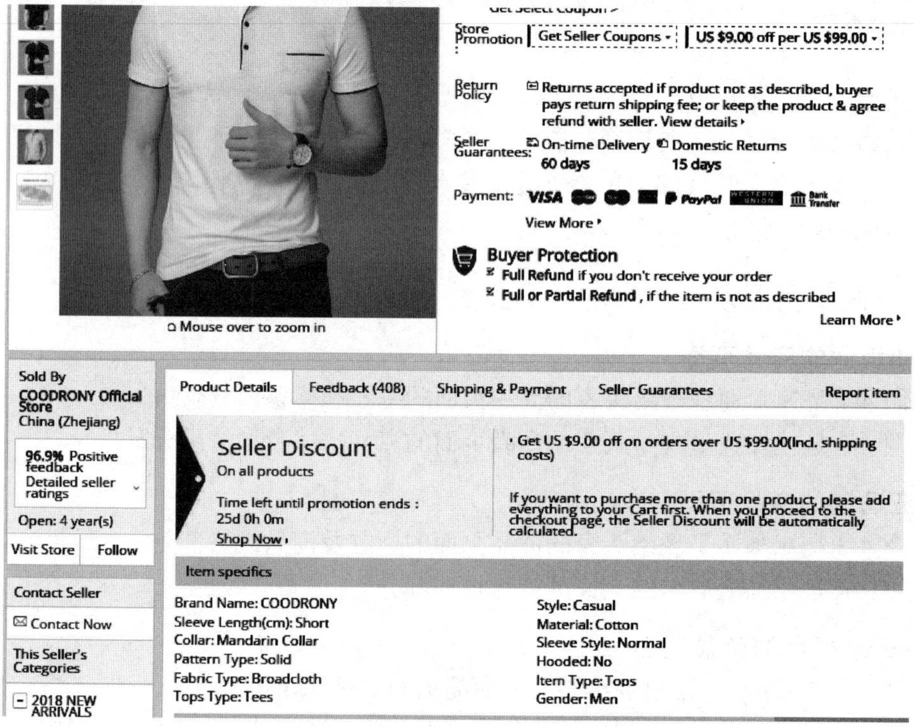

图 4-2　速卖通商品页面的商品描述及详情部分

图 4-3　亚马逊商品页面的标题及商品规格部分

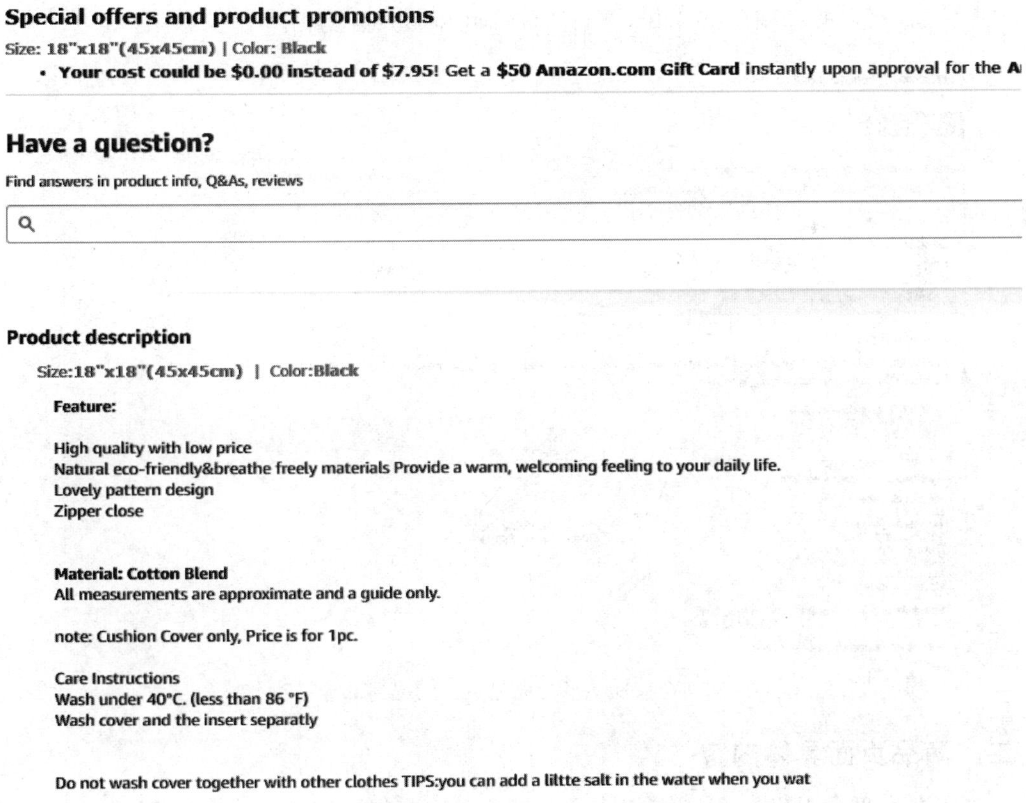

图 4-4　亚马逊的商品描述部分

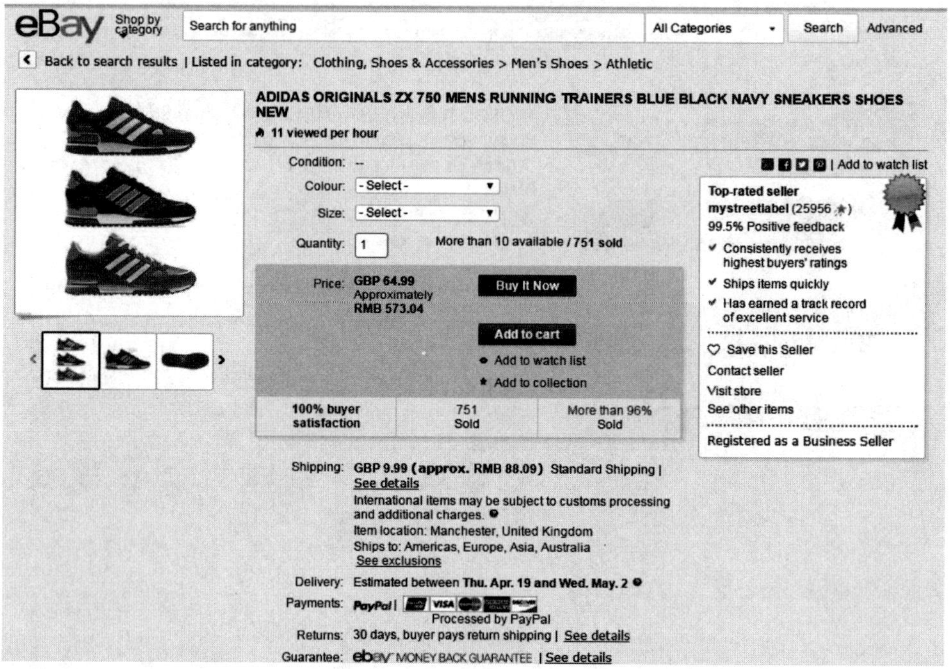

图 4-5　eBay 平台商品页面的标题及运费部分

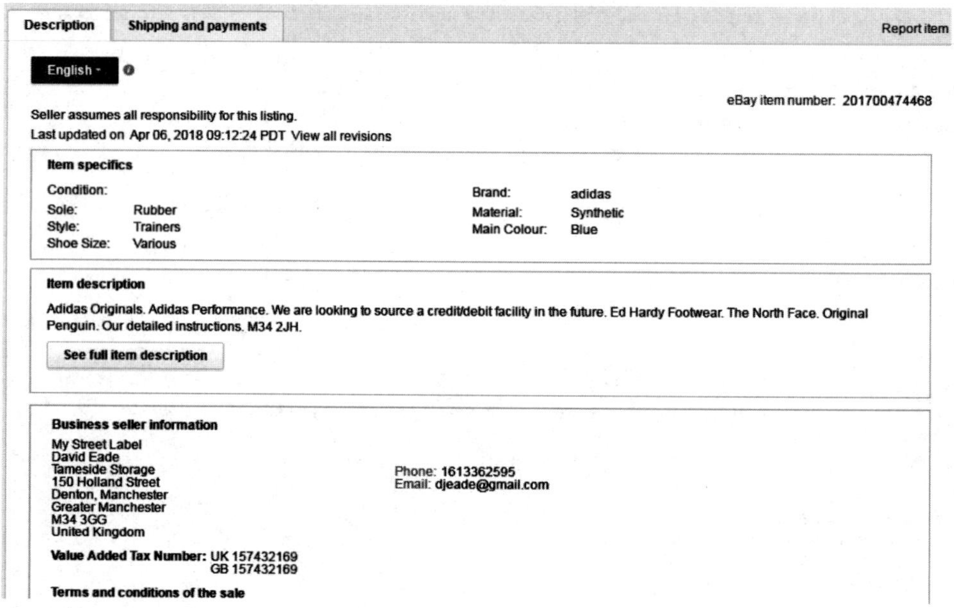

图 4-6　eBay 平台商品页面的描述部分

二、商品页面具体内容

在跨境电商平台上发布商品信息的目的是让买家清晰了解商品，以便判断商品是否符合自己的需求。

从以上不同平台的商品页面不难看出，一般而言，商品页面需要呈现的内容有商品标题、商品主图图片、商品库存数量、商品尺码、商品支付方式、商品物流方式、商品的简短文字描述、商品详细图片及细节说明图片。

商品信息的设置应符合以下标准：商品的标题要专业；商品图片要丰富（包括主图、场景图、细节图等）；商品的文字描述要详尽地说明商品的特点、作用和功能等内容；商品的属性要填写完整；商品价格要设置合理；运费要有多种方式以供买家选择；备货要充足且符合网站特性。另外，跨境电商平台的商品最好是体积小、重量轻、适合国际快递的商品。

（一）商品标题

商品标题是非常重要的，因为它能直接影响买家的搜索结果。一个好的标题能很快吸引买家，尤其是对于“标题党”来说，其重要性更不可替代。卖家在设置标题时，一定要先了解搜索排序规律，然后再把买家最想搜索的关键词设置成自己的商品标题。一般而言，标题要尽可能取与商品相关度高的词来表述。标题要能向买家清楚地说明这件商品是什么。在制作标题时，不能重复填写同样的关键词。标题中也不能出现与商品无关的词或符号。标题的语法要尽量简单，标题中不使用分隔符号。简单来说，把自己查找到的与商品相关的关键词组合起来就可以组成标题。

标题设置的具体策略是“三段法”：一是核心词，指那些本领域内的专业词；二是属性词，如描述长度、高度、颜色等的词语；三是流量词，目的是给商品带来流量。这样的标题组合，既照顾到了商品的相关性，又有助于提高浏览量。

如图 4-7 所示，商品的标题为：Sexy Women Boho Maxi Club Dress Red Bandage Long Dress Party Multiway Bridesmaids Convertible Infinity Robe Longue Femme 2018（性感女士波希米亚长裙；俱乐部礼服；红色绷带长礼服；派对礼服；伴娘礼服；可调节；2018 年新款女士长裙）。该标题写明了商品的颜色、款式和适用场合等内容。只要买家搜索此类关键词就能搜索到该商品。

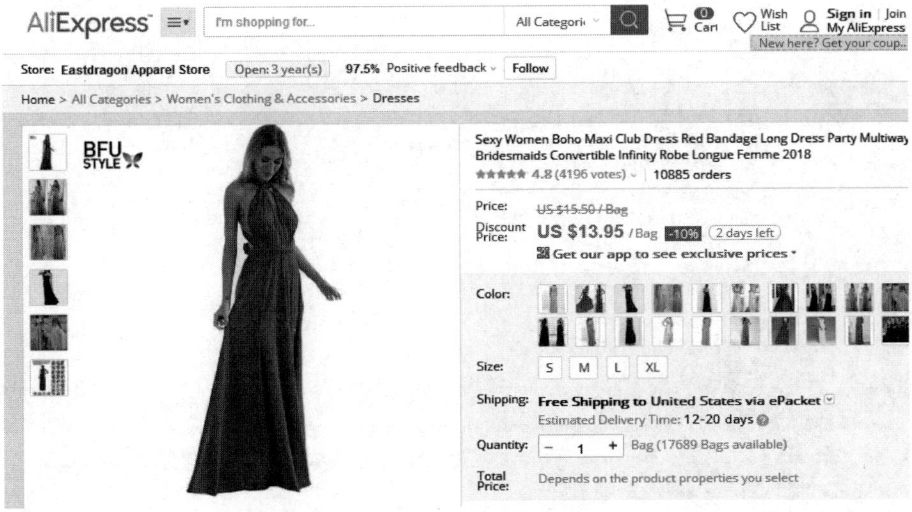

图 4-7　商品标题展示页面

（二）商品属性

以图 4-7 的商品为例，其商品属性内容较多，包括商品的品牌、材质、款式、领的样式、衣服的长度、适用的季节和适用的人群等，如图 4-8 所示。商品属性要把商品的关键信息都展示出来，以供买家参考。

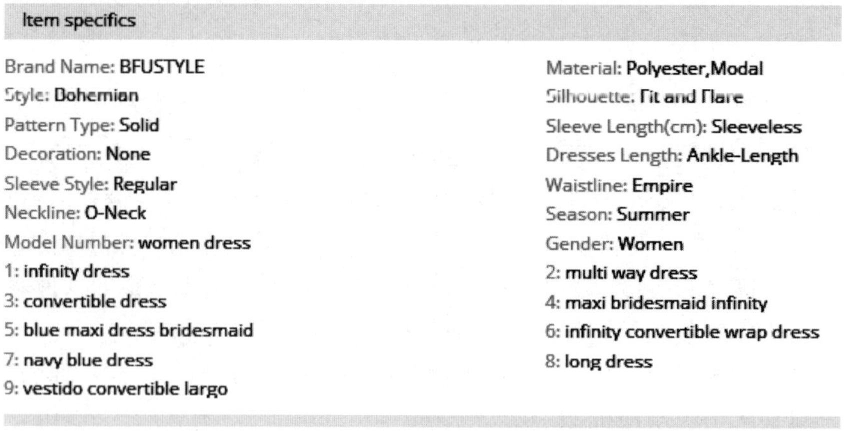
Item specifics

Brand Name: BFUSTYLE	Material: Polyester,Modal
Style: Bohemian	Silhouette: Fit and Flare
Pattern Type: Solid	Sleeve Length(cm): Sleeveless
Decoration: None	Dresses Length: Ankle-Length
Sleeve Style: Regular	Waistline: Empire
Neckline: O-Neck	Season: Summer
Model Number: women dress	Gender: Women
1: infinity dress	2: multi way dress
3: convertible dress	4: maxi bridesmaid infinity
5: blue maxi dress bridesmaid	6: infinity convertible wrap dress
7: navy blue dress	8: long dress
9: vestido convertible largo	

图 4-8　商品属性内容

（三）商品使用的运输方式和卖家接受的支付方式

要把商品可以使用的运输方式和支付方式列出来。商品运送到不同的国家或地区可以选择不同的运输方式，这就需要设置好运费模板。在图 4-9 中可以看到，商品运送到美国可以使用的运输方式有 ePacket（e 邮宝）、EMS 和 DHL。同样地，在准备上传商品时，卖家也需要列出可以接受的支付方式。

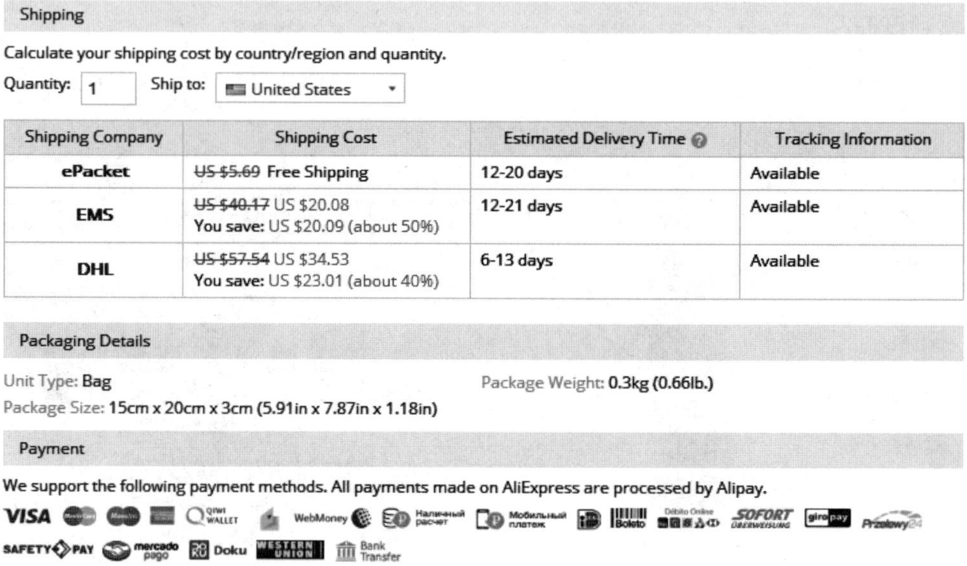
Shipping

Calculate your shipping cost by country/region and quantity.

Quantity: 1　Ship to: United States

Shipping Company	Shipping Cost	Estimated Delivery Time	Tracking Information
ePacket	~~US $5.69~~ Free Shipping	12-20 days	Available
EMS	~~US $40.17~~ US $20.08 You save: US $20.09 (about 50%)	12-21 days	Available
DHL	~~US $57.54~~ US $34.53 You save: US $23.01 (about 40%)	6-13 days	Available

Packaging Details

Unit Type: Bag　Package Weight: 0.3kg (0.66lb.)

Package Size: 15cm x 20cm x 3cm (5.91in x 7.87in x 1.18in)

Payment

We support the following payment methods. All payments made on AliExpress are processed by Alipay.

图 4-9　商品运送到美国可以使用的运输方式

（四）商品详情页

商品详情页的作用是布局关键词，提高转化率。目前比较通行的速卖通商品详情页布局方法是“三段式”，即最上面是顶部关联营销信息模块，最下面是底部物流说明信息模块，中间是商品详情描述。这种做法有一个好处，就是可以很方便地修改关联营销信息模块和物流说明信息模块。一旦修改关联营销信息模块或者物流说明信息模块的内容，使用了这些模块的商品就会同时自动修改过来。

在设置商品详情页时，需要好好利用图片进行展示。因为一个好的商品详情页，对于卖家来说非常重要。这是因为，许多商品特征是无法用文字进行描述的，而一张图就能让买家清楚明白地了解商品的某些特征。如图 4-10 所示，通过图片可以很清楚地展示该件衣服的背面构造，如果用文字描述的话，就不会这样直观。

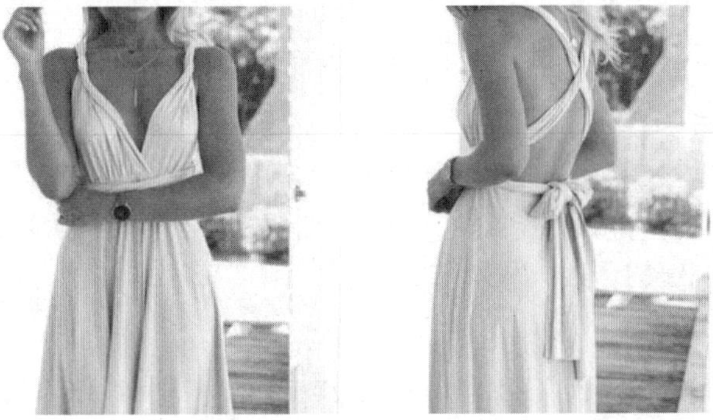

图 4-10　商品详情页

简要描述部分并不是每个商品都有的，对于很复杂的商品，可以在这里提炼几处卖点，其中应包括卖家想要优化的关键词。

此外，在详情页部分，有些商品可以配合场景图一起展示，如孩子的玩具。如果所售商品是衣物，拉链、缝线等部位的细节图能让买家更清楚地了解商品的物理特征。

包装信息不是指商品上传到编辑后台的商品尺寸和重量信息，而是指在商品详情页物流说明信息模块前的一段话，可以在其中加入关键词来描述商品的包装情况。

三、关键词

（一）关键词

关键词是商品属性里非常重要的一部分，能直接影响商品的曝光率和浏览量。

一般情况下，商品标题是由关键词组成的。卖家提炼出一款商品的关键词，然后把关键词按不同方式组合，就组成了商品标题。

关键词的选取目标：核心词、属性词、长尾关键词。

（二）关键词整理及优化

速卖通的关键词来源有很多，卖家可以从“数据纵横—商机发现—搜索词分析”中找出相关关键词。速卖通的搜索词分析全部是基于买家真实搜索结果的筛选展现，是来自速卖通的一手信息。并非其他的关键词工具不好用，而是不同关键词工具的侧重点不一样，其他网站如 Google 的关键词工具可能覆盖范围更广，但不一定更适用于速卖通。卖家平时工作非常忙，没有时间对比多个关键词工具提供的数据，所以，速卖通卖家更适合使用速卖通搜索词分析这一工具。

长尾关键词是指网站上非目标关键词但也可以带来搜索流量的关键词。长尾关键词的特征是比较长，往往由 2～3 个词组成，甚至是短语，除了内容页的标题，还存在于内容中。搜索量非常少，并且不稳定。长尾关键词带来的买家，转化为网站商品买家的概率比目标关键词高很多，因为长尾关键词的目的性更强。存在大量长尾关键词的大中型网站，其带来的总流量非常大。例如，目标关键词是服装，其长尾关键词可以是男士服装、冬装、户外运动装等。长尾关键词的基本属性是可延伸性强、针对性强、范围广。

接下来我们以速卖通的 T 恤商品为例寻找和优化关键词。

速卖通卖家后台

打开速卖通卖家后台，在“数据纵横”中有三个模块，分别为“行业情报”“选品专家”“搜索词分析”，在查找关键词时，我们需要用到“搜索词分析”“选品专家”两个模块，下面对这两个模块的具体操作方法做简单介绍。

1）搜索词分析

单击“搜索词分析”按钮，在出现的搜索框中输入“shirt”，进入的页面如图 4-11 所示。

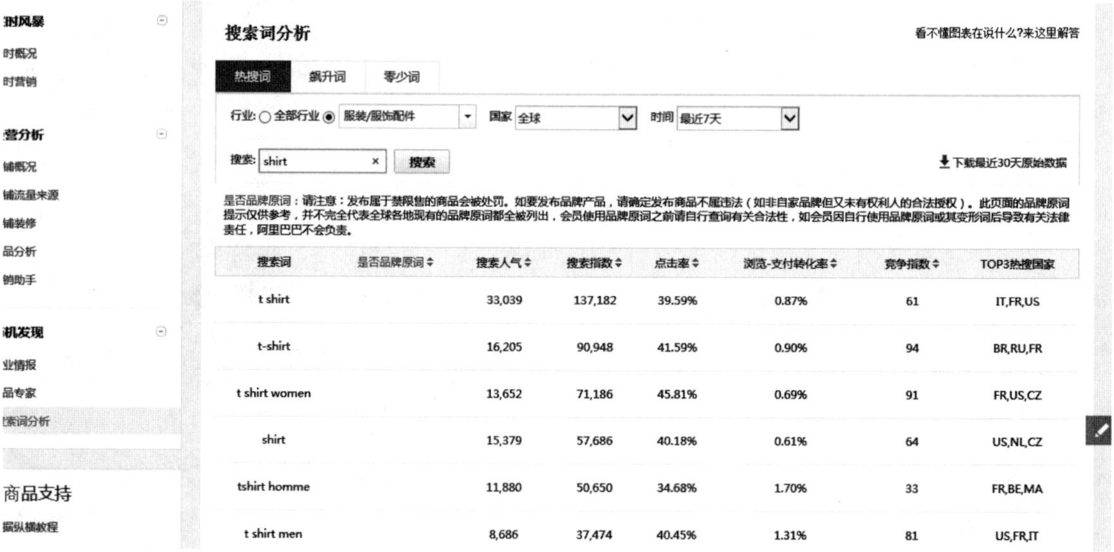

图 4-11　搜索词分析页面

单击右侧上方的“下载最近 30 天原始数据”按钮，可下载近 30 天搜索词原始数据如表 4-1 所示。

表 4-1　近 30 天搜索词原始数据

序号	搜索词	是否品牌原词	搜索人气	搜索指数	点击率	浏览—支付转化率	竞争指数	TOP3 热搜国家
1	t shirt	N	33 039	137 182	39.59%	0.87%	61.00	IT,FR,US
2	t-shirt	N	16 205	90 948	41.59%	0.90%	94.00	BR,RU,FR
3	t shirt women	N	13 652	71 186	45.81%	0.69%	91.00	FR,US,CZ
4	shirt	N	15 379	57 686	40.18%	0.61%	64.00	US,NL,CZ
5	t shirt homme	N	11 880	50 650	34.68%	1.70%	33.00	FR,BE,MA
6	t shirt men	N	8 686	37 474	40.45%	1.31%	81.00	US,FR,IT
7	polo shirt	N	10 096	36 063	48.70%	1.41%	51.00	US,NL,GB
8	shirt women	N	5 020	29 457	47.88%	0.48%	135.00	NL,CZ,US
9	t shirt women	N	4 941	25 332	45.29%	0.74%	107.00	SK,US,FR
10	t shirt	N	6 226	24 973	37.27%	0.69%	81.00	BR,FR,US
11	sweatshirt	N	5 210	24 540	42.56%	0.28%	90.00	FR,CZ,US
12	t-shirt women	N	3 318	20 916	40.34%	0.75%	109.00	CZ,NL,FR
13	women shirts	N	3 424	17 309	46.68%	0.62%	101.00	US,IN,IL
14	shirts	N	5 343	13 165	32.01%	0.40%	38.00	IN,US,NL

注："TOP3 热搜国家"一列中的英文缩写为速卖通后台统一的国家名称简写代码，如 IT 代表意大利，FR 代表法国。

对下载的表格进行分析，可以看出最近 30 天 T 恤的相关搜索有 t shirt，t-shirt，t shirt women，shirt，t shirt homme，t shirt men，polo shirt，shirt women，t shirt women，t shirt，sweat shirt，t-shirt women，women shirts，shirts。搜索并记录这些关键词，可以在取标题以及填写关键词时选择合适的使用，以增加商品曝光量。

接下来我们对飙升词进行搜索分析。单击"搜索词分析"菜单下面的"飙升词"按钮，在搜索框中输入"shirt"，则进入如图 4-12 所示的页面。

图 4-12　商品飙升词页面

按照上述方式下载近 30 天原始数据，得到的近 30 天飙升词原始数据如表 4-2 所示。

表 4-2　近 30 天飙升词原始数据

序号	搜索词	是否品牌原词	搜索指数	搜索指数飙升幅度	曝光商品数增长幅度	曝光卖家数增长幅度
1	tee shirt imprimé	N	770	3 350.00%	1 814.47%	796.13%
2	muhammad ali t shirt	N	6 725	3 024.56%	2 086.04%	2 059.15%
3	band t-shirt	N	621	2 285.71%	1 897.34%	841.41%
4	shirt embroidery designs	N	871	2 027.27%	261.40%	237.98%
5	t shirt donna estivi di marca	N	562	1 787.50%	1 412.97%	852.47%
6	shirt denim	N	916	1 657.14%	2 327.50%	1 050.68%
7	zijde shirt man	N	454	1 642.86%	1 048.35%	552.84%
8	mens slim fit shirts	N	387	1 633.33%	3 992.50%	2 623.33%
9	t shirt military	N	365	1 533.33%	2 622.00%	1 811.36%
10	russian t shirt	N	424	1 528.57%	558.92%	539.33%
11	mens luxury dress shirts	N	666	1 527.27%	720.18%	426.26%
12	shirt garters for men	N	666	1 527.27%	734.48%	778.57%
13	game of thrones t shirts	Y	487	1 210.00%	809.12%	870.97%
14	harley quinn t shirt	N	239	966.67%	839.39%	947.37%
15	ronaldo shirt	N	232	933.33%	327.38%	317.02%
16	baseball t shirt jerseys	N	246	842.86%	780.23%	809.62%
17	shirt summer	N	232	785.71%	601.35%	595.21%
18	shirt stays	N	890	602.94%	352.40%	386.05%
19	flower sweatshirt	N	154	412.50%	449.36%	297.69%
20	boyfriend shirt	N	328	282.61%	214.29%	281.16%
21	yellow long sleeve shirt women	N	172	142.11%	76.74%	79.03%
22	rainbow striped shirt	N	77	81.82%	−24.84%	−24.67%
23	3d-t-shirt	N	132	12.90%	19.06%	122.75%
24	t shirt women	N	71 186	2.53%	2.19%	−0.06%
25	t-shirt	N	90 948	1.90%	−4.09%	−1.67%
26	shirt	N	57 686	1.83%	2.64%	4.91%
27	t shirt	N	137 182	0.01%	−3.11%	−0.97%
28	t shirt men	N	37 474	−0.76%	−2.51%	−1.84%
29	t shirt homme	N	50 650	−1.13%	0.40%	1.22%
30	polo shirt	N	36 063	−2.21%	−2.42%	−2.08%

卖家可以从飙升幅度较高的搜索词中找到适合自己商品的，如 tee shirt imprime，muhammad ali t shirt 加到关键词中。

2）选品专家

“选品专家”菜单中有“热销”“热搜”“潮流资讯”3 个选项。“热销词”是从卖家角度来分析的，“热搜词”则是从买家角度来分析的。

单击“选品专家”按钮，选择“服装/服饰配件>女装>上衣”选项，选定 T 恤类目后，进入如图 4-13 所示的页面。

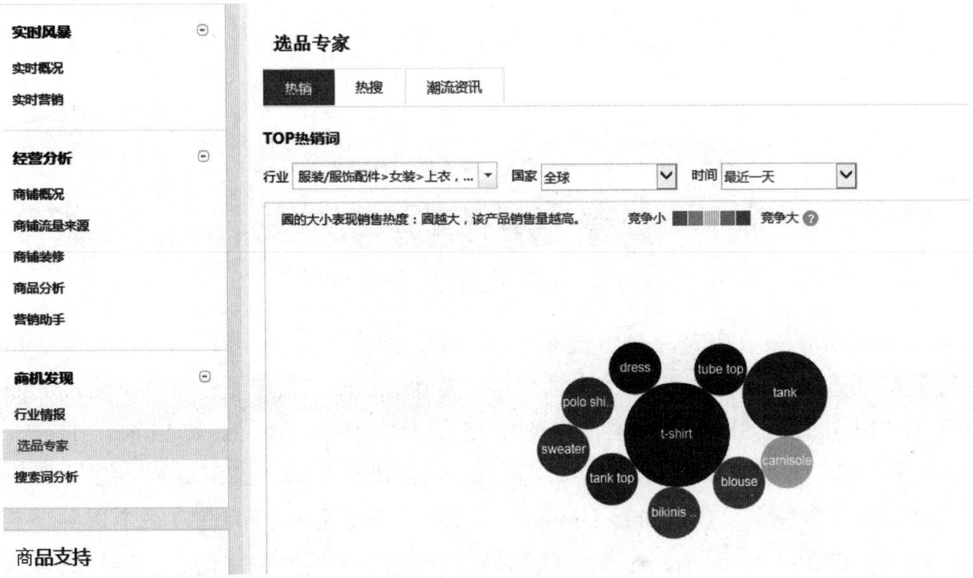

图 4-13　选品专家热销词页面

从图 4-13 中我们可以看出，相关关键词有 t-shirt，blouse，sweater，polo shirt 等。这些相关关键词可用在商品详细描述中。

从图 4-13 中我们还可以看出，圈的大小表示销售热度，圈越大，代表该商品的销售量越高。在实际操作中的计算机显示页面，我们可以看出圈的颜色表示竞争的激烈程度，颜色越红，商品的竞争越激烈；颜色越蓝，商品的竞争越缓和。

卖家可以将热销的关键词记录下来放到关键词库里。

3）通过在电商平台搜索查找相关关键词

（1）电商平台搜索。积累关键词时，也可以利用电商平台寻找更多更精确的关键词。打开目标电商平台，在搜索栏输入商品的名称，系统会自动推荐一些与商品相关的关键词。这些关键词都是买家常用的搜索此类商品时输入的一些相关关键词。例如，打开速卖通页面在搜索栏输入“t shirt”时系统会自动出现 t shirt women 2020, t shirts men, t shirt, t shirts dress women, t shirt cotton women, t shirt printing machine, t shirt oversize 等关键词，如图 4-14 所示。卖家可以记录这些关键词以备在上传商品，填写信息时使用。

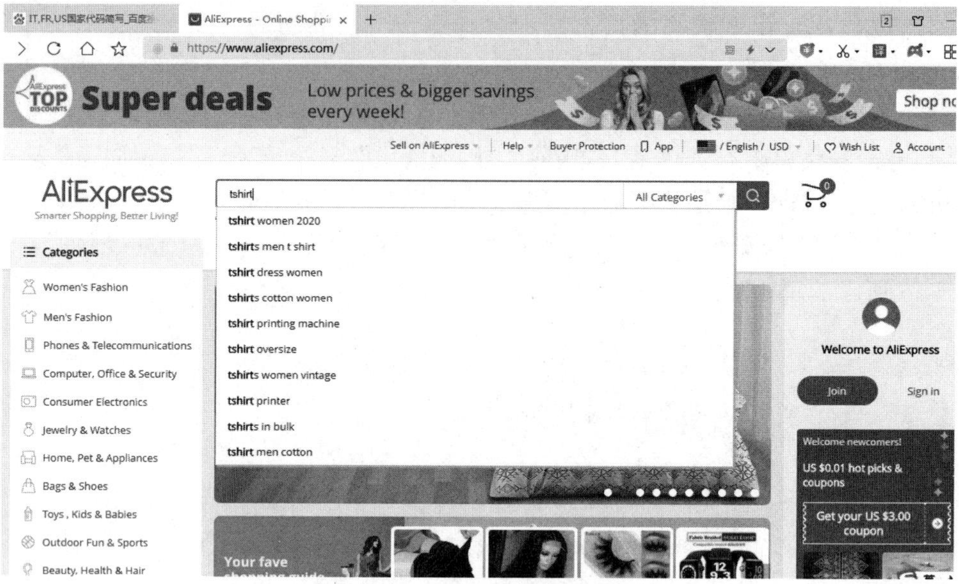

图 4-14　速卖通搜索关键词页面

（2）类目搜索。除了在电商平台搜索栏搜索查找关键词，还可以通过电商平台的类目搜索进行关键词查找。例如，打开速卖通，在“Categories”菜单下的“Women’s Fashion”类目下选择“Blouses & Shirts”选项，如图 4-15 所示。单击“Blouse & Shirts”选项，打开后的页面如图 4-16 所示。在页面的左侧，会有“Brands（品牌）”“Size（尺码）”“Material（材质）”“Color（颜色）”“Clothing Length（衣长）”等商品相关信息，每个选项下都有对应的相关信息，如图 4-17 所示，这些信息就是 T 恤的一些相关关键信息，也是买家在搜索商品时最为关注的信息和常用的搜索词。

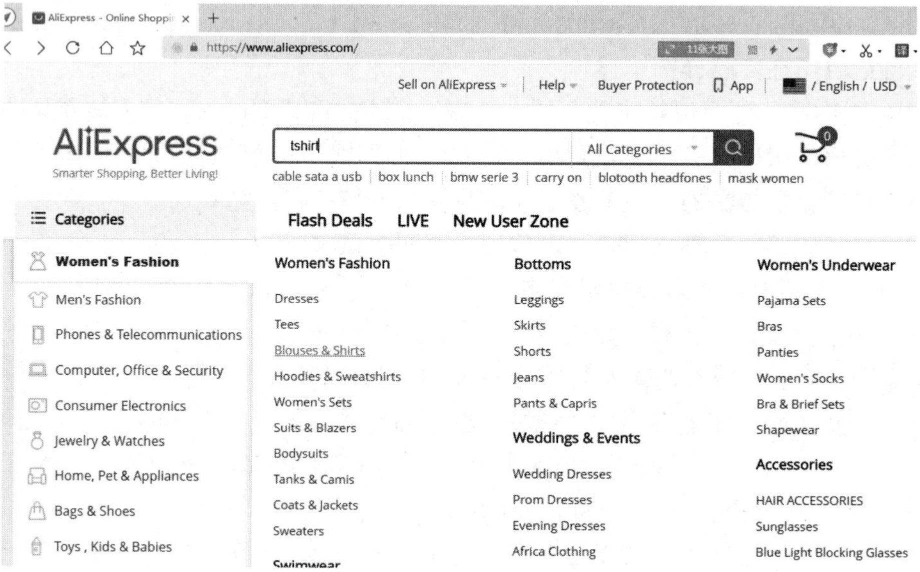

图 4-15　类目搜索关键词页面

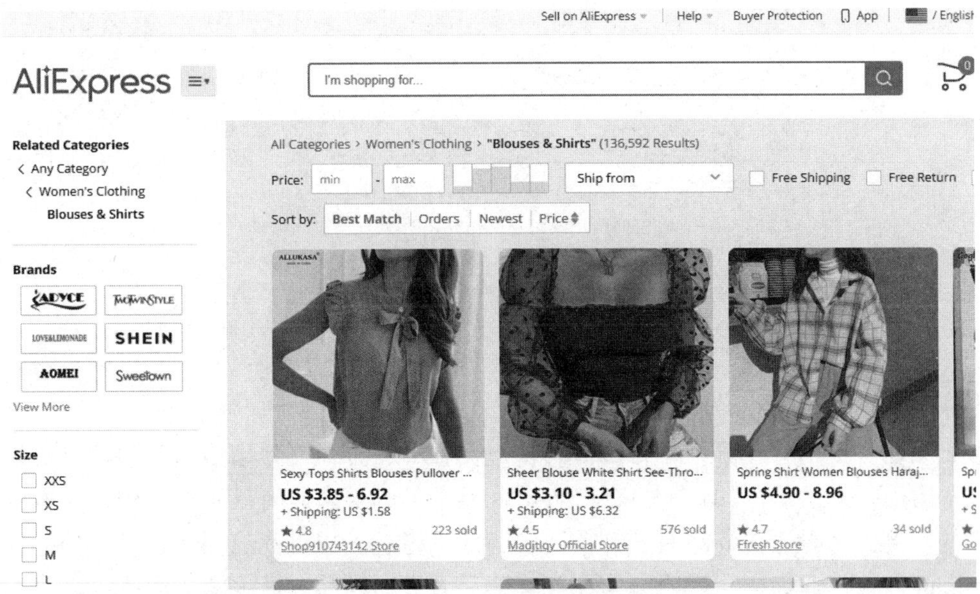

图 4-16　类目搜索关键词结果页面

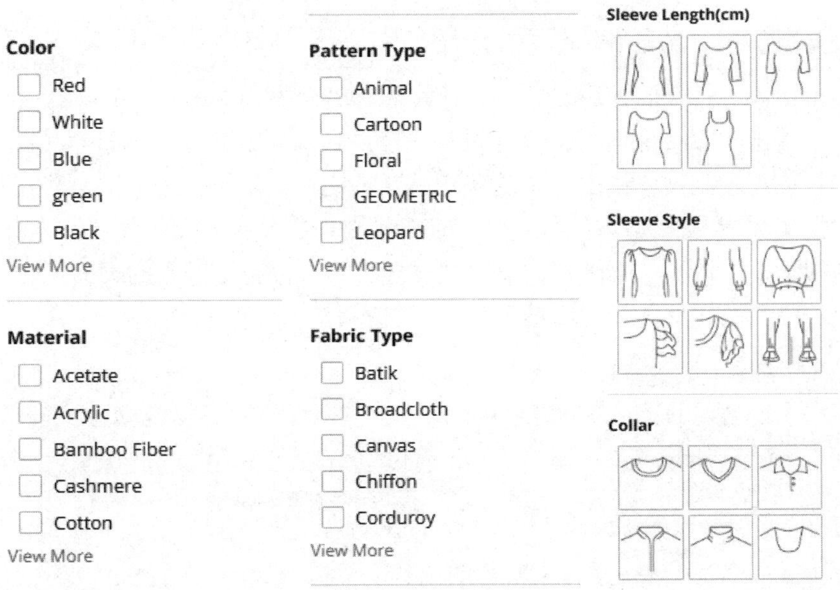

图 4-17　商品信息页面

在图 4-17 中可以看到，在“Material（商品材质）”选项下的关键词有 Acetate, Acrylic, Bamboo Fiber, Cashmere, Cotton，单击“View More”按钮会看到更多的商品材质信息关键词。在“Collar（衣领）”选项下平台给出了常见 T 恤的衣领形状示意图。将光标停留在对应的领型图片上，则自动显示对应该衣领形状的英语，如图 4-18 所示。记录下这些衣领形状的英文，如 O-Neck, Turtleneck, V-Neck, Turn-down Collar 等，在填写商品的标准或属性时可以根据商品实际信息选择相应的英语关键词。

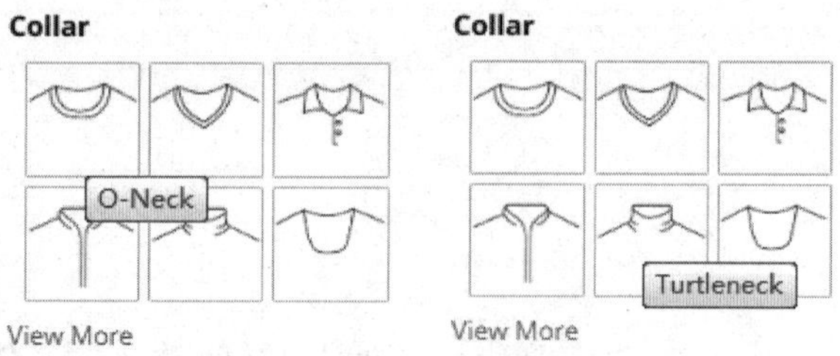

图 4-18　衣领英文关键词显示页面

案例解析

对卖家而言，不管在哪个平台开展跨境电商业务，开通账号以后进行售卖之前都必须要在该平台上传商品。不同跨境电商平台对商品上传的要求是有区别的，但最基本的要求是相通的。例如，在上传商品时，都需要填写商品标题、提供商品图片、编辑商品的相关信息。下面以速卖通为例，说明如何在速卖通后台发布商品。让大家对商品编辑页面有所了解，并知道在商品上传时需要注意哪些问题。

一、速卖通后台商品编辑页面介绍

（1）登录店铺。打开店铺后台，可以使用两种方法发布商品。

方法一：单击“商品管理”按钮，展开下拉菜单，从中选择“发布商品”选项。

方法二：单击左侧菜单栏中的“发布商品”按钮。

（2）根据实际情况选择产品类目。

（3）在搜索框中输入“t-shirt”，单击“查找类目”按钮，进入的页面如图 4-19 所示，根据实际上传商品的属性选择“女装”“男装”选项。

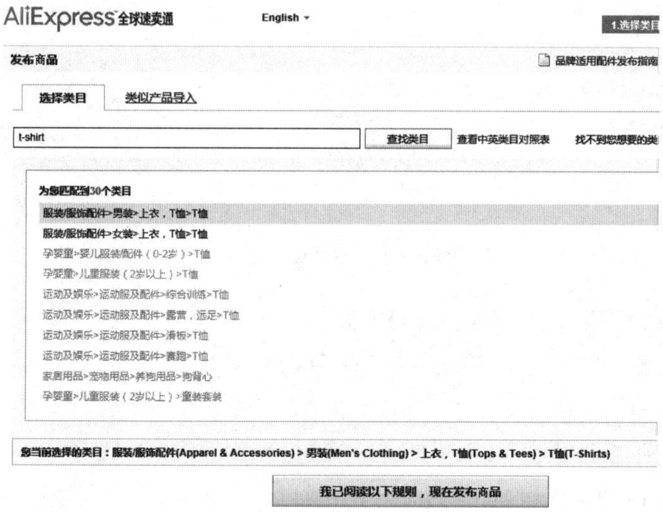

图 4-19　查找类目页面

（4）单击图 4-19 中的“我已阅读以下规则，现在发布商品”按钮，开始发布商品，进入的页面如图 4-20 所示，在填写商品品牌时，务必要注意不能侵权，如果不是企业自有品牌，则需要取得品牌授权；如果是企业自有品牌，可先添加商标。在商品编辑页面，每个前面标有“*”的都是必填项目。

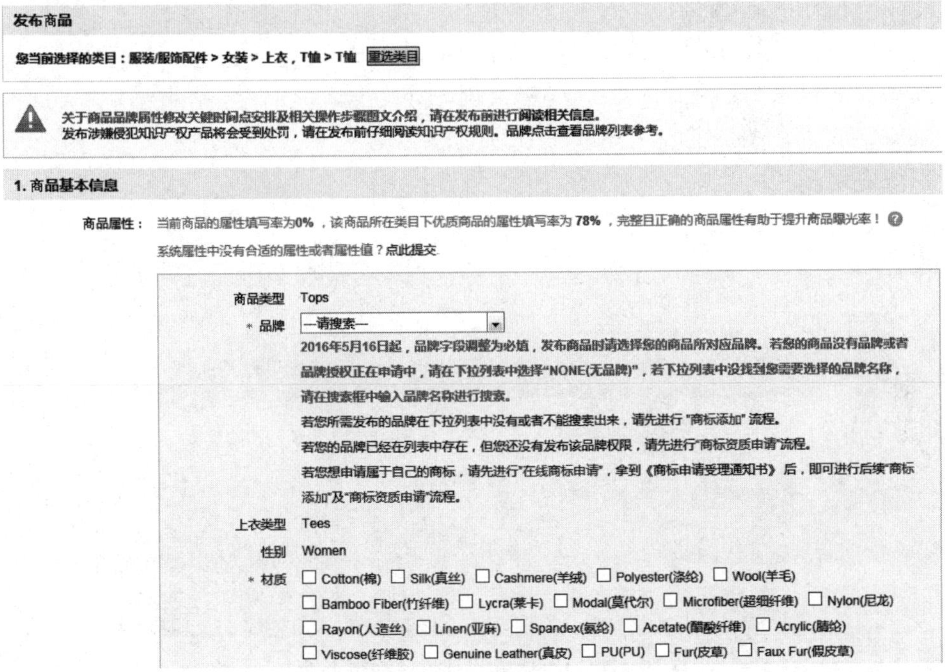

图 4-20　商品基本信息填写页面

（5）填写商品属性。商品属性前面有感叹号（见图 4-21）的是非常重要的内容，建议填写完整。如果下拉菜单中的属性不满足商品属性需要，可以单击下方的“添加自定义属性”按钮，进入个性化设置的页面进行补充。

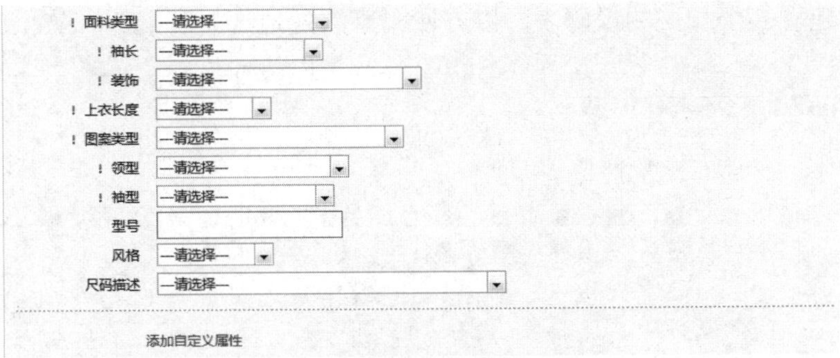

图 4-21　商品属性填写页面

（6）填写商品标题。在速卖通后台填写商品标题时要注意字符数量的限制，该平台商品标题的字符限制为不超过 128 个。卖家在填写商品标题时要尽可能地利用这些字符，但不要出现关键字重复的情况。在选择商品图片时要注意以下要求。

- 商品图片保存格式为 JPEG；
- 商品图片文件的大小须在 5M 以内；
- 商品图片须大于 800×800 像素；
- 商品图片横向和纵向之比为 1∶1～1∶1.3；
- 商品至少占图片面积的 70%，即图片以商品为主；
- 商品图片背景为白色或纯色，风格要统一；
- LOGO 放置在图片的左上角，不宜过大；
- 不得盗用图片。

商品标题及图片编辑页面如图 4-22 所示。

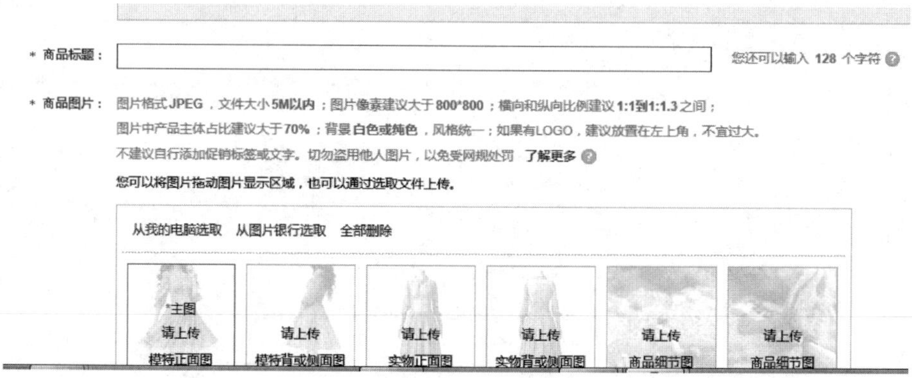

图 4-22 商品标题及图片编辑页面

（7）商品的数量、销售方式及尺码表编辑页面如图 4-23 所示，商品的颜色及尺寸价格设置页面如图 4-24 所示。在编辑最小计量单位时，要按实际情况选择。销售方式可以选择按件/个出售或打包出售。尺寸在下方勾选即可，如果需要设置尺码表，则可以选择引用尺码模板或创建新尺码表。如果一个卖家有不同类目的商品，不同类目的商品尺码又有所区别，那就需要建立多个相关的尺码表，以方便买家清楚地选择和购买，防止出现失误。

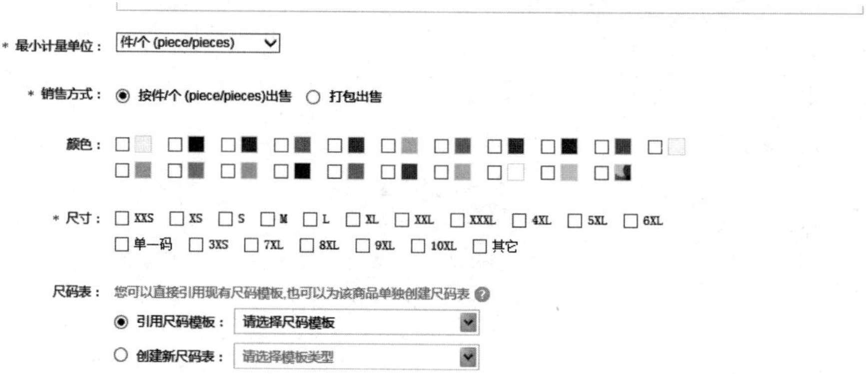

图 4-23 商品的数量、销售方式及尺码表编辑页面

图 4-24　商品的颜色及尺寸价格设置页面

（8）商品发货期及商品视频编辑页面如图 4-25 所示。库存扣减方式可以选择“下单减库存”“付款减库存”选项。发货期可以根据选择的物流方式不同，按实际可能到货天数填写，卖家可以单击后面的“查看详情”按钮，按网站提示进行操作。

一般速卖通后台的商品视频时长不宜超过 4 分钟，视频的画面比例为 16 : 9，经过审核后才能被展示，展示位置在商品详细描述的顶部。

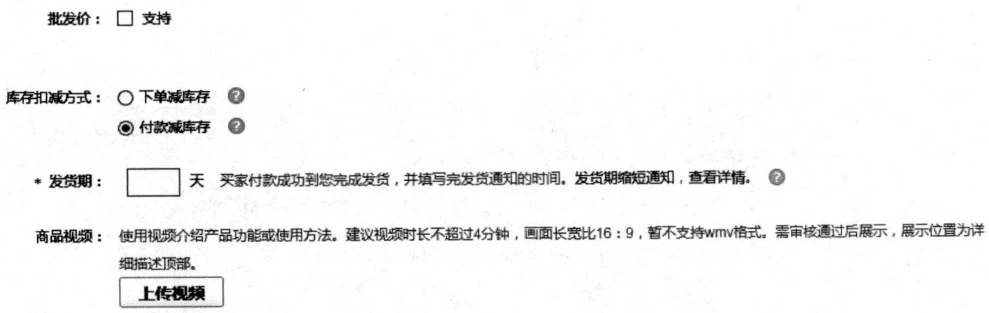

图 4-25　商品发货期及商品视频编辑页面

（9）商品详细描述。商品详细描述编辑页面如图 4-26 所示。商品详细描述编辑页面可以填写商品的功能属性、商品细节图片、商品支付方式、物流注意事项、店铺的售后服务和企业情况介绍等内容。

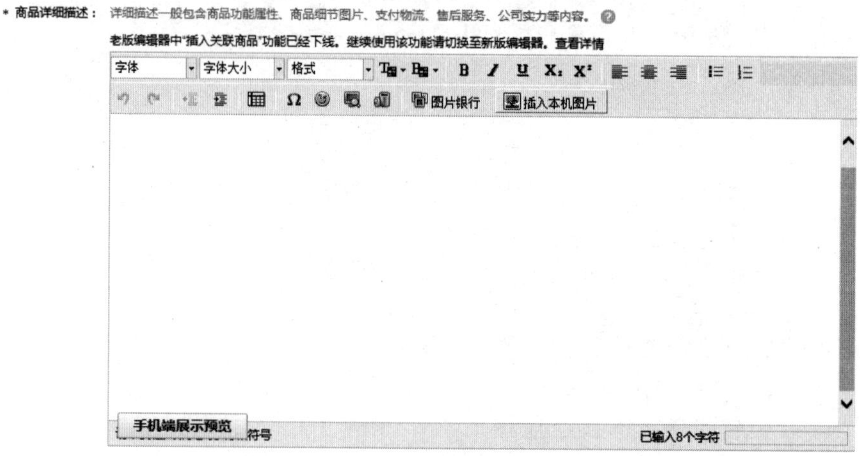

图 4-26　商品详细描述编辑页面

（10）商品包装信息、物流设置和服务模板编辑页面如图 4-27 所示。

在商品的包装信息中，需要如实填写商品包装后的重量，不要随意填写，以免运费受到影响。商品的包装尺寸单位是厘米，卖家需按实际包装尺寸填写。

商品物流设置时选择合适的运费模板即可。关于运费模板的设置在情景三的子情景二中已学习。在此不再详细说明。

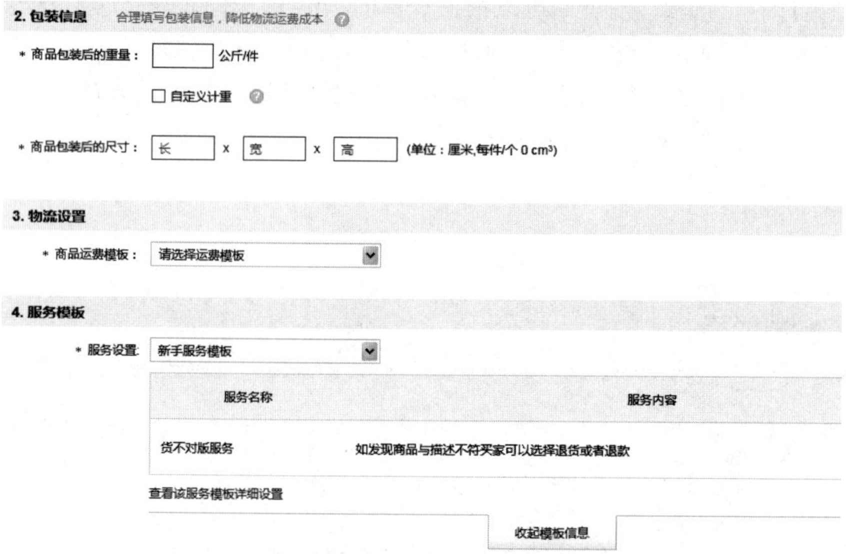

图 4-27　商品包装信息、物流设置和服务模板编辑页面

（11）其他信息。其他信息编辑页面如图 4-28 所示。

在商品组选择已经分好的商品组，如果没有，可以自行设置分组。商品的有效期可以选择 14 天或 30 天。支付宝选择支持，然后勾选同意商品发布条款。

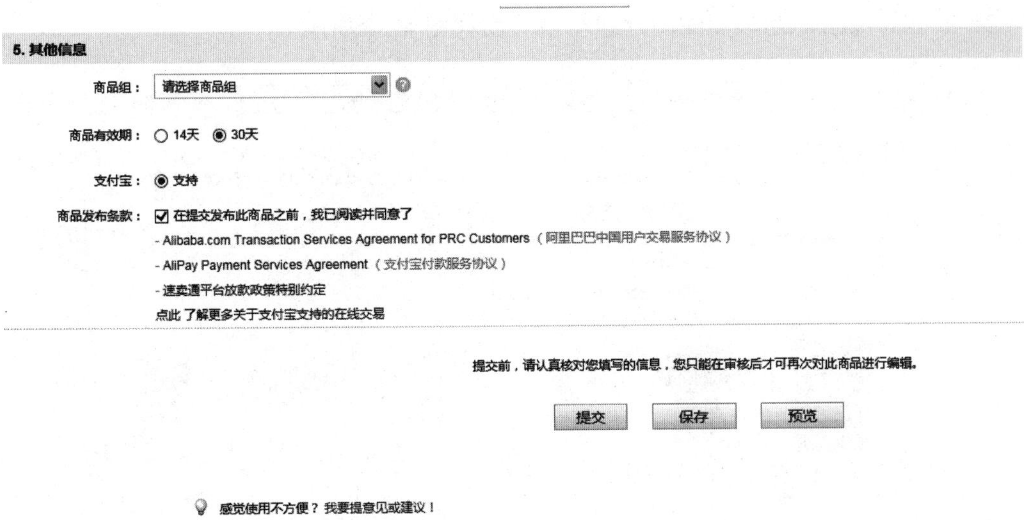

图 4-28　其他信息编辑页面

（12）所有信息填写完毕之后，单击“提交”按钮，则商品发布成功。

二、以 T 恤为例，展示每项商品信息编辑后的页面

（1）商品属性编辑后如图 4-29 所示。

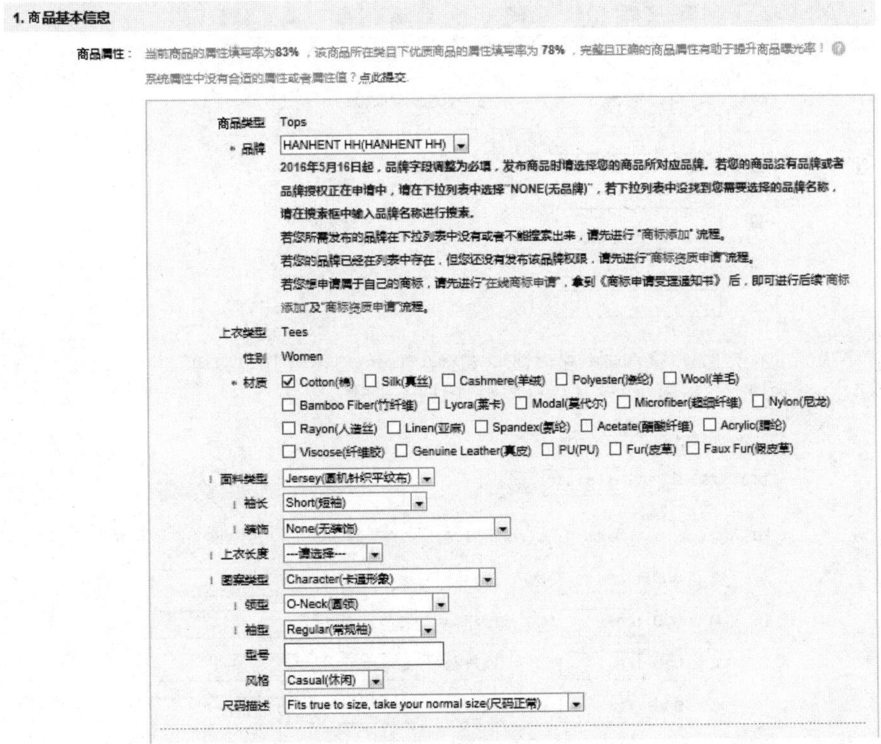

图 4-29　T 恤的商品属性编辑后页面

（2）T 恤的商品标题和商品图片编辑后页面如图 4-30 所示。

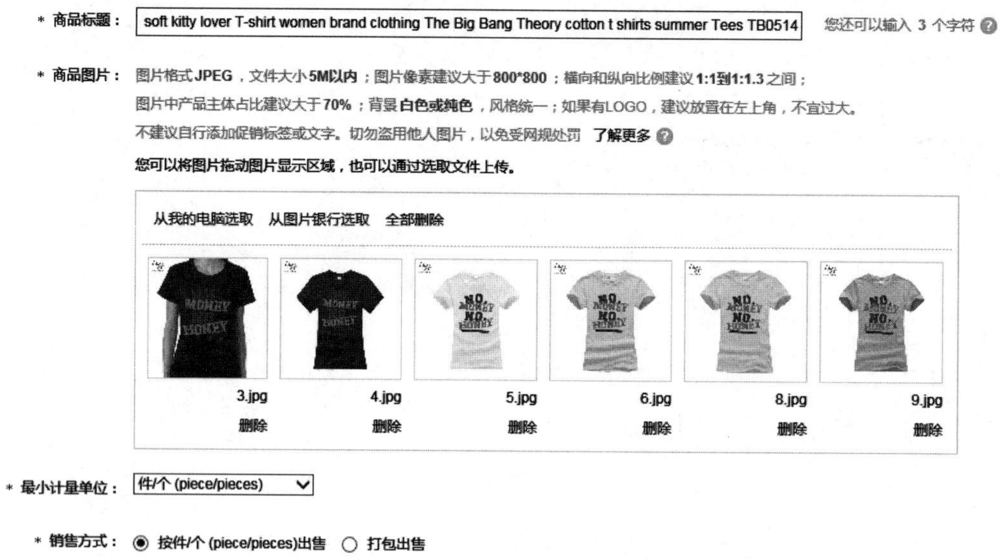

图 4-30　T 恤的商品标题和商品图片编辑后页面

（3）T 恤的商品颜色及尺寸价格设置完成页面如图 4-31 所示。

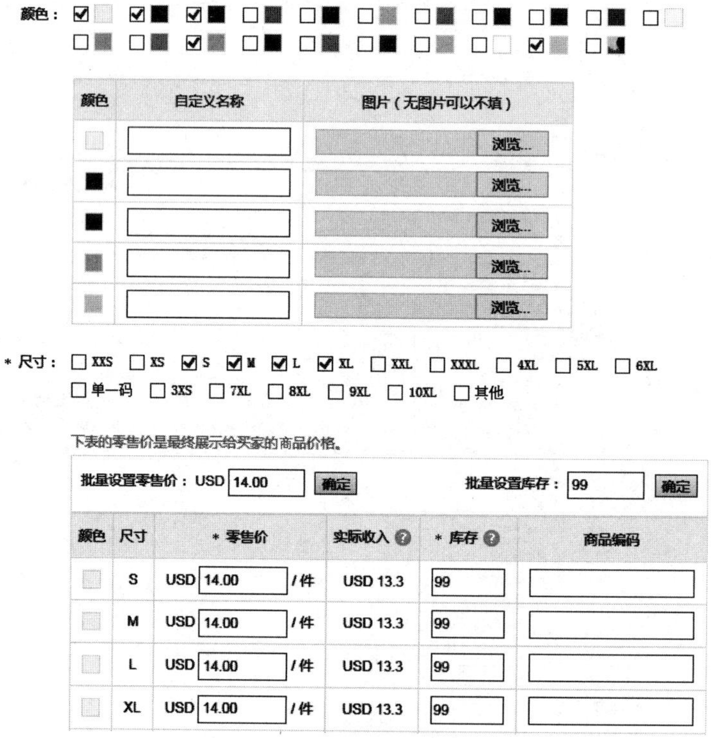

图 4-31　T 恤的商品颜色及尺寸价格设置完成页面

（4）T 恤的商品详细描述编辑后页面如图 4-32 所示。

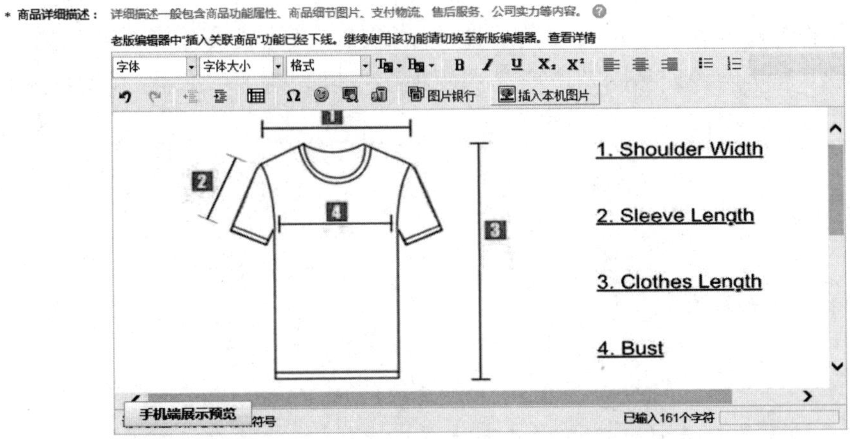

图 4-32　T 恤的商品详细描述编辑后页面

（5）T 恤的商品包装信息和物流设置编辑后页面如图 4-33 所示。

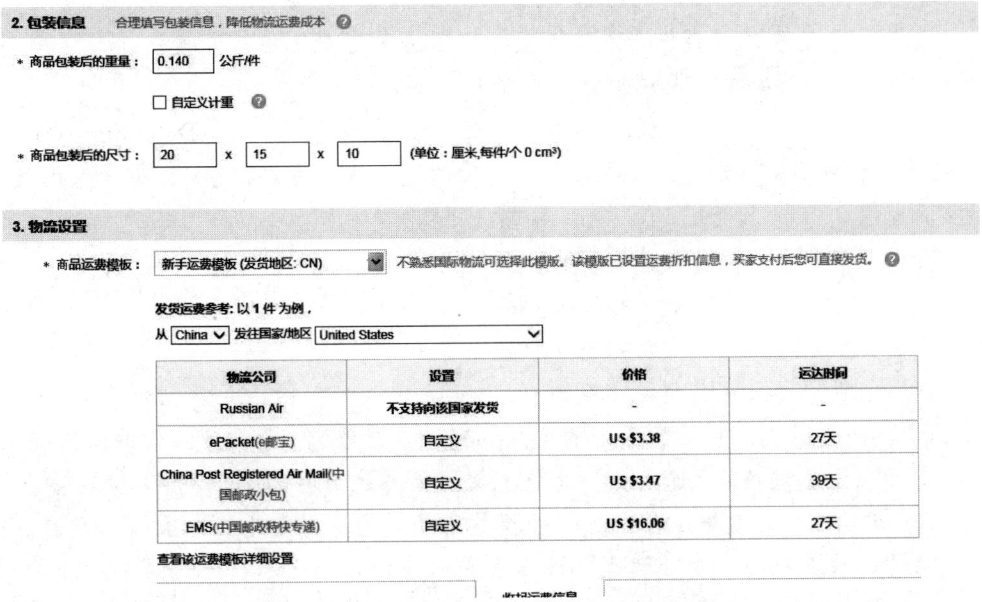

图 4-33　T 恤的商品包装信息和物流设置编辑后页面

三、发布商品过程中的注意事项

（1）商品属性是买家选择商品的重要依据，特别是有“!”标识的关键属性。卖家要详细、准确地填写系统推荐属性和自定义属性，增加曝光机会。

（2）自定义属性的填写可以补充系统属性以外的信息，以便买家全面地了解商品。

（3）为了确保商品质量，卖家务必要正确选择品牌或型号名称。如果没有要选择的内容，请选择“other”选项，进入个性化设置页面，在文本框内填写正确信息（文本信息为必填）。平台将会对填写的信息进行校验检查，校验成功之后，卖家可以在推送的结果中选择需要的内容。

（4）商品的图片能够全方位、多角度地展示商品，大大提高买家对商品的兴趣。卖家可以上传多张不同角度的商品图片。商品图片最多可以同时上传 6 张。图片内容不能涉嫌禁限售或侵犯他人知识产权。

习题演练

一、不定项选择题

1. 在速卖通选择标准销售计划的店铺，店铺内在线商品数量上限为（　　）个。

A. 3 000　　B. 300　　C. 1 000　　D. 100

2. 在速卖通上传商品时，要求“商品如实描述”，指的是卖家在商品描述页面、店铺页面、等所有速卖通提供的渠道中，应当对商品的（　　）等必须说明的信息进行真实、完整的描述。

A. 基本属性　　B. 瑕疵　　C. 成色　　D. 关键词

3.（拓展题）速卖通“接发与发套”行业对商品发布的上限要求是：金、银牌店铺的数量上限为（　　），普通店铺的数量上限为（　　）。

A. 300，200　　B. 200，300　　C. 100，200　　D. 300，100

4. 在速卖通发布商品时，如果商品发布数量超过限制数量的，速卖通将下架超量商品。下架的商品按（　　）来确定，（　　）将最先下架。

A. 商品上架数量，数量最少的超量商品

B. 商品上架数量，数量最多的超量商品

C. 商品上架时间，最先上架的超量商品

D. 商品上架时间，最晚上架的超量商品

5. 速卖通对侵犯买家权益的品牌的准入和经营进行限制。如卖家经营的品牌在准入中或准入后出现以下哪些情况，速卖通将有权下架该品牌的商品，卖家不得继续经营。（　　）

A. 该品牌商品被速卖通或第三方专业机构证明是由不具备生产资质的生产商生产的，不符合国家、地方、行业、企业的强制性标准。

B. 该品牌经速卖通或第三方专业机构判定对他人商标、商品名称、商品包装和装潢、企业名称、商品质量标志等构成仿冒，或者容易导致买家混淆、误认的。

C. 该品牌在经营期间被证明存在高纠纷率、高投诉率、低市场认可度，商品描述平均分严重低于行业平均水平，严重影响买家购物体验，经平台告知后在一个月内无明显改善的。

D. 该品牌由卖家自主申请，未构成侵权行为。

二、判断题

1. 商品如实描述，以及对所售商品的质量承担保证责任是卖家的基本义务。（　　）

2. 卖家在速卖通发布商品应当严格遵守速卖通的商品禁限售规则。 （ ）

3. 在速卖通发布商品时可以上传侵权的商品图片。 （ ）

4. 速卖通规定卖家有责任确保自己提供的商品符合销售市场当地的相关法律法规。 （ ）

5. 服饰类商品如已有品牌，则在发布时标题建议使用品牌名称加商品名称，商品标题中不得带有任何与商品真实信息无关的文字或符号。 （ ）

实践操作

实践任务一

请练习开通 eBay 店铺并发布商品。

实践任务二

请练习在敦煌网发布商品。

实践任务三

任选一款商品，根据所学知识对该商品进行关键词分析，然后利用分析出来的关键词为该商品编辑一个适合在速卖通发布的标题，记录在下表中。

商品名称	
关键词分析	适合该商品的核心词： 适合该商品的属性词： 适合该商品的流量词：
商品标题	

子情景二　运费模板设置

学习目标

知识目标

- 熟悉速卖通物流运费模板。
- 学习如何设置速卖通的物流运费模板。

能力目标

- 能设置速卖通的物流运费模板。
- 能设置其他跨境电商交易平台的物流运费模板。
- 能根据不同送达国家或地区设置合理的物流运费模板。

素质目标

- 提升学生的理解能力和分析能力。
- 提升学生的沟通能力。

项目背景

杭州景慧贸易有限公司在速卖通已经注册好账户并开通支付功能。小张收集好商品资料，准备上传商品。这时，经理让小张不要直接上传商品，先去设置运费模板。为什么上传商品之前需要先设置运费模板呢？小张要如何操作才能完成这一任务呢？

任务实施

步骤一：确定运费模板中使用的物流方式。

步骤二：查找相关物流的运费价格表。

步骤三：计算送达不同国家或地区的运费。

步骤四：根据运费计算结果设置不同国家或地区的运费收取。

知识铺垫

卖家在发布商品之前需要先设置好运费模板，如果没有设置自定义模板，那么可以选择新手运费模板。如果卖家需要配合商品活动使用不同的运费方式，如免费或运费给予一定折扣，那就需要单独设置物流运费模板，为后期发货做好相应准备。

一、运费模板设置

速卖通卖家根据自身的货运能力填写运费模板中的“承诺运达时间”，对不同物流方式运达不同国家或地区的时间进行保障。“承诺运达时间”从卖家填写运单号开始到商品妥投为止，填写上限为 60 天。

二、运费模板中的标准运费、物流折扣（减免）、卖家承担运费与自定义运费

标准运费：平台按照各物流服务商给出的官方报价计算运费。决定运费的因素通常为商品送达地、商品包装重量和商品体积重量。如果卖家为不同的物流方式设置了折扣或减免，平台会将在官方运费的基础上加入折扣或减免因素后计算出的运费值呈现给下

单的买家。

物流折扣（减免）：在联系货代公司时，货代公司会给一定的折扣（折扣的大小视卖家与货代公司的协议而定，也可以使用平台线上发货的折扣），卖家可以将此折扣信息填写在商品的运输折扣里，以吸引买家下单。

卖家承担运费：即包邮，可以将运费成本添加到商品价格中，展示页面会出现“free shipping”的字眼从而吸引买家下单。

自定义运费：可以自由选择对不同国家或地区设置不同的运费类型，包括标准运费、卖家承担运费或自定义运费；也可以根据买家群体的分布来定运费，从而吸引自己的主要买家群体。

在发布商品的时候，某些商品可能使用相同的运费设置，如果每次都要重新设置，必然很浪费时间。卖家可以将常用的运费组合设置为模板，在发布商品的时候选择相应的模板应用即可。

下面 4 招可以帮助卖家轻松搞定“承诺运达时间”。

（1）选择好货代。选择信誉良好的货代提供物流服务，及时了解各物流方式运达不同国家或地区的时间信息，合理设置运达时间。

（2）设置不发货国家或地区。对于难以查询妥投信息、大小包运输时效差的国家或地区，可以设置对该国家或地区不发货。

（3）设置多套运费模板。遇到圣诞节等可能物流爆仓的时期，可以提前设置一套供特殊时期使用的运费模板，适当延长“承诺运达时间”。

（4）保持与买家的良好沟通。如遇到特殊情况商品无法按时到达，卖家应及时联系买家说明原因，征得买家同意后延长收货期。

案例解析

在速卖通后台上传商品时，必须选择运费模板，选择运费模板后，买家可根据运费模板选择适用于自己的物流方式。因此运费模板的选择是非常重要的，速卖通提供新手运费模板和自定义运费模板。作为新手卖家，可以选择新手运费模板，以免出错。但是为了平台的业务发展，想要运营好店铺，学会自定义运费模板是非常重要的。在自定义运费模板中可以为不同国家或地区设置对应的模板，这样可以给买家提供更多的物流选择，以便买家按自己的实际情况选择合适的物流方式。因此，学会设置运费模板非常重要。

一、新增运费模板

（1）单击“商品管理”按钮打开“商品管理”菜单，单击其中的“运费模板”按钮，这时将进入新增运费模板页面，可以在此页面进行运费模板设置，新增运费模板页面如图 4-34 所示。

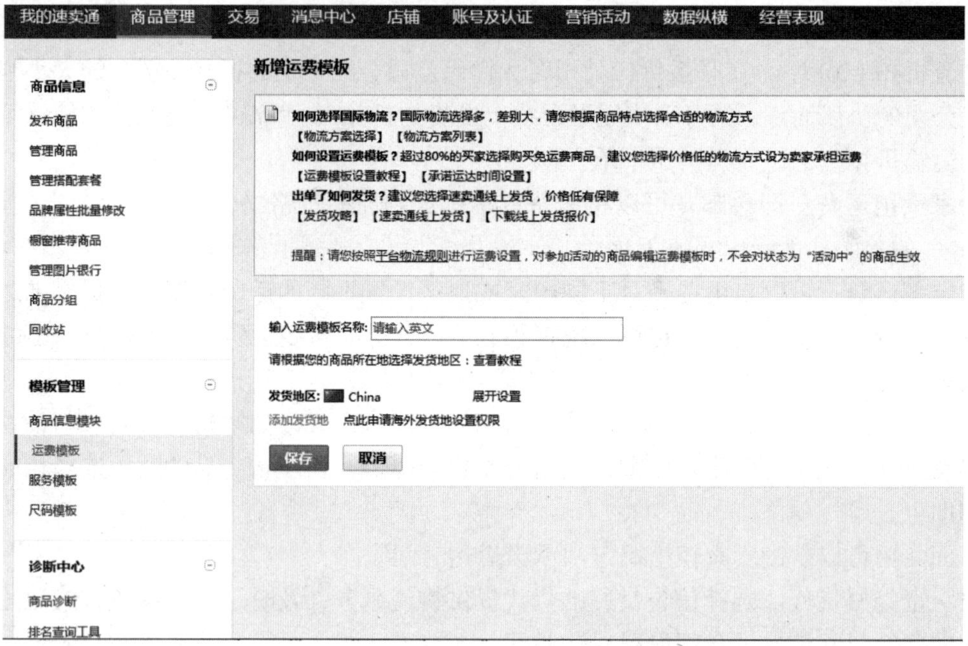

图 4-34　新增运费模板页面

（2）为新增的运费模板设置一个名字，如 US（不能输入中文），然后选择物流方式，填写商品运达的时间和运费折扣，如图 4-35 所示。

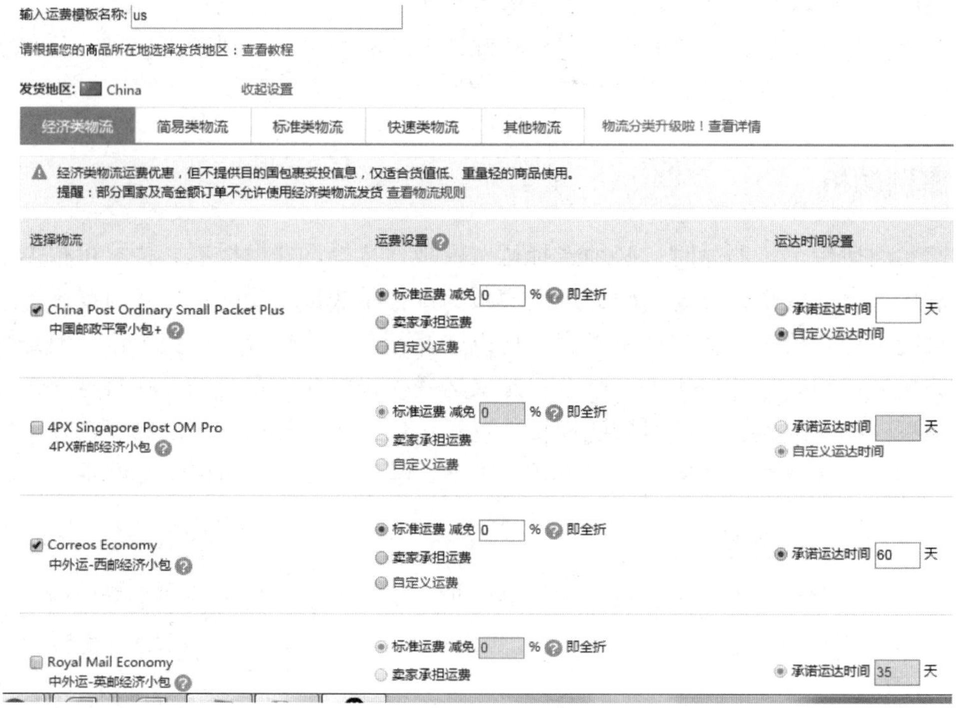

图 4-35　运费模板设置页面

（3）查看设置好的运费模板。在新增运费模板列表中可以看到新增的模板，如图 4-36 所示。

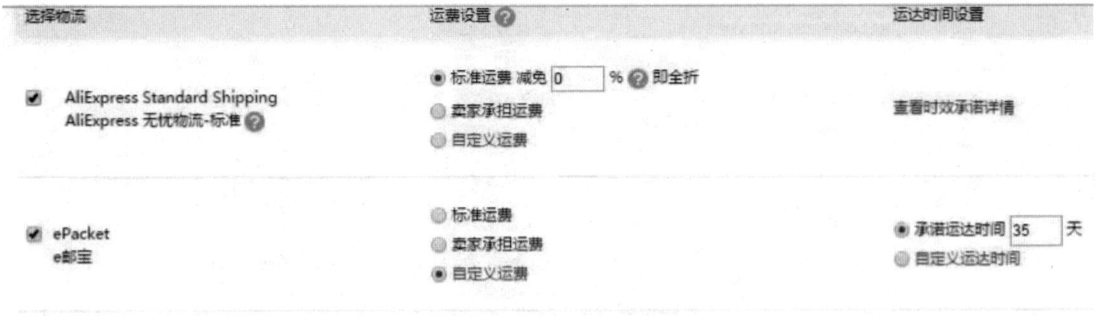

图 4-36　新增运费模板列表

二、自定义运费设置

我们可以对某种物流方式进行自定义设置，如对一些国家或地区设置标准运费，对另外一些国家或地区设置免运费等情况。

（1）在设置运费模板时，单击“自定义运费”按钮，会进入如图 4-37 所示的页面。

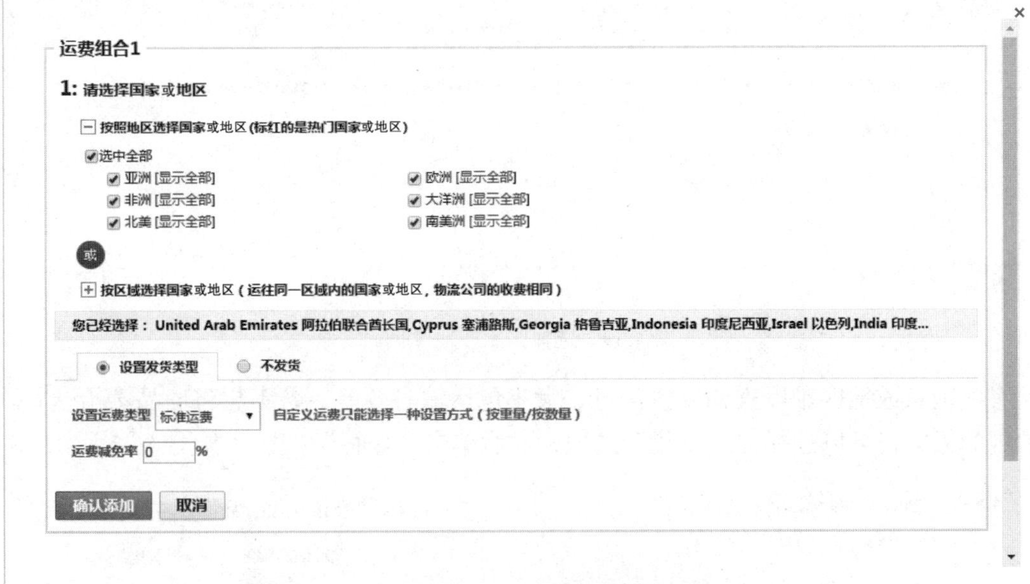

图 4-37　自定义运费模板设置页面

可以按照地区选择国家或地区，也可以按区域选择国家或地区，如图 4-38 所示。

单击相应复选框，选择完毕后会显示提示“您已经选择××国家或地区”，如图 4-39 所示，单击“确认添加”按钮即可。

对组合内的国家或地区，可以设置发货类型，在运费减免率中填上适当数字则可设置运费减免，如图 4-40 所示。

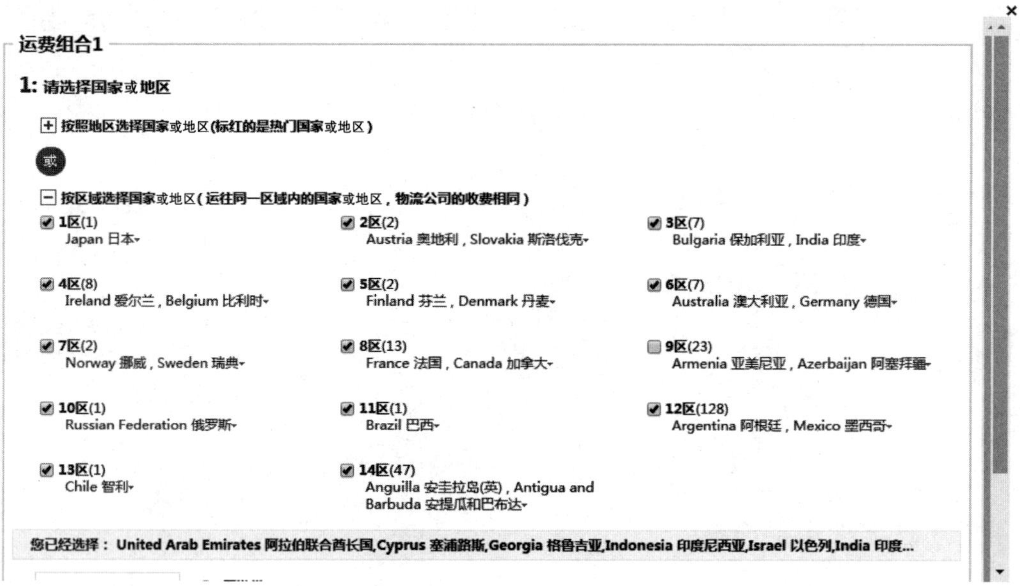

图 4-38　运费模板设置国家或地区选择页面

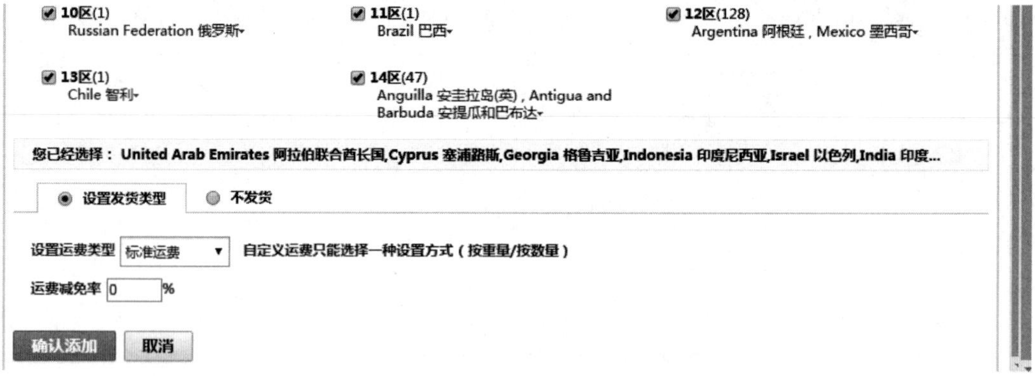

图 4-39　选择国家或地区页面

有些国家或地区难以查询妥投信息、大小包运输时效差，若不想将商品卖给这些国家或地区的买家，可以选择“不发货”选项，然后单击“保存”按钮，如图 4-41 所示。

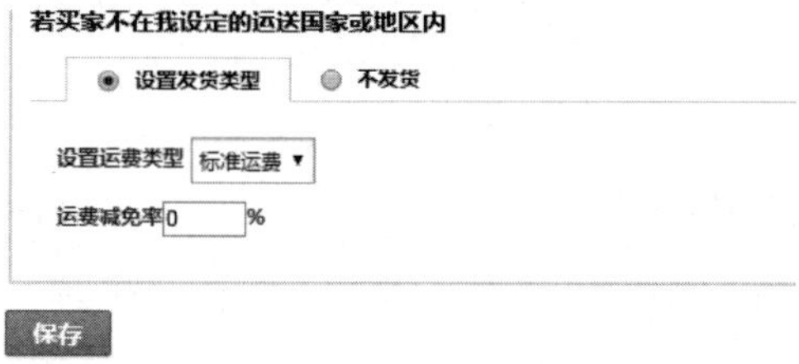

图 4-40　设置发货类型和运费减免页面

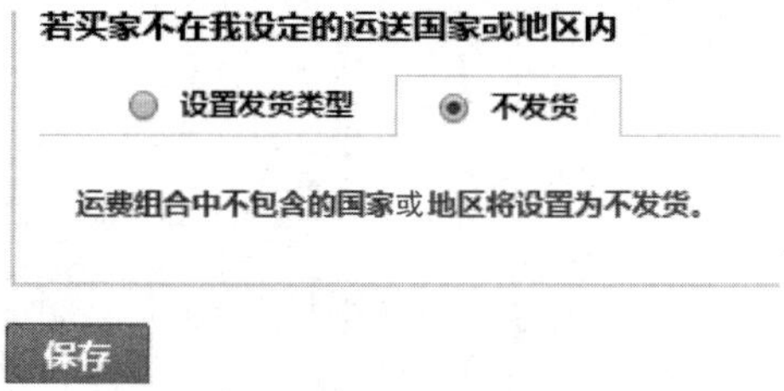

图 4-41　设置不发货页面

单击“保存”按钮后，自定义运费设置完成，可继续勾选列表中的其他物流方式，如图 4-42 所示。

图 4-42　选择其他物流页面

（2）在设置自定义运达时间时，可以单击“自定义运达时间”按钮，进入自定义运达时间设置页面进行操作，如图 4-43 所示。

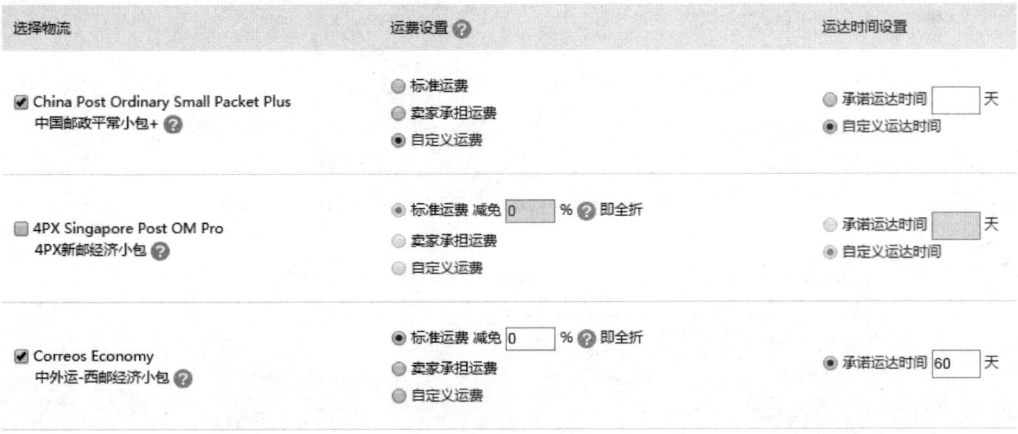

图 4-43　自定义运达时间设置页面

单击每种物流方式后面的“自定义运达时间”按钮，在弹出的对话框中选择一个国家或地区，填写时间，如图 4-44 所示。

单击“确认添加”按钮，则进入如图 4-45 所示页面。

对其他国家或地区设置承诺运达时间，设置完成后单击“保存”按钮，即完成自定义运达时间设置。

发布商品时，在“商品运费模板”菜单下选择“自定义运费模板”选项，展开“自定义运费模板”下拉菜单，选择之前设置好的运费模板即可，如图 4-46 所示。

图 4-44　某种物流方式下自定义运达时间设置页面

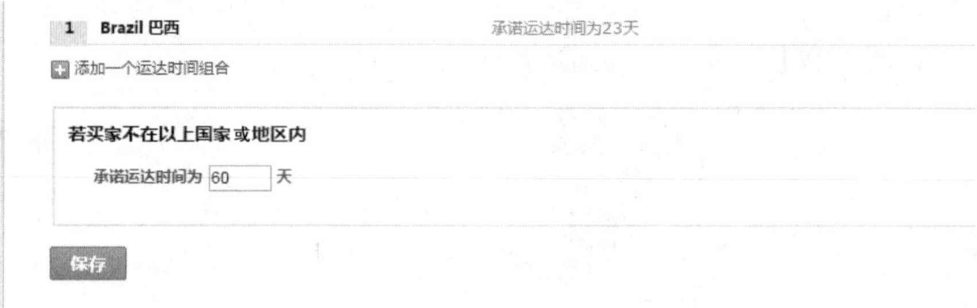

图 4-45　设置某国家或地区的运达时间页面

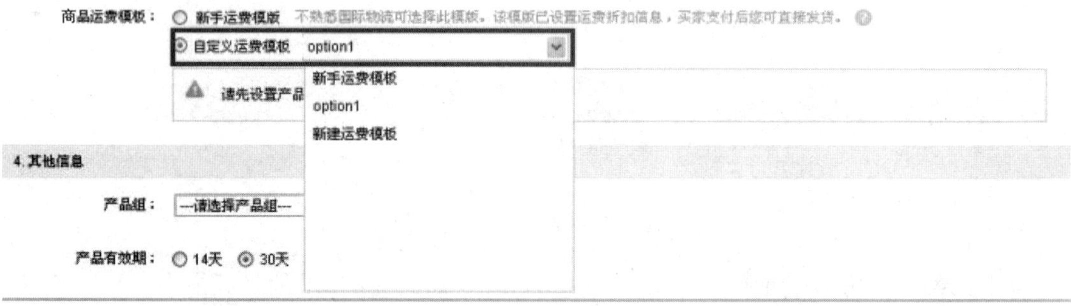

图 4-46　发布商品时运费模板选择页面

特别提醒：修改运费模板后，所有使用该运费模板的商品的运费将自动更新。

三、海外仓运费模板

如果卖家需要添加新的发货地点，可单击页面上的“点此申请海外发货地设置权限”按钮（见图 4-47）。这时将进入如图 4-48 所示的页面。

图 4-47 海外发货地申请页面

图 4-48 海外仓首页

下拉此页面，这时将进入海外仓卖家报名页面，如图 4-49 所示，然后按页面提示步骤设置发货地为海外的运费模板。

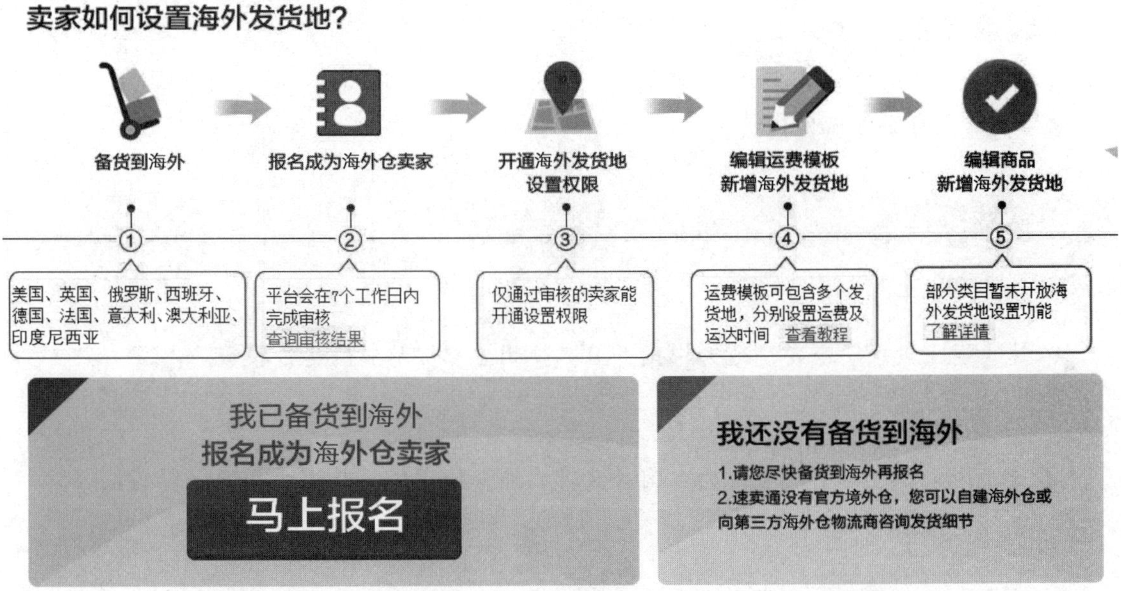

图 4-49 海外仓卖家报名页面

商品发货地必须与运费模板设置的完全一致，卖家需要根据海外仓所在地新增或编辑运费模板。例如，卖家 Lisa 有 3 个商品，发货地如表 4-3 所示，她需要分别设置 3 个不同的运费模板。在设置过程中要注意，商品发货地必须完全和运费模板设置的发货地一致，所以商品 A 只能关联运费模板 1，不能关联运费模板 2 或模板 3。

表 4-3　卖家 Lisa 有 3 个商品运费模板设置情况

商品	发货地	商品可关联的运费模板
A	中国	运费模板 1：发货地只有中国
B	美国	运费模板 2：发货地只有美国
C	中国和美国	运费模板 3：有 2 个发货地，中国和美国

习题演练

一、判断题

1. FBA 全称为 Fulfillment by Amazon，即亚马逊提供的代发货服务。亚马逊在美国、加拿大、欧盟、日本都建有自己的配送仓库，为商家提供包括仓储、拣货打包和配送等一条龙式的物流服务。（　　）

2. 中国邮政小包能发带有电池的商品。（　　）

3. 传统国际贸易方式下的支付主要通过银行间的国际结算完成，跨境电商则选择国际性的第三方支付平台。（　　）

二、简答题

1. 跨境电商物流有哪些方式？

2. 简述海外仓的运作模式。

实践操作

实践任务一

在速卖通上设置一个发货地为中国并且只使用 e 邮宝物流的运费模板。

实践任务二

在速卖通上设置一个发货地为中国并且可以组合使用不同物流方式的运费模板。

实践任务三

在速卖通上设置一个发货地为中国且免运费的运费模板。

情景五

店铺营销及推广

子情景一　速卖通的营销及推广活动

学习目标

知识目标

- 掌握速卖通的营销推广的方式。
- 了解速卖通的营销推广活动如何进行。
- 了解店铺指标的含义，如浏览量、跳失率、客单价、下单转化率等。
- 熟悉全店铺打折、店铺优惠券活动的设置方式。
- 熟悉平台以外的其他营销推广方式。

能力目标

- 能制订平台的营销推广活动方案。
- 能根据店铺的数据表现进行商品营销策略调整。

素质目标

- 培养学生认真工作的态度。
- 培养学生细心处理问题的能力。

项目背景

杭州景慧贸易有限公司的跨境电商专员小张把商品上传到速卖通并开通了店铺。小张发现自己经营的店铺商品浏览量很低，下单的买家很少。经理告诉小张，要根据店铺的情况进行营销推广活动，小张立即着手了解速卖通店铺如何进行营销推广活动。

任务实施

步骤一：查看店铺后台数据，分析店铺运营现状。

步骤二：根据分析结果进行店铺及商品的营销推广。

步骤三：观察营销推广后店铺数据的变化。

步骤四：根据店铺数据变化进行营销推广策略的调整。

知识铺垫

近年来，跨境电商业务发展势头迅猛，许多传统外贸企业纷纷转型跨境电商，一些生产商近年来也开展了跨境电商业务。随着越来越多的卖家进入跨境电商市场，不同平台之间的竞争也越来越激烈，同一平台上卖家之间的竞争也越来越激烈。想要在激烈的竞争中脱颖而出，不仅要有好的商品，还需要对商品进行营销推广。接下来以速卖通为例，分析主要的营销推广方式。

一、速卖通的主要推广方式

速卖通有多种营销推广方式。卖家可以在店铺内开展营销活动，如全店铺打折、限时限量折扣、店铺优惠券和店铺满立减；也可以参加速卖通的一些常规活动，如国家或地区团购、行业主题活动和平台大型促销活动，速卖通每年的 3 月、8 月、12 月都会进行大的促销活动。

二、速卖通店铺内可设置的营销活动

（一）限时限量折扣

限时限量折扣营销活动的基本规则如下：以月为单位，每月活动的总数量为 40 个，总时长为 1 920 小时。开展限时限量活动需要先设置对应的活动库存，活动开始后，买家下单扣减对应的活动库存。如需补充库存，卖家可以在活动开始后到对应的活动设置页面进行补充设置。

使用限时限量折扣工具可以使店铺的商品获得额外曝光机会，这是因为买家的购物车、收藏夹里的商品一旦打折，立刻会收到系统提示，很多买家都会查看，从而提升曝光量，随着曝光量的提升，商品的购买率也会得到提升。速卖通买家通过“Sale Items（折扣商品）”页面的搜索结果筛选功能，可以让通过限时限量折扣工具打折的商品，有机会展示在搜索结果的第一页。

卖家在设置限时限量折扣时，要注意以下几点。

（1）如果商品存在多个 SKU，则所有 SKU 为商品普通库存量非 0 且商品为“正在销售”状态下的均会参加到活动中。

（2）创建好限时限量折扣活动后，选择参与活动的商品，每个活动最多只能选择 40 个

商品。但是选择多少个商品参与折扣活动完全取决于卖家，选定商品后卖家可以在折扣数量中进行设置。

（3）促销价必须要低于 90 天均价。这里要注意的是，90 天均价是指从当天往前推的 90 天内，按照现售价规则（现售价是指目前展示在网站上的买家可以直接下单购买的价格）计算的平均值。因此，商品平时的促销价格不要过低，否则该商品的 90 天均价会越来越低，不利于以后的促销活动和利润控制。

（4）限时限量折扣活动创建完成后，活动呈现“未开始”状态，这个阶段卖家可以对活动进行编辑、删除、添加商品等操作，也可以进行活动时间的修改。活动开始前 6 小时将进入锁定状态，活动状态将变成“等待展示”，活动开始后将变成“展示中”状态。活动处于“等待展示”和“展示中”时就不可以编辑，也不可以停止，所以卖家需要谨慎设置。

（5）卖家需要特别注意的是，限时限量折扣活动一旦创建，商品即被锁定，活动不可以停止，若活动过程中卖家发现价格设置错误，可以把商品下架，以免造成更多损失。

（6）折扣计算：X%off=（100%-X%）×10 折

例如：10% off 是指商品 9 折，20% off 是 8 折，以此类推。

（7）设置时间。打折商品会在设置的活动开始时间展示给买家。打折活动设置完成后，由于系统审核及服务器同步问题，买家最早 12 个小时之后才会看到折后的商品。因此，如果有重大活动，需要提前至少 12 小时完成活动设置，另外需要注意活动工具的时间要按照美国时间。

店铺指标

浏览量：店铺页面和商品页面被浏览的次数。

访客数：浏览店铺页面和商品页面的访客数，注意访客数只对当天的数据进行去重，多天的数据直接加和。

跳失率：只访问了一个页面的访客数占所有访客数的比例。

人均浏览量：人均浏览页面的次数。

平均停留时长：访客在每个页面平均停留的时间，单位为秒。

支付金额：支付订单的金额之和。

客单价：店铺整体成交金额与店铺成交的买家数之比。

加收藏夹人数：将商品添加到收藏夹的访客数。

加购人数：将商品添加到购物车的访客数。

下单转化率：下单买家数与访客数之比。

支付转化率：支付买家数与访客数之比。

新访客占比：第一次访问该店铺的访客数占总访客数之比。

新买家占比：第一次在该店铺下单的买家数占总买家数之比。

下单买家数：下单的买家去重后的数量。

支付买家数：支付的买家去重后的数量。

（二）全店铺打折

全店铺打折是卖家最常用的一种营销工具，是店铺自主营销的“四大利器”之首，其活动与限时限量折扣活动有点类似。对于新店铺来说，全店铺打折的营销效果更为明显，能快速提高店铺的销量和信用，提高店铺的综合曝光量。

活动设置路径：登录操作后台，单击“营销活动”按钮打开“营销活动”菜单，单击其中的“店铺活动”按钮，选择“全店铺打折”选项，这时将进入全店铺打折活动设置页面。

1．进行全店铺打折活动之前的注意事项

（1）全店铺打折活动的开始时间为美国太平洋时间，创建活动 24 小时后开始。

（2）全店铺打折活动有时间和数量的规定，以月为单位，每月活动总数量是 20 个，总时长为 720 小时。与限时限量折扣不同的是，全店铺打折可以让所有商品参与到活动中，另外可以对商品先进行分组，然后再在分组的基础上进行折扣的设置。

（3）要注意设置时间。未开始的活动可以编辑修改，当活动处于等待展示阶段、展示中或已结束的状态时，是不能再修改的。所以卖家要提前做好计划，再去设置全店铺打折活动。

（4）卖家要对参与活动的商品进行整体利润把控。在开始全店铺打折前，必须对所有商品有一个整体的利润控制，对于每个商品能打几折，折后利润有多少，必须要清清楚楚，这样才能用好“全店铺打折”。

2．设置营销分组

使用营销分组功能可以根据每个商品的利润空间统一规划分组，以便把控店铺利润。设置好营销分组后，再次设置每个商品就比较容易了。

（1）日常全店铺打折活动只允许对店铺中的部分分组的商品进行打折，大促时的全店铺打折允许对所有分组的商品进行打折。

> **特别提示**
>
> 当全店铺打折活动和限时折扣活动在时间上有重叠时，平台将以限时限量折扣活动为最高优先级展示。例如，商品 A 在全店铺打折中的折扣是 10%off（9 折），在限时折扣中是 15%off（85 折），则买家页面上显示的是 15%off。
>
> 全店铺打折针对卖家所售商品的二级类目，有折扣限制，具体见 http://bbs.seller.aliexpress.com/bbs/read.php？ spm=2114.56020108.300.9.FbWV7a&tid= 271232。

（2）营销快照。因为营销分组是卖家可实时编辑的，而卖家往往在报名全店铺打折活动后其营销分组会产生变动，导致卖家不清楚活动生效时的营销分组，造成卖家最终看到的活动生效时的折扣和当初设置的不一致。

在全店铺打折活动创建后，再更改营销分组，针对这场活动的分组是不会生效的。在“营销快照”里搜索出来的结果，就是该场活动实际所在的营销分组。卖家要利用好营销快照工具，清楚掌握分组及其对应活动的信息，以免出现前后折扣不一致的情况。

（三）店铺满立减

店铺满立减工具是速卖通店铺的自主营销工具。针对全店铺的商品，在买家的一个订单中，若订单金额超过了卖家设置的优惠条件（满 X 元），在其支付时系统就会自动减去优惠金额（减 Y 元）。既让买家感觉到实惠，又能刺激买家为了达到优惠条件而多买，买卖双方互利双赢。店铺满立减也有时间限制，以月为单位，每月活动总数量为 10 个，总时长为 720 小时。优惠规则（满 X 元减 Y 元）由卖家根据自身交易情况设置，正确使用店铺满立减工具可以刺激买家多买，从而提升销售额，拉高平均订单金额和客单价。

在设置店铺满立减时，有全店铺满立减和商品满立减两种活动类型。其中，全店铺满立减的商品范围是全店商品（注意：订单金额包含商品价格和运费，限时折扣商品按折扣价参与）；而商品满立减的范围则是指定参与活动的商品。

目前满减条件支持的类型有单层级满减和多梯度满减。其中，单层级满减指的是同一优惠比例的满减活动，支持优惠可累加功能（当促销规则为满 100 减 10 时，则满 200 减 20，满 300 减 30，以此类推，上不封顶），选择单层级满减，需要设置单笔订单金额条件及立减条件，该类型的满减支持优惠可累加的功能。多梯度满减指的是不同优惠比例的阶段性满减活动，选择多梯度满减，需要至少设置 2 个梯度的满立减优惠条件，最多可以设置 3 个梯度的满立减优惠条件，即设置时需要满足两个要求：后一梯度的订单金额必须大于前一梯度的订单金额；后一梯度的优惠力度必须大于前一梯度的优惠力度。

例如，满减梯度一的设置为满 100 美元立减 10 美元（9 折），则满减梯度二设置的单笔订单金额必须大于 100 美元；当订单金额设置为 200 美元时，则对应的立减金额必须大于等于 21 美元（最大为 8.95 折）。

已设置好的全店铺满立减活动，如图 5-1 所示。

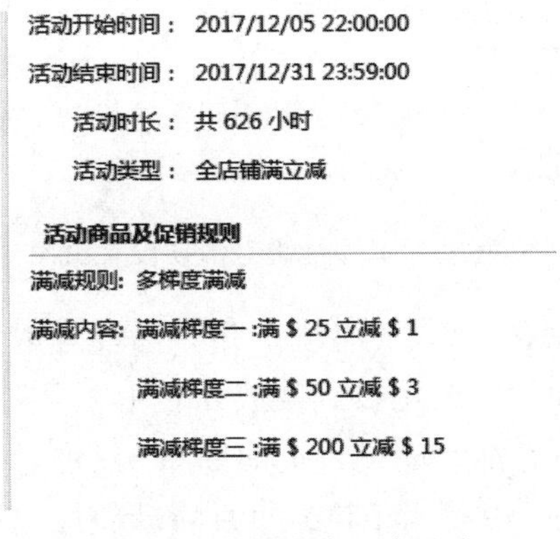

图 5-1　全店铺满立减活动

（四）店铺优惠券

店铺优惠券是一种虚拟的电子现金券，由卖家自主设置优惠金额和使用条件，买家领取后在有效期内使用，且只能在该店铺使用。卖家可以设置让买家进入店铺主动领取的领取性店铺优惠券，也可以为了提升店铺的二次购买率向买家定向发放店铺优惠券，让买家先领券再下单。通过发放优惠券可以创造二次营销的机会，优惠券在国外比较流行，境外买家得到优惠券后，就会想办法把这个优惠券使用掉，卖家从而达到了二次营销的目的，提升购买转化率。

1. 店铺优惠券主要类型

（1）领取型优惠券活动。以月为单位，每月活动总数量 30 个，在领取型优惠券活动开始后，卖家设置的优惠券信息会在店铺内、商品详情页、买家购物车等位置展示，买家可单击“领取”按钮领取优惠券。领取型优惠券活动设置页面，如图 5-2 所示。

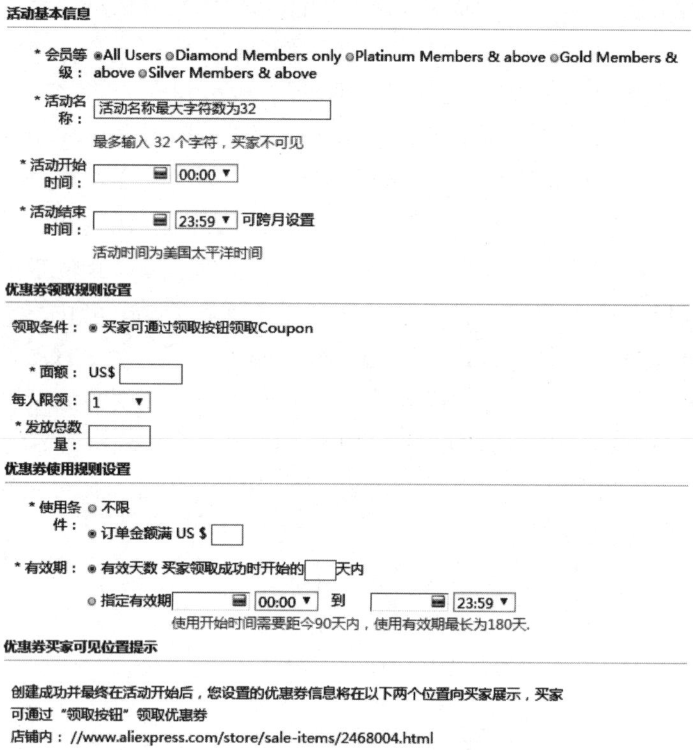

图 5-2　领取型优惠券活动设置页面

（2）定向发放型优惠券活动。以月为单位，每月活动总数量 20 个。在定向发放型优惠券活动开始后，卖家需要添加相应的用户到发放列表中，只有卖家添加到列表的用户才能收到优惠券。定向发放型优惠券活动的设置页面如图 5-3 所示。

（3）金币兑换优惠券活动。以月为单位，每月活动数量 10 个，在金币兑换优惠券活动开始后，买家可以在金币频道兑换到相应的红包或优惠券。金币兑换优惠券活动设置页面，如图 5-4 所示。

（4）秒抢优惠券活动。以月为单位，每月活动总数量 30 个，秒抢优惠券活动设置页面如图 5-5 所示。

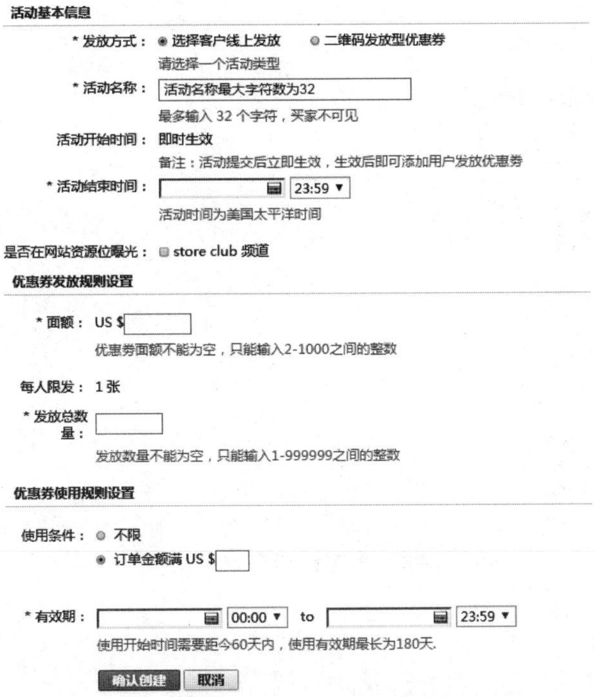

图 5-3　定向发放型优惠券活动设置页面

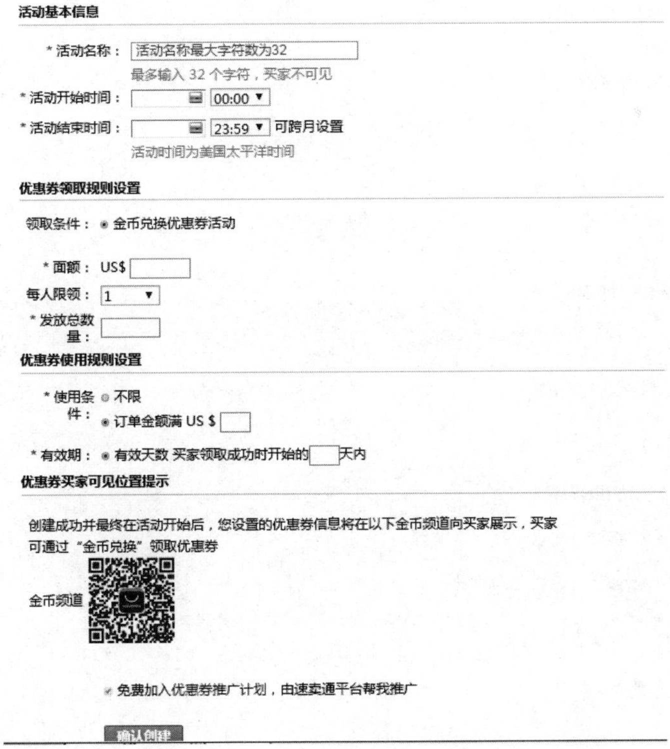

图 5-4　金币兑换优惠券活动设置页面

图 5-5　秒抢优惠券活动设置页面

（5）聚人气优惠券活动。以月为单位，每月活动总数量 10 个。聚人气优惠券活动设置页面如图 5-6 所示。

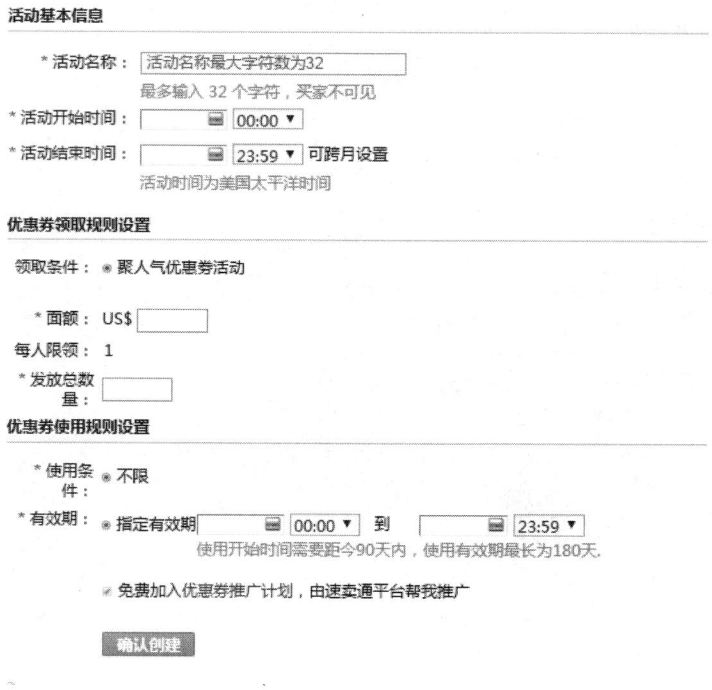

图 5-6　聚人气优惠券活动设置页面

2．店铺优惠券的作用

（1）促进当次消费。使用店铺优惠券，可以让买家先领券再消费，从而为买家注射一剂“强心针”，帮助其下定决心购买商品。

（2）巩固老买家黏度。卖家将店铺优惠券的信息发送给老买家，作为奖励和回馈，可以提高复购率。

（3）为店铺引流。为了将手中的优惠券用出，买家一定会在店铺中寻找合适的商品，大大增加了店铺中商品的曝光率和被浏览的机会，提升出单率。

3．优惠券使用条件设置

（1）使用条件不限。设置该条件后，则该优惠券可以无条件使用，即只要订单金额大于优惠券面值，买家就可以使用该优惠券。这种优惠券的优势是使用门槛低，有助于提高买家黏性和复购率。

（2）订单金额满。设置该条件后，则该优惠券只有在买家的订单金额达到一定要求时才可以使用。例如，某个卖家发放的优惠券面值是 8 美元，使用条件是订单金额满 50 美元，那么只有当买家在店铺的订单金额超过 50 美元时，才可以使用这张优惠券。这样可以避免低价商品让利过多的情况，也可以提升卖家的买家单价，同时刺激买家多买。

（3）有效期。设置该条件后，则该优惠券有一定的有效期。优惠券有效期不宜过长或过短，一般 7～30 天比较合适。有效期过长的优惠券，很难刺激买家尽快使用，极有可能被遗忘；若有效期过短，买家还来不及选中商品，优惠券就已过期，则优惠券活动就会失去提升订单量的效果。如图 5-7 为已设置好的店铺优惠券页面。

图 5-7　已设置好的店铺优惠券页面

（五）平台活动

平台活动营销是速卖通面向卖家推出的免费推广服务，也是速卖通的营销利器之一。正确使用平台活动营销技巧，可以帮助卖家快速实现店铺的高曝光量、高点击量、高转化率等一系列目标。

1．平台活动的常见类型

目前常见的平台活动类型包含 SuperDeals、国家或地区站团购、行业 Hot&New、行业 Sales、主题频道等，如图 5-8 所示，每个活动都有不同的要求和效果。下面将对常见的平台活动分别进行介绍。

1）SuperDeals

该平台活动是速卖通的秒杀活动，通常是在不同的时间段（如工作日、周末等）进行秒杀。在速卖通买家首页，单击“SuperDeals”超链接，即可进入该平台活动页面。

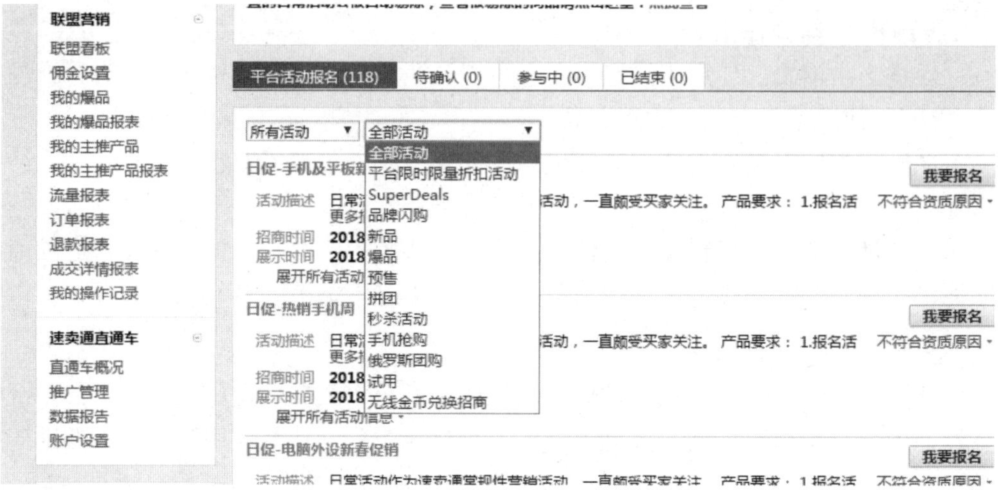

图 5-8　平台活动后台页面

2）国家或地区站团购

速卖通主要面向国际市场，因此会陆续开通单独的国家或地区团购页面，如俄罗斯团购、巴西团购等。平台通过这些单一国家或地区的团购活动，吸引大量买家参与购买，促进平台在这些国家或地区的推广。

3）行业 Hot&New

速卖通活动针对不同行业的热销品和新品会定期在首页相关类别的推广模块中投放广告资源。行业 Sales 主题频道活动是针对周年庆、情人节等各类节日和活动庆典而做出的相关主题的促销活动，一般在买家首页的推广位置非常显眼，会在页面中间有一个大版块。

2．平台活动的报名

每一期的平台活动招商，卖家都能够在速卖通卖家后台的“营销活动”选项卡中的“平台活动”项目组找到报名方式。卖家选好商品并进行报名即可，一旦入选，该商品将出现在活动指定的推广板块中，得到大量曝光。

速卖通活动的类型很多，卖家在报名平台活动之前，需要先选好平台活动的类型。

3．平台活动的选品技巧

在选好平台活动的类型之后，就需要对商品进行选择了。卖家一定要有针对性地选择和完善能满足相应指标的商品，从而提升店铺的影响力和销量。在选择参与平台活动的商品时需要考虑以下几个方面。

（1）寻找符合流行趋势的商品。在不同时间、不同季节，平台有自己的流行趋势，卖家需要选择符合平台流行趋势的商品。

（2）优化商品与活动匹配。当选定一个商品参加平台活动时，该商品的标题、图片、关键词、属性和文案信息都要和活动主题紧密联系、高度贴合，并且商品质量都得过硬，这样才能让商品的相关性分值达到最大化。

（3）要想参加平台活动，卖家需要注意提升服务质量，当卖家服务等级是优秀的时候，平台活动就有优先参加权。

在选择好商品后，卖家还需要对活动商品及促销规则进行设置，把所有选项设置完成后，才可以完成平台活动的报名，同时也可以查看所有已经报名的平台活动。在这里需要注意的是，有些平台活动在报名之后，而商品被锁定之前是允许修改库存和折扣等数据的，有些活动则不允许，具体情况要看活动类型和要求。

案例解析

接下来我们以速卖通店铺为例，来说明如何创建店铺营销活动。

一、创建限时折扣活动

（1）登录速卖通后台，单击“营销活动”按钮，进入“营销活动”页面，能够看到在速卖通后台可以设置的全部营销活动，如图 5-9 所示。

图 5-9 速卖通后台营销活动页面

（2）单击“限时限量折扣”按钮，将进入“限时限量折扣”活动后台页面，如图 5-10 所示。

图 5-10　限时限量折扣活动后台页面

（3）在页面中单击“创建活动”按钮，进入如图 5-11 所示的页面。

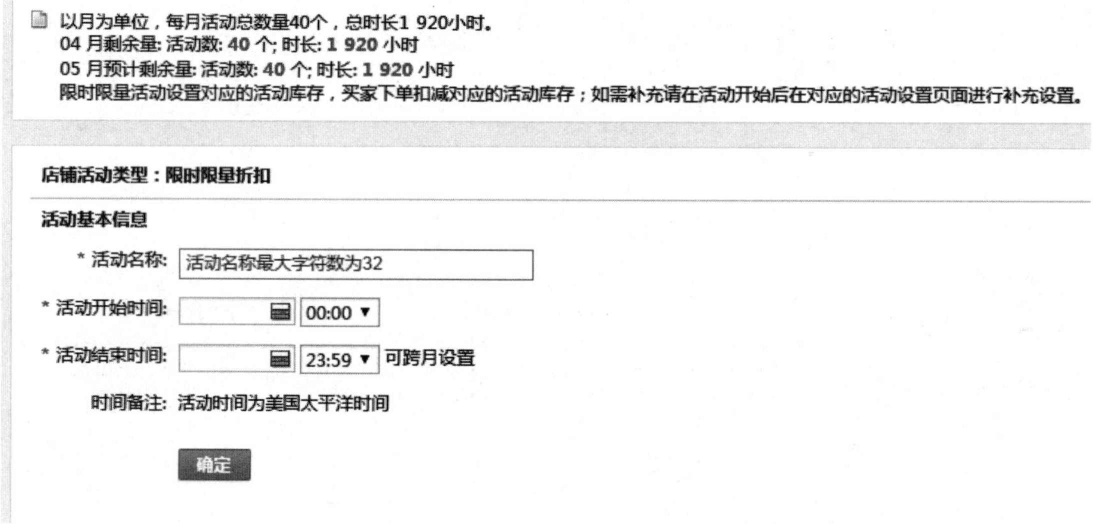

图 5-11　限时限量折扣活动创建页面

（4）在限时限量折扣活动创建页面中，设置活动的起始时间。然后单击“确定”按钮，如图 5-12 所示。

（5）活动时间设定好以后，页面中活动名称、栏目背景已经变灰，如图 5-13 所示。此时单击“添加商品”按钮，将进入选择商品页面，然后按发布类目选择商品或输入商品的ID 选择商品，添加商品即可，如图 5-14 所示。

图 5-12　限时限量折扣活动时间设置页面

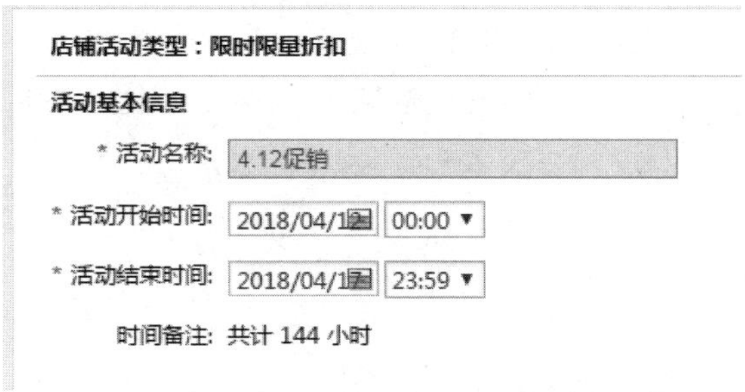

图 5-13　已设置好时间的限时限量折扣活动页面

图 5-14　限时限量折扣活动添加商品页面

（6）活动创建好以后，在“限时限量折扣”选项下方即可看到创建好的活动，如图 5-15 所示。

图 5-15　限时限量活动设置完成页面

（7）编辑限时限量折扣活动。创建好限时限量折扣活动以后，如果还需要增加商品，可单击图 5-15 中的“编辑”按钮。这时将进入如图 5-16 所示的活动编辑页面。

在页面中修改设置或新增商品之后单击“修改”“点击报名新增商品”按钮。这时，限时限量折扣活动的编辑就完成了。

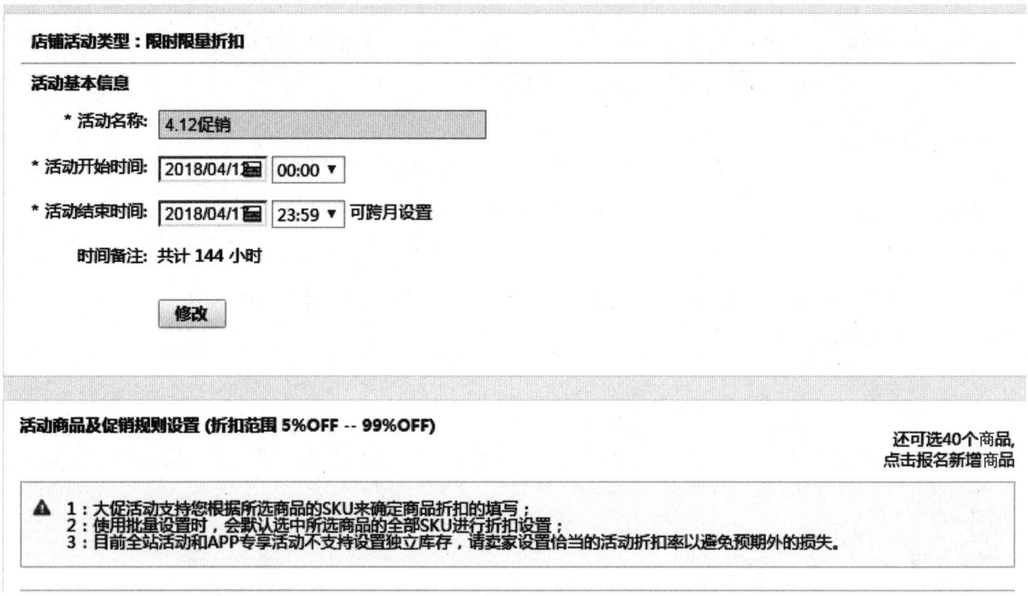

图 5-16　限时限量折扣活动编辑页面

二、创建全店铺打折活动

创建全店铺打折活动时，需要登录操作后台单击“营销活动”按钮，进入“营销活动”页面，单击“店铺活动”按钮，选择“全店铺打折”选项。

（1）选择“全店铺打折”选项，单击“创建活动”按钮，如图 5-17 所示。

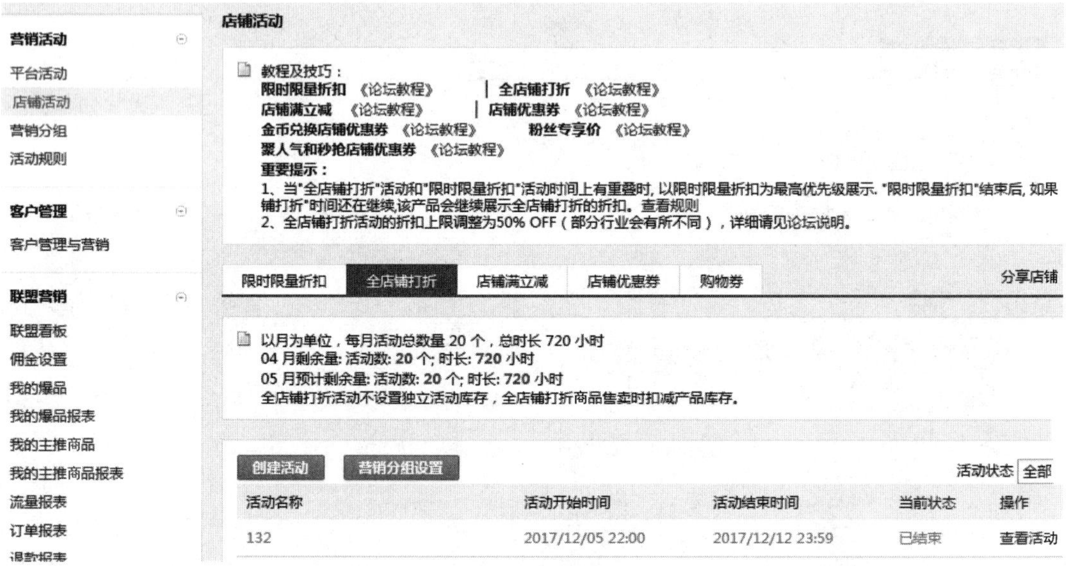

图 5-17　全店铺打折活动后台页面

（2）填写活动信息。全店铺打折活动可以根据不同的商品组设置不同的折扣。未分组商品的折扣为“Other 组”的折扣，如图 5-18 所示。

图 5-18　全店铺打折活动设置页面

（3）单击图 5-18 所示页面中的“提交”按钮，活动创建即可完成。在活动列表中可看到已创建的活动，如图 5-19 所示。

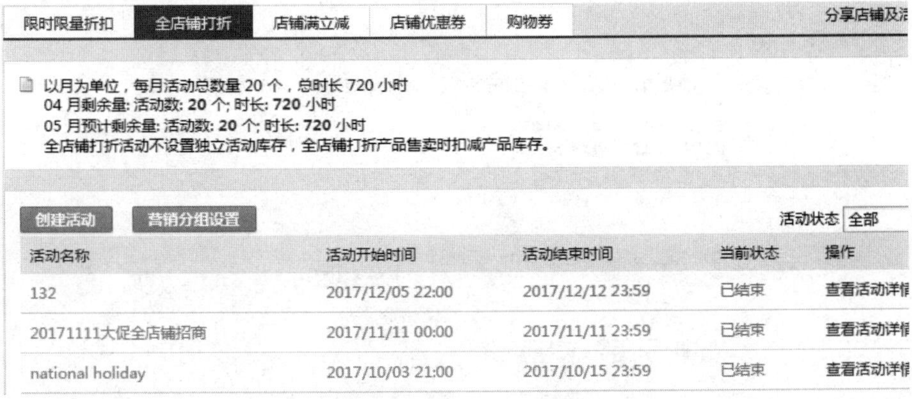

图 5-19　全店铺打折活动设置完成页面

店铺满立减活动的创建与店铺打折活动的创建方式相同，按具体要求进行设置即可。

三、平台活动设置

（1）单击“营销活动”按钮，进入“营销活动”页面，选择“平台活动”选项，即可进入平台活动报名页面，如图 5-20 所示。页面中“平台活动报名”菜单下方是平台近期活动的列表。卖家可查看选择合适的活动报名。

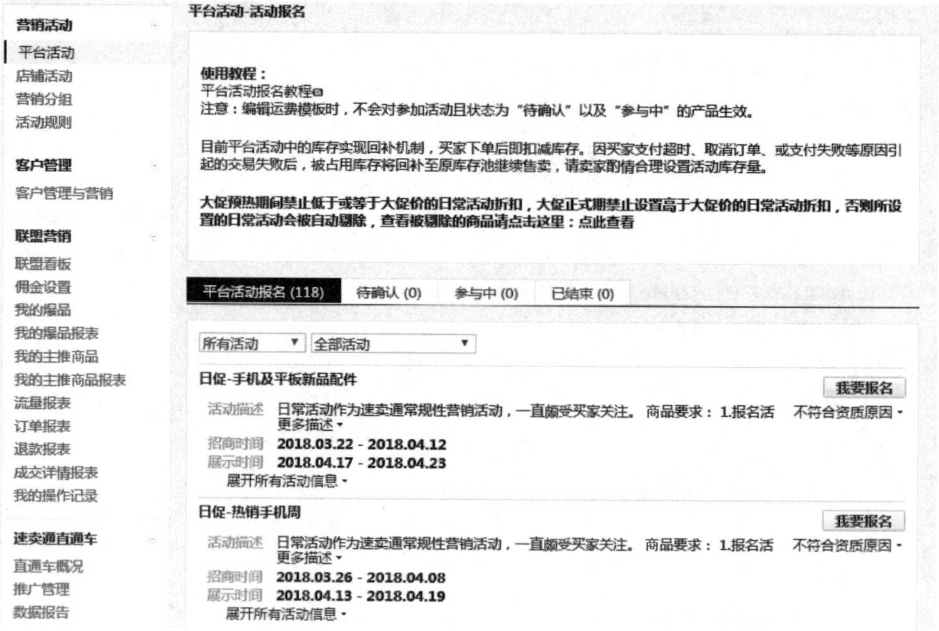

图 5-20　平台活动报名页面

（2）查看活动信息。单击页面活动名称下方的“展开所有活动信息”按钮，即可显示活动的全部信息，具体有活动要求、价格门槛、支付时限和商品条件。同时还可以看到对店铺的好评率和类目的相关要求。卖家可对比自己店铺，条件合适即可报名。图 5-21 是一个平台活动的详情页面。

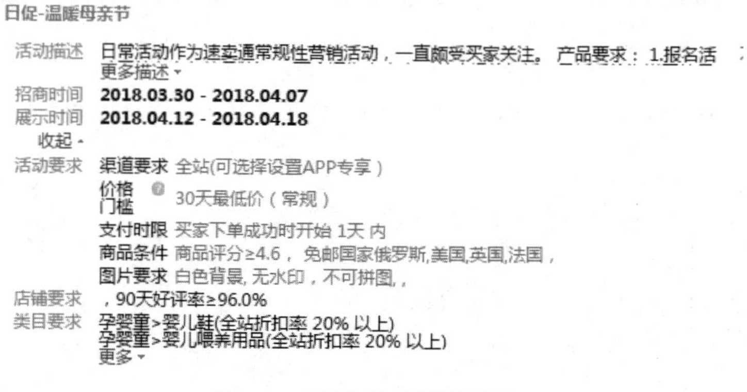

图 5-21　平台活动详情页面

习题演练

简答题

1. 限时限量折扣活动是不是只要报名了就能成功参与？
2. 子账号可以设置限时限量折扣活动吗？

3. 卖家可以只选择一个商品参与限时限量折扣活动吗？为什么？
4. 在速卖通当月报名了跨月的活动，活动数量是如何扣减的？
5. 全店铺打折活动和店铺满立减活动有冲突吗？
6. 全店铺打折活动和限时限量折扣活动有冲突吗？
7. 全店铺打折活动扣减的是什么库存？

实践操作

实践任务一

请尝试在速卖通店铺设置全店铺打折活动。

实践任务二

请尝试在速卖通店铺设置店铺满立减活动。

子情景二　亚马逊的营销及推广活动

学习目标

知识目标

- 了解亚马逊的商业理念。
- 了解亚马逊有哪些广告形式及如何使用这些广告形式。
- 了解什么是付费商品广告、标题搜索广告和商品展示广告。

能力目标

- 能查找亚马逊的广告展示结果页面。
- 根据营销目标选择合适的营销推广方式。
- 能设置亚马逊的营销推广方式。

素质目标

- 具备一定的分析选择能力。
- 拥有较好的开拓国际市场的营销思维。

项目背景

运营亚马逊店铺，投放站内广告是不可或缺的一步，投放广告不仅能增加商品的曝光量，还能推动商品自然排名的增长。亚马逊有多种商品推广营销方式，如付费商品广告、商品展示广告、Buybox 黄金购物车和 Prime Day 等方式。那么，如何选择最合适的营销方式来推广自己的商品呢？

任务实施

步骤一：了解亚马逊的商业理念，明确如何在亚马逊营销推广商品。

步骤二：了解亚马逊的营销推广方式并根据营销目标选择合适的推广方式。

步骤三：设置营销推广方式并对推广效果进行分析。

步骤四：根据营销推广效果分析结果，做出改进措施。

知识铺垫

一、亚马逊的 4 大商业理念

在亚马逊做卖家，如果不了解亚马逊的商业理念，那么在营销推广商品的时候就必定会遇到很多困难。卖家要透彻了解平台的规则，遵循规则并合理利用规则，才能在营销推广商品时做到游刃有余。

我们知道，亚马逊一直是以买家体验为核心的，在买家心中亚马逊也有着举足轻重的地位。这与它的商业理念也是分不开的，亚马逊有 4 大商业理念分别是重推荐、轻广告，重展示、轻客服，重商品、轻店铺，重买家、轻卖家。下面我们一一介绍这些理念。

（一）重推荐，轻广告

在亚马逊，站内推广的形式除了商品广告和展示广告，就是促销活动了，形式比较单一。因为亚马逊始终注意买家的购物体验，过多的广告非但起不到好的推广效果，还会招来买家的反感。就像我们在百度里搜索一件商品，排在最前面的总是各种推广链接、广告链接。我们是很少去点击它们的，甚至看都不看一眼，因为心中总是感觉做广告的商品应该不会是因为销量好或口碑好才被列在那里的。亚马逊考虑到了买家的心理，尽量避免这些广告为买家体验带来负面影响。

亚马逊通过采集和分析买家在平台上的浏览、搜索、购物、付款等个性化的行为数据对买家进行人物画像，并且在买家购物时为他进行关联商品推荐，为买家提供更广的商品选择范围，同时提高关联商品的销量，提高推广转化率。

试想一下，在你把商品加入购物车后，系统提示你购买了这个商品的人也购买了以下商品，除此之外，在每个商品页面的 listing 排名旁边会列出 top 100 的排行，还有新刊登热卖排行推荐等，这样多种方式交叉组合，反复刺激你的购买欲望，谁又能抵抗这样的诱惑呢？每次登录平台，都会看到之前浏览过的商品，这也勾起了买家的记忆，复燃了对当前浏览商品的强烈购买欲，成功地捕获了买家的心。据统计，亚马逊近 35%的销售额都与推荐商品功能相关，在业内，它也有着“推荐系统之王”的称号。

（二）重展示，轻客服

我们在淘宝购物时，会经常使用阿里旺旺来和卖家沟通，询问非常方便，也能及时得到反馈。而亚马逊没有提供在线客服的功能，因此买家和卖家之间的沟通只能通过邮件的形式来实现，双方的沟通存在很大的延迟，特别是对于有着很大时差的不同国家或地区的买卖双方来说，耽误的更是不只一两天的时间，这必定会影响商品的成单速度。这就要求尽量减少买卖双方之间的邮件沟通，卖家尽量在商品的 listing 页面将各种信息表达完整、全面，以减少买家的疑惑。因此需要卖家对商品标题、实物图、详细描述进行充分展示，不断地对 listing 进行优化，来促成买家自助下单。

市面上有很多帮助进行商品 listing 优化的工具，如 Jungle Scout，Google Trend，Google Keywords Planer，Unicorn Smasher，Sorftime，CamelCamelCamel，Keyword Inspector，Keyword Tool，Keyword Tool Dominator 等，卖家可以自行了解这些工具的功能，并选择合适的工具使用。

（三）重商品，轻店铺

想象一下我们在淘宝上的购物方式，首先在搜索框中输入要搜索的商品，点击“搜索”后下面会列出所有符合搜索关键字的商品，并且每个商品下面也会附带卖家的店铺名称。买家一般在把商品加入购物车后会再查看一下该商品的卖家店铺中的其他商品，并且可能优先选购该商家的其他商品。因此，卖家可以通过各种推广手法把买家吸引到自己的店铺里，进而促成更多的购买。因此店铺在淘宝上是一个很重要的概念。

但是在亚马逊上，店铺的存在感并不强，平台有意去弱化店铺的概念。在亚马逊上购物是这样的流程：买家如果要购买两件商品，要首先在搜索页搜索商品关键词，浏览商品详情页面，加入购物车。然后再回到搜索页输入第二个商品的关键词，再浏览详情页并加入购物车。用户不关心这几件商品的商家都是谁，亚马逊也根据用户的这个习惯把店铺故意后置，买家需要多次点击才能在不起眼的地方找到卖家店铺的链接。

基于亚马逊弱化店铺的特点，卖家需要更加重视商品 listing 页面的展示，而不是店铺的装修。listing 页面商品图片精美、定价合适，就一定会使订单量大幅提升。订单量提升会导致亚马逊更新 listing 排名，排名越靠前订单量越多，订单量越多排名也就越靠前，这是一个良性循环。因此亚马逊上的卖家也更加重视打造爆款商品，而忽略店铺。

很多卖家的经营策略为“少而精”，店铺里的商品可能就几十款，但是销量也不错。千万不要想着靠多店铺、多 SKU 来提升排名。商品少才有精力来做精、做专，有精力为买家提供更好的服务，更容易管理库存。

（四）重买家，轻卖家

买家是一个平台得以持续发展的根本，买家对平台满意，并且有很好的购物体验，就能提高留存率，使平台能够健康地持续发展。亚马逊提供了买家评价功能来收集买家的购物反馈。商品评论针对卖家的商品，买家反馈针对卖家提供的服务，亚马逊非常鼓励买家表达自己的购物感受，这也有利于对平台进行改进。

商品评论会影响商品的销量和曝光率，买家反馈则影响卖家的排名和黄金购物车。更高的评价星级，意味着更多的流量、曝光率和订单转化，而较低的评价星级，则意味着失去订单的同时，账号可能失去商品的销售权。

如果在交易中出现纠纷，亚马逊往往会倾向于买家而不是商家。这其中也有一个尺度，如果确实是买家的问题，亚马逊还是会公平对待的。但如果是卖家的问题，而且情况比较严重，卖家可能被关闭账号。如果卖家在平台上受到了不公平的待遇，应该积极联系客服申诉，追索自己的应得利益。因为，卖家也是亚马逊的用户，同样受到规则的保护。

二、亚马逊的站内 PPC 广告

PPC 是 Pay-Per-Cick 的缩写，也有人把它称为 CPC（每次点击成本，Cost-Per-Click），是指按点击量付费的一种网络广告形式。PC 广告的最大特点在于曝光不扣费，广告主只需为实际的点击量付费，也就是说，只有当用户实际点击了广告主的广告链接后才会产生费用。

亚马逊作为一个网上购物平台，也为商家提供了站内 PPC 的广告形式。在亚马逊上，站内 PPC 广告是以“Sponsored Products”的形式展现出来的，卖家如果希望自己的商品能够出现在亚马逊搜索结果靠前的页面，可以借助付费广告商品（Sponsored Product Ads）项目实现。

付费广告商品是亚马逊常见的广告类型，在搜索结果页面和商品详情页面中标有“Sponsored”的商品就是付费商品广告，这些广告在移动端和 PC 端同步显示。

随着亚马逊在中国的全球开店计划的推进和媒体对于亚马逊卖家赚钱效应的广泛传播，越来越多的卖家入驻亚马逊。卖家数量增加，导致平台上各个类目的竞争越来越激烈，要想让一个商品在激烈的竞争中崭露头角，站内 PPC 广告就成为运营中首选和必选的工具。

亚马逊站内流量精准，PPC 广告针对的目标买家群体匹配度高，精准的流量可以带来较高的转化率，只要投放得当，就可以让新品或排名靠后的商品展示在前边，为卖家带来更多的曝光量、流量和订单，成为卖家推动一条 listing 快速提升销量和排名的利器。

可以说，在当前的亚马逊上，“无广告，不运营”。

（一）PPC 广告的展示位置

PPC 广告有多个展示位置，对使用广告的卖家而言，最关心的是广告是如何展示在买家面前的。

PPC 广告的展示位置是根据买家的购买搜索习惯和平台运营原理来决定的。当买家在亚马逊购物时，他们一般会搜索相关商品的关键词。买家根据自己的需求在搜索框中输入商品的关键词，然后亚马逊后台系统会根据内部算法把关键词对应的商品展示在买家面前，卖家投放了 PPC 广告的商品 listing 会一并显示在搜索结果页面中。

PPC 广告显示的内容包括商品图片、商品标题、商品价格和商品评价等。一般情况下，在亚马逊，PPC 广告的商品 listing 会出现在以下几个位置：搜索结果页面商品详情页中部等地方；买家搜索结果的第一页，一般最上面的两条 listing 为广告位，页面最下方的两条也是广告位；在后面结果出现的页面中，广告 listing 一般会出现在顶部、中部或底部。在广告商品的旁边会出现“Sponsored”字样以示区别。

除了在搜索结果页面展示 PPC 广告，亚马逊在还在关联商品的详情页面上提供了 PPC 广告的展示位。

（二）PPC 广告投放的前提条件

虽然站内 PPC 广告投放对于一个店铺的运营有着举足轻重的作用，但作为卖家，在投放广告之前，一定要确认是否已经具备了如下前提条件。

1. 自建的 listing

对以跟卖为主要运营手法的卖家来说，一条 listing 里面会有多个卖家销售，大家彼此竞争，即便投放广告，其转化也可能流向别的卖家，所以投放广告的作用不是特别大。

2. 商品 listing 拥有购物车

按照亚马逊的广告投放规则，listing 拥有购物车是广告投放的基本条件，如果 listing 没有购物车，也就没有达到广告投放的基本要求。

3. listing 优化到位

投放站内 PPC 广告可以带来更多曝光，但要想让广告被买家点击，进而转化为订单，listing 的优化就显得非常重要。如果一条 listing 的优化没有做好，商品展示效果很差，即便可以带来一定量的曝光，其转化率也会惨不忍睹，最终导致投入产出比不划算，甚至因为广告而带来亏损。所以，卖家在投放广告前一定要做好 listing 的优化工作，具体的优化内容包括商品图片、标题、五行特性、商品描述、关键词等。

4. 投放广告的商品最好是采用 FBA 发货的 listing

在亚马逊上，约有 60%的订单是经由 FBA 完成发货的。在平台内部，无论是曝光展示、流量倾斜，还是买家普遍的选择偏好，都倾向于优先购买 FBA 发货的商品。在此背景下，如果对一条自发货的 listing 投放广告，其广告转化率会大打折扣。

5. 尽量不要在没有收到商品评价的情况下投广告

投放广告可以达到的直接效果是增加 listing 的曝光量和点击量，但对卖家而言，广告的终极目的是增加销量和销售额。从曝光到订单，转化率是贯穿始终的重要指标。为了提高转化率，卖家首先要做好 listing 的优化，在做好 listing 优化的前提下，listing 是否拥有一定量高星级的商品评价是买家购买决策的重要影响因素。买家在购物中的趋同心理决定了带有好的商品评价的 listing 往往会比没有商品评价的 listing 具有更高的转化率。所以，在投放 PPC 广告前，卖家一定要想办法为自己的 listing 增加一定量高星级的商品评价。

（三）PPC 广告的设置方式

亚马逊站内 PPC 广告有两种设置方式：自动（Automatic targeting）和手动（Manual

targeting）。自动广告设置相对比较简单，只需要选择 Listing。在设置过程中，不需要设置关键词，系统会根据 listing 详情页面的内容、买家的搜索关键词和购买意向，把 listing 展示在潜在买家的面前。

二、亚马逊的商品推广

亚马逊广告活动管理即将从原来的卖家平台（Seller Central）逐步转移至亚马逊广告平台（Amazon Advertising Console）。当卖家点击广告活动管理时，平台将自动跳转至亚马逊广告平台，卖家无须进行任何额外的操作。

新平台上线后，卖家还将获得新的通知体验、支持和账户管理功能，如图 5-22 所示，包括对现有活动的实时提醒和专门服务广告主的支持中心，新平台对同一区域内所有具备权限的账户的管理更加方便，卖家可以灵活切换不同账户进行管理。广告活动（包括商品推广、品牌推广和展示型推广）、品牌旗舰店、广告报告、付款方式和账单转移到新的广告平台后，卖家的设置和信息不会发生任何改变。

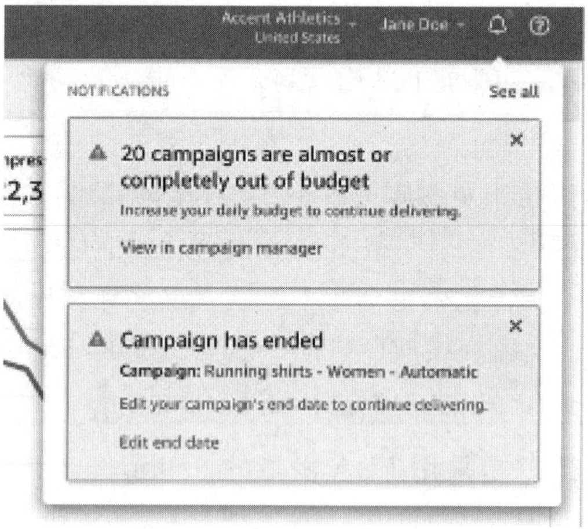

图 5-22　亚马逊广告通知页面

（一）商品推广

商品推广又被卖家们称为“关键词广告”，是一种利用关键词匹配买家搜索，在亚马逊上精准、定向展示商品的广告形式，按实际点击次数收取费用。因为靠近买家购买决策的终端，所以更容易增加销售机会。

亚马逊的商品推广关键词匹配类型有如下几种。

1. 广泛匹配

这种匹配类型为卖家的广告提供广泛的流量曝光。如果买家的搜索词包含所有关键词或接近的变体（复数形式、首字母缩写词、词干、缩写和重音），则可与之匹配。亦可将打乱顺序的搜索词与关键词匹配。

例如，关键词“baseball cap”，符合条件的搜索词是“baseball caps”“baceball cap”“baseball hat”“red baseball cap”“baseball professional cap”等，不符合条件的搜索词是“sport hat”“Nike baseball bar”“Adidas hat”等。

2．词组匹配

在词组匹配中，买家的搜索词必须包含确切的短语、词组或它们的变体。比起广泛匹配，词组匹配的限制性更强，针对更具体的受众群体，通常会创造更多相关的广告版位。

例如，关键词“baseball cap”，符合条件的搜索词是“light baseball cap”“men baseball cap”“green baseball cap”，不符合条件的搜索词是“baseball men’s cap”“baseball red cap”。

3．精准匹配

买家的搜索词必须与关键字完全匹配，才能显示广告，或者缩小确切字词的变化。精准匹配是最受限制的匹配类型，但与买家的搜索词关联性更强。

例如，关键词“baseball cap”，符合条件的搜索词是“baseball cap”，不符合条件的搜索词是“red baseball cap”“baseball hat”“men baseball cap”。

（二）品牌旗舰店

品牌旗舰店是一款免费的自助服务商品，允许品牌创建单页面或多页面的品牌旗舰店，以展示其品牌理念和商品。品牌旗舰店适用于 PC 端、移动端和平板电脑。买家可以通过商品详情页或品牌推广上的品牌名称链接进入品牌旗舰店，为卖家的商品带来更多自然流量和曝光。卖家可以为品牌旗舰店创建包含品牌名称的唯一亚马逊 URL，还可以通过亚马逊站内站外的广告、博客、社交媒体或其他营销活动来宣传自己的品牌，从而获得更多流量。

案例解析

在使用跨境电商平台销售商品的过程中，利用各种促销手段提升店铺的销量是非常重要的一项内容。如果促销活动设置合理，配合合适的宣传手段，就能让店铺销量得到大幅度提升。反之，如果促销活动设置得不合适，就起不到相应的作用。卖家在运营店铺的过程中，有必要学会不同促销方式的设置方法，以满足店铺进行各种宣传推广活动的需要，从而有效推广店铺和商品，提升店铺销量。

一、如何在亚马逊设置满减折扣

满减折扣是整个亚马逊用得最多的折扣方式之一。通过满减折扣，把已有大量流量的明星商品和新的商品捆绑在一起，给新上架的商品带来流量。这种捆绑式的营销方法如果运用得当，就能给新商品带来巨大的流量。这是经过众多卖家实践的新品推广期行之有效的推广方案之一。

（一）打开亚马逊后台，填写相关信息

在 Buyer purchases 填写购买数量“1”，在 Purchased item 选择相应的商品，在 buyer gets

里选择折扣。

1．Buyer purchases

如图 5-23 所示，此下拉框有 3 个选项，卖家可以根据自己的实际促销计划进行选择。卖家在设置时，一定要记住 Step1 的第一选项“Buyer purchases”的内容，所有促销设置都是从上而下的，因此这一步非常重要。

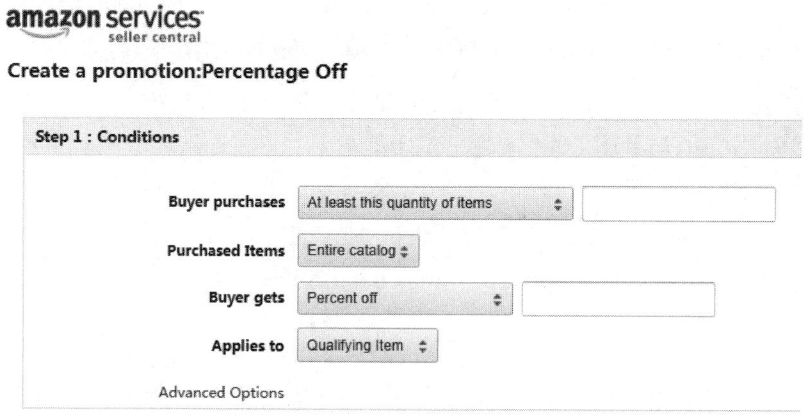

图 5-23　亚马逊满减折扣后台填写相关信息页面

“At least this quantity of items”（至少购买多少件商品）表示此促销只有在买家购买了商家设置数量的商品时才适用，后面框里需要卖家填上买家享受此促销所需的购买数量。

“At least amount（in $）”（至少购买达到多少金额）表示此促销只有在买家购买金额达到商家设置的金额之后才可以享受优惠。

“For every quantity of items purchased”（买家每买多少件商品就可以享受优惠）。表示买家一次购买到我们指定的商品数量之后可以享受的优惠。卖家这里设置为多少，买家就要买多少才可以优惠。例如，卖家设置为 5，买家就需要买 5 件商品才可以享受优惠。

2．Purchased Items

这里指的是买家需要购买的商品列表，和设置包邮活动时一样，卖家需要设置买家需要购买的商品列表，可以根据 ASN、SKU、品牌等进行设置。当然，卖家也可以创建一个列表，把自己需要参加活动的商品都加入这个列表，以后同样一批商品在做活动的时候直接选择列表即可。

3．Buyer gets

这里用于填写给买家的优惠，也就是促销的真正内容。这里唯一的选项就是“Percent of”折扣（以前的 Money Off 已经被亚马逊取消），也就是买家可以享受多少折扣的优惠。例如，商家想打 9 折就在框里输入 10，如果想打 8.5 折就在框里输入 15。

4．Applies to

这里表示卖家有哪些商品可以参加此促销活动。这里同样有两个选项内容：“Purchased

Items”（购买的商品，这个选项是默认选项）；“Qualifying Item”（指定商品），如果商家选择此选项，下方会出现“Qualifying Item”选项，单击选项框之后的“Select an ASIN”，表示当买家购买了商家指定的某个商品后才可以享受此优惠。

（二）填写促销的开始时间和结束时间

“Start Date”：开始时间

“End Date”：结束时间

“Internal Description”：促销的识别代码，是卖家用来区分不同的促销活动的代码。

“Tracking ID”：追踪编码，这个代码是供内部使用的，平台买家无法看到，是卖家区分促销活动较好的一种方式。

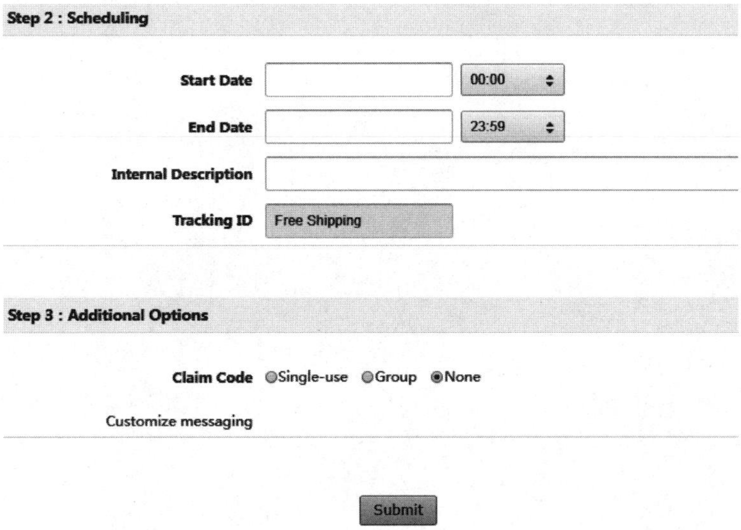

图 5-24　亚马逊满减折扣后台促销设置页面

（三）选择折扣码的类型

第一种是“Single-use”，第二种是“Group”，第三种是“None”。第一种通常是在我们单独把某个优惠码发给某个人或某几个人的时候使用的，第二种是所有买家都可以使用的时候勾选的，第三种指的是不使用优惠码直接就可以打折。卖家可以根据自己的具体需求选择合适的折扣码。

习题演练

简答题

1. 亚马逊有哪些营销推广活动？
2. 如何在亚马逊平台选择合适的营销推广活动？

实践操作

实践任务一

请尝试在自己经营的亚马逊店铺设置满减折扣活动。

实践任务二

请根据自己经营的店铺的情况，设置营销推广方案。

情景六

订单与纠纷处理

子情景一　订单处理与发货

学习目标

知识目标

- 熟悉常见的跨境电商英文交流词汇。
- 掌握相关专业术语。
- 了解如何发货。

能力目标

- 能正确处理买家的订单，根据买家订单要求正确发货。
- 能熟悉中国邮政小包和e邮宝等基本物流面单的打印操作。
- 学会线上发货和线下发货方法，能正确填写买家订单的相关信息。

素质目标

- 提升学生的动手能力。
- 培养学生与人沟通的能力。

项目背景

杭州金迪贸易有限公司的跨境电商专员小李最近收到了法国买家的投诉。买家在该公司速卖通的店铺后台留言称，收到商品后包裹已破损，并提供了相应的外包裹已破损的图片，同时投诉收到的衣服和图片显示不符，实际收到的衣服颜色为绿色而不是店铺网站显示的青绿色。小李收到投诉后应该如何处理呢？

知识铺垫

一、订单管理

在跨境电商店铺中，当商品达到一定数量时，或者在店铺进行推广优化之后，随着浏览量的增多，订单也会越来越多。当订单越来越多时，管理订单便是日常店铺管理中的一项重要工作。接下来我们介绍订单管理的基本操作。

（一）管理订单类型

订单的管理主要是在速卖通后台“交易—管理订单”中。需要管理的订单分为 3 组：特别关注、等待你操作的订单、等待买家操作的订单。具体情况如下。

1．特别关注

“今日新订单”：点击此处会出现今年新生成的订单，其中包括“已经付款订单”和“未付款订单”。

2．等待你操作的订单

（1）“等待你发货”即已经通过风险审核并且资金已经到账的订单，需要卖家发货后填写发货通知或是进行线上发货的订单。

（2）“买家申请取消的订单”是指买家付款后由于各种原因取消的订单。

（3）“有纠纷的订单”是由于某些原因，买家提起异议或向速卖通提起仲裁的订单。

（4）“未读留言”是买家下订单后与卖家进行沟通的信息，如询问何时发货或催促发货、询问商品流向等。

（5）“等待卖家验款”即买家下订单后将货款支付到速卖通，然后等待速卖通通过风险审核的订单。

（6）“等待你留评”即等待卖家评价的订单。买家确认收货后交易结束，双方可以互相留下评价。

（7）“等待放款的订单”。若买家未在规定时间内确认是否收到商品，速卖通会对卖家提供的货运信息进行核实，并且根据核实结果进行放款操作。还有一种情况是等待银行清算处理。

3．等待买家操作的订单

（1）“等待买家付款”指买家虽然下了订单，但是还没有将款项打入速卖通的订单。

（2）“等待确认收货订单”是卖家填写发货通知后，买家确认收货之前的订单。

（二）订单分析

点击如图 6-1 所示的链接，可以进入相关的订单列表页面。

图 6-1　订单链接页面

如图 6-1 所示，跨境交易的每个订单都有一个订单编号，如图中的“89397571601133”。单击订单号或订单链接，可以进入订单的详情页面。订单号的下方是买家的下单时间，右边是买家的 ID，单击买家的 ID 可以看到买家的一些交易情况，包括买家购买的商品信息和评价信息等。值得注意的是，平台上会有一些恶意的买家，卖家可以根据买家的相关信息对恶意买家进行初步甄别。买家名字下方的邮件图标也可链接到订单的详情页面。在订单的详情页下方，可以给买家留言，如图 6-2 所示。

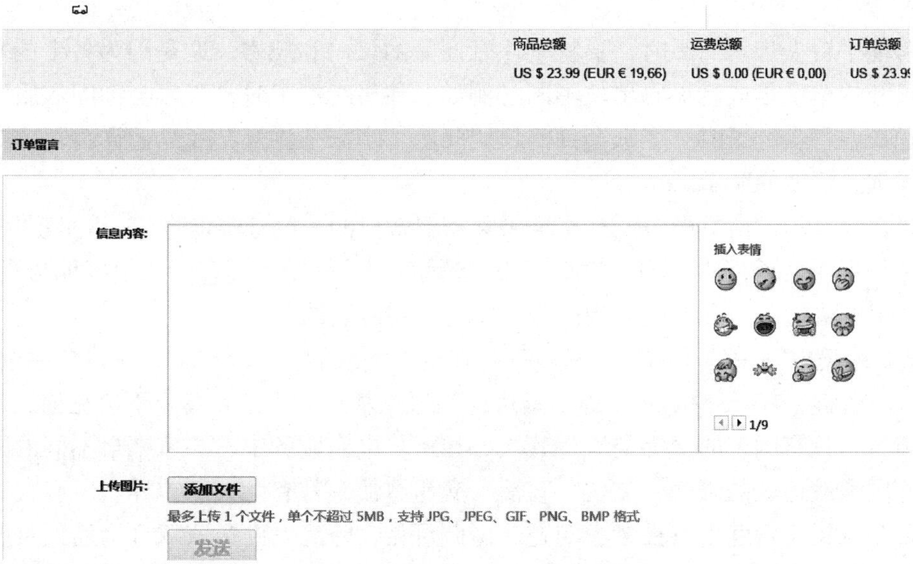

图 6-2　订单留言页面

（三）不同状态的订单

在跨境交易中，会出现不同状态的订单，下面对这些订单进行简单介绍。

“取消订单”是指因为缺货或其他原因，买家申请取消订单，卖家同意买家的申请后，速卖通会把款项退给买家，此时系统会显示“订单已关闭”。

当订单显示“等待买家付款”时，是指这个订单买家已经下单，但是由于各种原因还没有付款，如有时候买家会讨价还价，要求卖家给一定的折扣或减免部分费用。这种情况下，卖家可以选择“调整价格”以促进订单成交。

当订单显示“付款超时”和“已关闭”时，是指买家下订单后，在一定时间内没有付款，导致订单自动关闭，如图 6-3 所示。

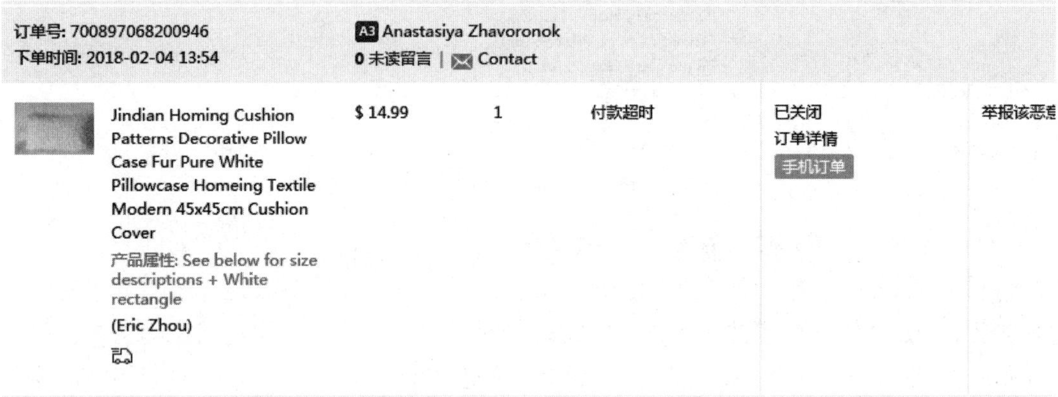

图 6-3　付款超时订单页面

二、网上沟通

在跨境平台上售卖商品时，要特别注意商品的尺码和规格，这是因为各个国家或地区的具体尺寸规格度量或者尺码单位不同。例如，在售卖衣服时，买家会询问衣服的尺码、长度问题；在售卖鞋子时，买家会询问尺码问题。卖家须注意在商品的详情页中对这些问题给出详细、清楚的明示。

如果在商品的详情页面中没有呈现买家需要知道的一些基本信息，或者呈现得不完全，或者虽然呈现完全了，但是买家依然有问题要询问时，就需要卖家能够很好地与买家沟通。跨境电商中的沟通服务和一般的沟通服务还是有些区别的。

首先，跨境电商中的买家沟通一般都是在线上完成的。买家和卖家一般会通过站内信、邮件、订单留言、Trade Manager 等工具进行沟通。基本上买家和卖家不会见面，也听不到对方的声音，只有网上的文字交流。其次，在跨境电商业务中，买家来自不同的国家和地区，这些国家或地区的语言、文化、政治、交易习惯等都有巨大的差异。所以在沟通时，卖家需要多从买家角度出发去考虑问题。由此可见，跨境电商买家双方沟通的难度要远远大于一般交易。由于卖家面对的是不同国家或地区的买家，所以要研究其消费心理，并采取相应的服务理念。

（一）网上沟通的原则

1．简洁清楚

在网上沟通时，尽可能用精练的语言清楚地表达你想要传递的信息，沟通的思路要清晰，这样沟通的内容才不会被误解。例如，在回复信息或撰写邮件时，应简洁明了，信息传达到位，避免使用一些生僻词或容易产生误会的词语，应该使用一些结构简单的日常用语，另外商品相关的专业词语表达要到位，尽量不使用会产生歧义的短语和句子。

2．用专业用语表达完整的意思

跨境电商的沟通涉及买卖双方的业务交流，故沟通交流的信息必须准备充足。在撰写邮件时，一些国家或地区常用的口语化表达、词语缩写要知悉。在回复信息时，要正确、专业地表达相关信息。对自己的商品要非常清楚地知道如何用对方的语言介绍，避免出现一些书写错误如拼写错误、标点符号错误等，尤其要注意日期和数字不能出错。表达的语句要清楚，尤其交易相关的信息一定要详细地说明，避免出现误解。

3．沟通时要尊重对方

跨境电商业务沟通的过程中要注意礼貌。在和买家沟通时，在措辞和表达方式上要婉转、迂回、舒缓地表达观点、提出要求，从而给买家留下有知识、有修养、素质高的印象，使对方容易接受一些请求并愿意进行合作。在沟通时，一定要设身处地为买家着想，考虑他们的感情、希望、要求和利益等，要进行换位思考，从而给买家留下好感。

（二）网上沟通的途径

在跨境电商业务中，我们和买家可以通过几种不同的途径进行沟通。如跨境电商平台的站内信息沟通、订单中的留言、邮件沟通，速卖通还可以使用 Trage Manager 进行沟通。速卖通的站内信在“消息中心”下拉菜单中。

点击“消息中心”下拉菜单中的“站内信”，则出现站内信的页面，如图 6-4 所示。

图 6-4　速卖通站内信页面

（三）网上沟通模板

1．提醒买家付款

Dear ××:

Thanks for your order.

The item you selected is a high quality with competitive price. You would like it. Instant payment can ensure earlier arrangement to avoid short of stock.

Thank you and awaiting your payment.

Best Regards

Jane

这个模板适用于买家拍下了商品但还没有付款的情况，建议在邮件中提到以下两个方面。首先，用一两句话概述商品最大的卖点，以强化买家对商品的信心。模板中描述商品用了“high quality”，并且是“with competitive price”，也可以说“most popular”“surprise in price”。其次，提及“instant payment”可以确保更早地安排发货以避免缺货，不过不建议过分强调这一点，以免让买家感到不愉快。

2．买家付款后，卖家库存有货

Dear ××:

Thanks for choosing our product.

Your item will be arranged within 24-28 hours to get courier No. And it would take another days to be online for tracking.

We would check the product quality and try our best to make sure you receive it in a satisfactory condition.

Thanks for your purchase again and we will update courier No.to you soon.

Yours faithfully

Vikcy

这封邮件，首先告诉买家他购买的商品即将得到安排。模板中提到，商品将在24～48小时之内安排发货，并且会告知买家物流单号（courier No.），不过这个单号需要2天后才能在线跟踪。

另外，对于买家关心的质量检查和包装要进行一定的说明，以消除买家的疑虑。

3．买家付款后，卖家库存无货

Dear Customer,

Thanks for your order.

However, the product you selected has been out of stock.

Would you consider whether the following similar ones are also ok for you:（商品链接）

If you do not need any other item, please apply for “cancel the order”. And please choose the reason of “buyer Ordered Wrong Product”. In such case, your payment will be returned in 7 business days. Sorry for the trouble and thanks so much for your understanding.

B. RGS

Vivian

如果不巧出现库存无货的状况，卖家可以向买家推荐类似的商品，并且提供相应的商品链接以方便买家点击。如果买家在经过考虑之后决定取消购买，那么卖家应告诉买家大致的操作流程，让买家取消订单并选择理由为“buyer ordered wrong product”（卖家拍错了商品），并告知买家这种情况下的款项将在7个工作日内退回。

4. 发货后提供跟踪单号

Dear ×××:

Thanks for your order.

The product has been arranged with care.

You may trace it on the following website after one days:（跟踪链接）。Kindly be noticed that international shipping would take longer time（7-21 business days for China post, 3-7 for EMS）.We sincerely hope it can arrive fast. And you can be satisfied with our product and services.

As well, we would appreciate very much if you may leave us five-star appraisal and contact us first for any question, which is very important for us.

We treasure your business very much and look forward to serving you again in the near future.

B.RGS

Jane

这封邮件的内容主要表达了 3 个方面的意思：第一，告诉买家商品已经安排发货，他可以通过网址查到最新的物流状态。第二，提醒买家国际航运（international shipping）一般比国内物流需要更长的时间，希望买家可以耐心等待。这里可以根据具体安排的物流，给买家提供一个大致的到货时间，这样对方能够得到一个心理预期，从而增加买家的满意度。第三，我们可以提醒买家，给我们一个五星的评价和一个积极的反馈。

5. 提醒买家评价

Dear ×××：

We are glad you have received the goods.

Being a seller on Aliexpress, feedback from customer are of vital importance to us.

Five-star appraisal and positive feedback will help us improve our products and services.

If you have any other concern or are not satisfied in any regard, please have no hesitation to contact us firstly, we will try our best to solve your problem. Many thanks for your time on this.

Hope you have a nice day

Jane

有时候由于时间的原因，或者买家忘记了，我们需要再次提醒买家，对我们的商品做出评价。这种情况下我们首先要告诉买家，五星评价和积极的反馈对我们的重要性。其次，如果买家有其他意见或是对我们的商品不太满意，也可以和买家沟通，找到解决方案，最终让买家满意。我们在收到买家的评价后，如果再发一封感谢的邮件，就可以大大加深买家对店铺的印象。我们可以先感谢他的积极评价，然后可以提一些店铺在未来的发展方向、努力方向，最后表示期待他的下次光临。

6．收到买家的正面评价后

Dear ×××:

Thanks for your positive appraisal.

We will strive for providing better services and products for you in the future. Welcome to next coming.

Have a good time.

Vicky

7．收到买家的负面评价后

Dear ×××:

We are sorry to see that you left negative or neutral feedback relating to your recent purchase experience from our store.

Please contact us at any time so we can find out why you were unhappy and resolve your problems. We hope that you can revise your feedback into a positive feedback for us.

Waiting for your early reply.

Vivian

在实际沟通过程中，可以使用这些模板，并对其中的部分内容进行修改，可以改换不同的表达方式。卖家还可以结合自己的商品，对邮件模板进行更改，做到个性化服务，从而强调自己店铺的服务风格，给买家留下深刻印象。

三、物流方案

接下来我们以速卖通为例，讲述跨境电商平台的物流方案。打开速卖通后台的交易栏目，出现页面如图 6-5 所示。

在页面的左侧列表可以发现第一个栏目为“管理订单”，接下来的栏目为“物流服务”。现在我们来看“物流服务”。“物流服务”栏目下有以下子内容：国际小包订单、国际快递订单、e 邮宝订单、批量线上发货、物流方案查询、运费统计、地址管理、投诉管理、我有海外仓、菜鸟商家工作台。在速卖通，一般使用国际小包、e 邮宝和国际快递的订单较多，目前海外仓也发展迅猛。

（一）速卖通线上发货简介

国际小包订单可以使用线下发货，卖家自行联络货代或国际小包商，也可以选择线上发货，线上发货主要是通过速卖通上的国际小包订单。“线上发货”是由速卖通、菜鸟联合多家优质第三方物流打造的物流服务体系。卖家使用“线上发货”可直接在速卖通的后台在线选择物流方案，物流商上门揽收（或者卖家自寄到物流商仓库）后发货。卖家可以在线支付、在线发起物流维权，速卖通作为第三方将全程监督物流商，保障卖家的权益。

图 6-5　速卖通后台物流服务页面

点击物流服务下方的“国际小包订单”，出现相关物流方案介绍，如图 6-6 所示。

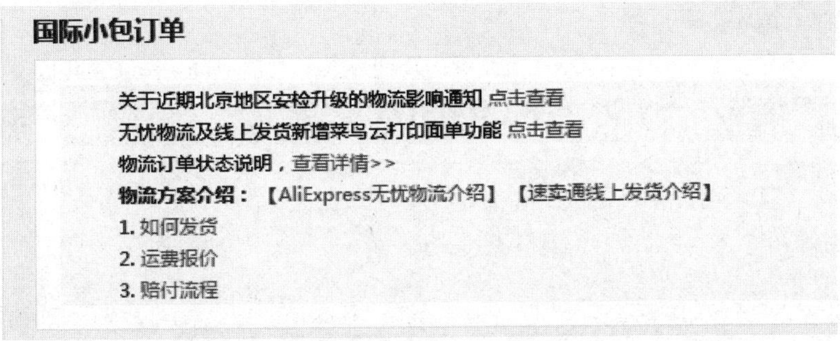

图 6-6　国际小包订单页面

在图 6-6 中，最上方显示的是最近的一些物流信息，如果出现新的通知，卖家需要认真查看一下，关注对物流有影响的信息有助于卖家及时调整物流方案，避免由于不知情而影响给买家发货，导致买家投诉。

速卖通的线上发货有多种物流方案可选，如图 6-7 所示。卖家要结合自身的实际情况，选择适合的物流方案。下面介绍几种常用的速卖通线上发货物流方案。

图 6-7　速卖通线上发货物流方案

（二）速卖通线上发货物流方案

1．经济类物流方案

在经济类物流中，可以选择中国邮政平常小包+、4PX 新邮经济小包、中外运-西邮经济小包、中外运-英邮经济小包、顺丰国际经济小包、顺友航经济小包和燕文航经济小包。该网页的链接为：https://sell.aliexpress.com/zh/__pc/shipping/cainiao_saver.htm？spm=5261.8152913.0.0.2c13316dzpRyrX。

经济类物流方案的物流路线、配送范围、订单金额限制等信息如下图 6-8 所示。

经济类物流方案

物流运费成本低，目的国包裹妥投信息不可查询，适合运送货值低重量轻的商品。经济类物流仅允许使用线上发货

物流线路	运送范围	订单金额限制	重量限制	是否接受带电	物流时效承诺	赔付上限（人民币）
中国邮政平常小包+	全球	≤5美金	<2KG	不接受任何带电产品	无承诺时效（国内段丢失赔付）	不超过可以使用平小包的最大订单金额
4PX新邮经济小包	全球	≤5美金	<2KG	不接受纯电池 英国、意大利、德国、老挝、埃及5个国家不能走任何电池	无时效承诺（国内段丢失赔付）	300元
中外运-西邮经济小包	西班牙	≤5美金	<2KG	不接受纯电池 深圳、广州仓接受内置电池 北京、上海、杭州、义乌仓不接受任何带电	20天内必达西班牙维多利亚 60天内西班牙全境妥投	100~150元
中外运-英邮经济小包	英国	≤5美金	<2KG	不接受纯电池 深圳、广州仓接受内置电池 北京、上海、杭州、义乌仓不接受任何带电	20天到达英邮伦敦分拨中心 25天内英国本土全境妥投	100~150元
顺丰国际经济小包	俄罗斯、白俄罗斯、乌克兰、爱沙尼亚、拉脱维亚等10国	≤5美金	<2KG	不接受纯电池 接受内置电池	无时效承诺（国内段丢失赔付）	300元
顺友航空经济小包	全球主要国家	≤5美金	<2KG	不接受纯电池 接受内置电池	无时效承诺（国内段丢失赔付）	300元
燕文航空经济小包	美国等36国家	≤5美金	<2KG	不能寄送带电	无时效承诺（国内段丢失赔付）	300元

图 6-8　经济类物流方案详情页面

2. 标准类物流方案

标准类物流有中邮挂号小包、e 邮宝、4PX 新邮挂号小包等方案，卖家可根据自己的实际情况按平台规定选择合适的物流方案。标准类物流方案相关信息如图 6-9 所示。

包含邮政挂号服务和专线类服务，全程物流追踪信息可查询（特殊国家如除外）

物流线路	运送范围	订单金额限制	重量限制	是否接受带电	物流时效承诺	赔付上限（人民币）
中国邮政挂号小包	全球217国家及地区	无	<2KG	不接受带电产品	60天(巴西90天)	300元
国际e邮宝	美国、俄罗斯、加拿大、澳大利亚意大利等35国家	无	<2KG	不接受带电产品	无时效承诺	无
中邮e邮宝（菜鸟）	美国、俄罗斯、加拿大等10国	无	<2KG	不接受带电产品	无时效承诺	无
速优宝芬邮挂号小包	爱沙尼亚、拉脱维亚、立陶宛等7国	≤23美金	<2KG	不接受带电产品	35天	300元
中俄航空 Ruston	俄罗斯	无	<2KG	不接受带电产品	60天	700元
4PX新邮挂号小包	全球	无	<2KG	不接受纯电池 英国、意大利、德国、老挝、埃及5个国家不能走任何电池	60天(巴西90天)	300元
燕文航空挂号小包	巴西、墨西哥、智利等	无	<2KG	不接受带电产品	60天(巴西90天)	700元
中东专线	阿联酋、印度、沙特阿拉伯等20国	无	<30KG	不接受带电产品	无时效承诺	无

图 6-9　标准类物流方案详情页面

3. 快速类物流方案

快速类物流包括 AliExpress 无忧物流-优先、DHL、DPEX、EMS、e-EMS、GATI、中俄快递-SPSR、顺丰国际标快、TNT、UPS Expedited、UPS Express Saver、FedEx IE、FedEx IP 等。快速类物流方案的详细信息如图 6-10 所示。

包含商业快递和邮政提供的快递服务，时效快全程物流追踪信息可查询，适合高货值商品使用

物流线路	运送范围	订单金额限制	重量限制	是否接受带电	物流时效承诺	赔付上限（人民币）
中俄快递-SPSR	俄罗斯	无	31KG	不接受带电产品	45天	1200元
DPEX	澳大利亚、新加坡、马来西亚等14国	无	<45KG	不能寄送带电	无时效承诺	无
EMS	全球98个国家和地区	无	<30KG	不能寄送带电	无时效承诺	无
e-EMS	15国家和地区	无	<30KG	不能寄送带电	无时效承诺	无
顺丰国际标快	乌克兰	无	<30KG	不能寄送带电	无时效承诺	无
UPS Expedited	全球	无	<70KG	不能寄送带电	无时效承诺	无
UPS Express Saver	全球	无	<70KG	不能寄送带电	无时效承诺	无
FedEx IE	全球	无	<68KG	不能寄送带电	无时效承诺	无
FedEx IP	全球	无	<68KG	不能寄送带电	无时效承诺	无

图 6-10　快速类物流方案详情页面

在使用速卖通的线上发货时，需要关注物流运费的最新报价，可在此网址查看：http://bbs.seller.aliexpress.com/bbs/read.php? spm=5261.8167933.0.0.a8c289c9zrmmep&tid= 223832。

案例解析

卖家在速卖通下单之后或在下单的过程中，有时会就商品的相关问题进行留言咨询，在收到商品以后，也可能有一些售后问题会在平台上咨询，卖家要做好平台上的售前、售中和售后服务，解答好买家的相关问题。

在速卖通产生订单以后，卖家可以使用速卖通线上发货也可以使用自主合作的物流商进行线下发货。在线下发货过程中，卖家可以在合作的物流商提供的平台下单，完成信息录入，同时寄出物品或由物流商上门取走物品。在物流商提供的平台上录入物流订单信息相对方便快捷，也不容易出错，如果订单量大，还可以进行批量录入，能有效节约时间并提高工作效率。因此，卖家有必要了解如何在物流商的线上平台上完成订单信息录入。

一、填写物流订单

（1）在查看订单信息后，根据订单内容找到买家的信息。

（2）打开货代公司的网站，如图 6-11 所示。

图 6-11　ADA 货代官网页面

（3）输入会员账号和密码，登录后的界面如图 6-12 所示。

图 6-12　ADA 会员管理后台界面

（4）点击“网上录单”，出现的页面如图 6-13 所示。

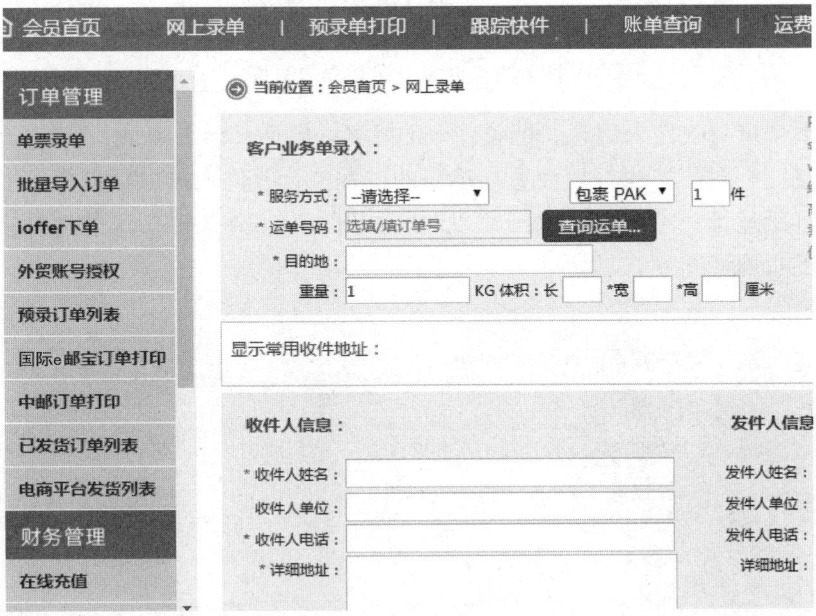

图 6-13　网上录单页面

（5）根据订单中的信息，把网上录单页面中的相关信息填写完整。

（6）选择服务方式，买家在订单中要求发 E-PACKET（e 邮宝），所以在服务方式的下拉列表中选择 e 邮宝杭州 1，如图 6-14 所示。

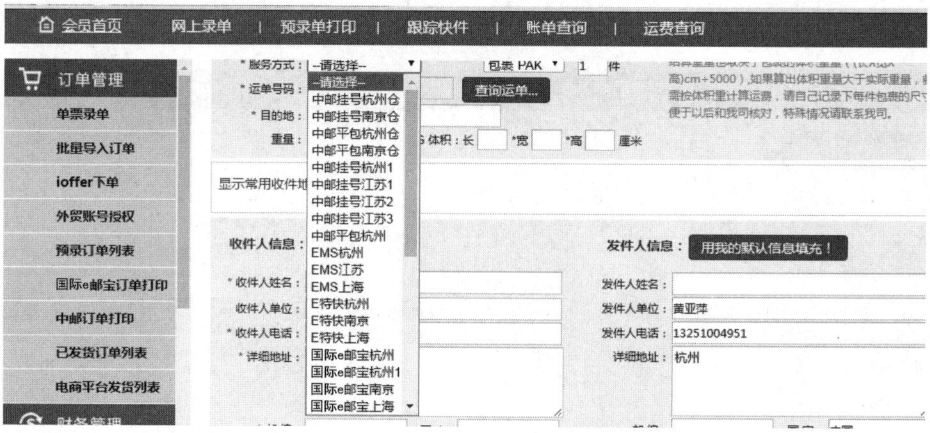

图 6-14　网上录单选择服务方式页面

（7）填写好的买家业务单录入页面如图 6-15 所示。

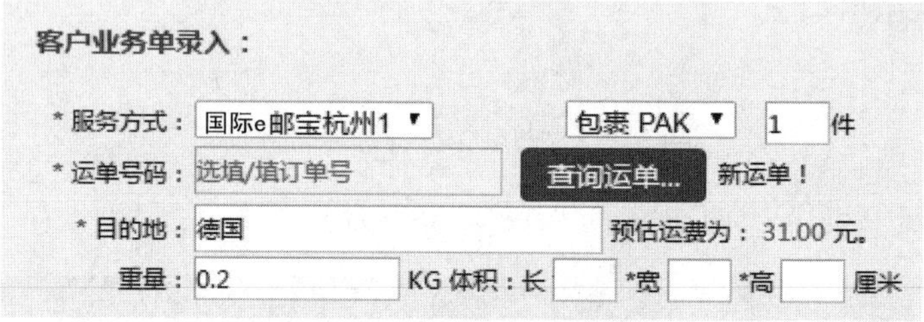

图 6-15　买家业务单录入页面

（8）接下来填写收件人信息，把收件人的姓名、电话、详细地址、邮编、国家或地区、州和城市信息一一对应填写好。注意在填写的过程中，收件人的电话前面需要加上国家或地区代码，详细地址只需要填写除国家或地区、州、城市外买家留下的地址。收件人信息填写完成后的页面如图 6-16 所示。

图 6-16　收件人信息填写完成页面

（9）填写好收件人信息之后，继续往下填写“您要发运什么”这个栏目。卖家需要根据订单中的商品信息进行填写，填写完成后的页面如图 6-17 所示，然后点击“直接提交运单”按钮。

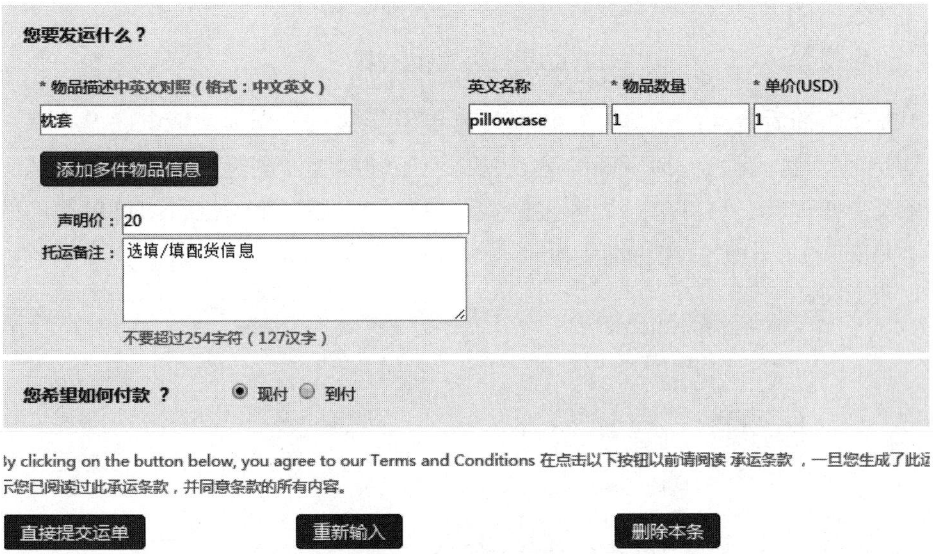

图 6-17　物品信息填写界面

（10）录入完成后，可打印预录单如图 6-18 所示。

图 6-18　打印预录单页面

（11）点击图 6-18 中的“提取单号”按钮，录入的订单会出现“转单号”，把该转单号填写到速卖通后台订单发货中的相应的运单号中即可。

二、处理买家咨询

（1）回复店铺内的买家站内信及买家咨询、店铺的留言的页面如图 6-19 所示。在回复站内信中买家关于订单的询问时，小张在店铺后台看到买家留言如下。

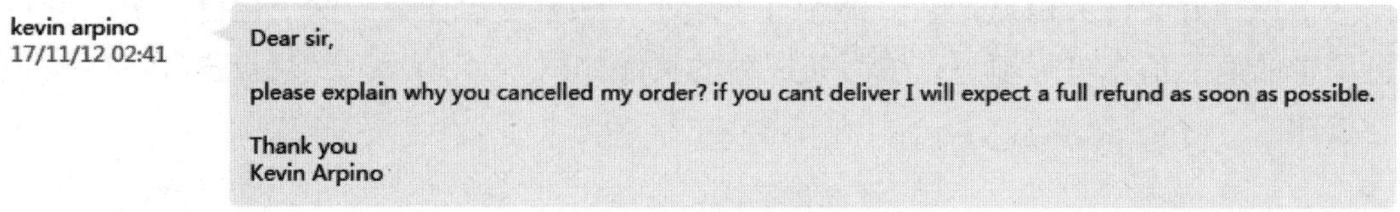

图 6-19　买家站内信截图

（2）查询店铺后台商品订单并在线填写订单发货信息。作为跨境电商的卖家，每天都需要查看店铺后台情况，包括店铺的运营现状、店铺的整体浏览情况，并对店铺的相关事情进行处理，如查看交易订单，处理未付款订单、待审核订单、已付款订单等。例如，在 2018 年 1 月 31 日，小张就在店铺中发现一个新的订单，如图 6-20 所示。

图 6-20　店铺新订单页面

（3）对订单中的商品进行包装并发货。在看到新的订单后小张要对订单中的商品进行包装并发货。

（4）填写物流信息。买家下单以后，小张要找出订单中收件人的详细地址信息，如图 6-21 所示，然后把买家信息填写到物流发货平台。

图 6-21　订单收件人信息页面

（5）通知买家商品已发货。小张把商品备好并交给货运公司以后，需要给买家回复信息告知其购买的商品已经发出。

习题演练

一、判断题

1. 采用线上发商品流方式的速卖通订单，若因物流问题产生的纠纷（如妥投地址错误，但卖家填写地址无误的情况），卖家可发起线上发货投诉。（ ）

2. 自买家付款成功之时起到卖家发货前买家可申请取消订单，买家申请取消订单后，卖家可以与买家进行协商，如果卖家在发货期内没有完成全部发货，则订单关闭且货款全额退还给买家。（ ）

3. 速卖通运费模板中有新手运费模板，如果卖家刚开通速卖通店铺，可以直接使用新手运费模板。（ ）

4. FedEx 线上发货单个包裹的实际重量不能超过 20kg。（ ）

5. 对智利等南美洲国家或地区采用 UPS 线上发货时，最好提供收件人税号。（ ）

6. UPS 线上发货需要计算商品的体积重量。（ ）

7. 亚马逊上使用 FBA 的商品，要先上架 listing 才能设置发货方式。（ ）

8. 亚马逊的“Feedback”是买家针对已购买的商品做出的评价，评价内容包括商品品质、服务水平、发货速度及物品与描述的一致性等。（ ）

二、不定项选择题

1. 在亚马逊上，使用 FBA 发货对卖家有很多益处，以下说法错误的是？（ ）

A. 可以提升商品获取购物车权限的概率。

B. 大大缩短了运输时间，提升买家的服务体验。

C. 增大商品曝光率，有利于 Prime 会员买家快速购买。

D. 商品只要使用了 FBA，后期订单就会源源不断。

2. shopee 迟发货率如何计算的？（ ）

A. 迟发货率=前 7 天迟发货的订单量或前 7 天发货的总订单量。

B. 迟发货率=前 30 天迟发货的订单量或前 30 天发货的总订单量。

C. 迟发货率=前 2 周迟发货的订单量或前 2 周发货的总订单量。

D. 迟发货率=前 3 个月迟发货的订单量或前 3 个月发货的总订单量。

3. 速卖通上关于跨境物流的虚假发货是指（ ）。

A. 在规定的发货期内，卖家填写的货运单号无效或虽然有效但与订单交易明显无关，误导买家或速卖通的行为

B. 卖家申明发货（完成“填写发货通知”）5 个工作日后运单无物流上网信息

C. 卖家未按照平台物流政策规定选择物流发货方式，例如，违规使用线下经济类物流发货，或者使用经济类物流冒充标准、快速类物流的行为

D. 卖家未发货

三、简答题

1. 在速卖通主营服装的店铺，其包裹一般可以选择哪些物流方式？
2. 速卖通线上发货物流方案有哪些？

实践操作

实践任务一

假设你的速卖通店铺有了一笔新订单，买家在收到商品后说商品出现色差，不符合要求，于是在平台进行投诉，请你就买家的投诉用英文写一封回信。

实践任务二

假设你在速卖通售卖服饰类商品，有一个英国买家下单买了一件T恤，你及时处理了订单，安排发货并填写了物流信息，商品的追踪信息约两天后可在网上查询。请你给对方用英语留言告知这些信息。

实践任务三

认识速卖通支持的物流方式。选择速卖通支持的几种物流方式，详细了解其特点，包括配送范围、体积重量限制、资费收取等。

子情景二　支付方式与纠纷处理

学习目标

知识目标

- 熟悉跨境交易国际支付的常用方式。
- 熟悉常规的电商收款途径（如国际支付宝、PayPal 等）。
- 熟悉速卖通收款规则、售后评价规则和售后纠纷处理规则等。
- 了解速卖通的评价指标与处理方式。
- 熟悉其他第三方平台如 eBay 平台、亚马逊的收款规则、售后评价与纠纷处理规则。

能力目标

- 能对不同跨境平台进行及时回收货款。
- 能及时处理跨境交易的退换货问题及纠纷。
- 能做好跨境买家服务工作。

素质目标

- 提升学生的动手能力和与人沟通的能力。
- 提升学生的跨文化交流能力。

项目背景

杭州景慧贸易有限公司的跨境电商专员小张运营的店铺最近表现良好。小张对店铺和商品进行推广之后，店铺的浏览量、访客数增长迅速，店铺内的留言和订单多了起来。随着店铺内的留言和订单的增多，小张要处理的工作也多了起来，他不仅要查看支付相关信息，收款，还要处理业务过程中的纠纷。

任务实施

步骤一：查看站内信，明确买家的需求。

步骤二：根据买家站内信的内容解决买家的问题。

知识铺垫

一、支付方式

跨境支付即中国买家在网上购买国外商家的商品，或者国外买家购买中国卖家的商品时，由于币种不同，需要利用结算工具和支付系统实现两个国家或地区之间的资金转换，最终完成交易。一般而言，跨境购物平台都支持多种支付方式。例如，速卖通卖家需要设置人民币收款账户和美元收款账户，买家可使用信用卡、T/T 汇款等形式支付；eBay 平台的收款方式以 PayPal 为主，分为电汇和支票两种提现方式；亚马逊的收款方式则有 P 卡、WF 卡、信用卡等方式。

（一）国际支付宝

国际支付宝是支付宝（中国）网络技术有限公司开发的国际支付商品，主要是为从事跨境交易的中国买家和中国卖家建立的一个资金账户管理系统。国际支付宝与国内支付宝的不同之处在于，国际支付宝账户是多币种账户，包括美元和人民币账户。国际支付宝的网址为 https://global.alipay.com，其首页如图 6-22 所示。

国际支付宝由阿里巴巴与支付宝联合开发，是为保护国际在线交易中买卖双方的交易安全所设的一种第三方支付担保服务。如果卖家已经拥有国内支付宝账户，只需在速卖通账户内绑定国内支付宝账户即可，无须再申请国际支付宝账户，卖家可登录“My Alibaba”后台（中国供应商会员）或“我的速卖通”后台（普通会员），绑定国内支付宝账号来收取货款。

图 6-22　国际支付宝首页

国际支付宝的服务模式与国内支付宝类似：交易过程中先由买家将货款打到国际支付宝的账户中，然后国际支付宝通知卖家发货，买家收到商品后确认收货，国际支付宝将货款打到卖家账户，至此完成一笔网络交易。

1．国际支付宝的优势

卖家在速卖通运营店铺时，使用国际支付宝有很多明显的优势。

1）支持多种支付方式

国际支付宝支持多种支付方式，目前国际支付宝支持的支付方式有信用卡、T/T 银行汇款等。

2）安全有保障

通过先收款，后发货的方式，国际支付宝可以全面保障卖家的交易安全。国际支付宝提供第三方支付担保服务，对于卖家而言，它的风控体系可以保护卖家在交易中免受信用卡被盗卡的风险，而且当且仅当国际支付宝收到了卖家的货款后，才会通知卖家发货，这样可以避免卖家在交易中遭遇交易欺诈。

3）方便快捷

使用国际支付宝可迅速完成线上支付，资金直接到账，卖家足不出户即可完成交易。使用国际支付宝收款无须预存任何款项，作为速卖通会员的卖家只需绑定国内支付宝账号和美元银行账户就可以分别进行人民币和美元的收款。

4）品牌优势

支付宝是蚂蚁金服旗下商品，是蚂蚁金服运营的全球领先的支付和生活方式平台。支付宝于 2004 年诞生，成立之初便致力于提供第三方担保交易服务，解决了中国电子商务早期买家和卖家间的信任问题，目前已和全球各国家和地区的本地钱包等战略合作伙伴一起，共同服务超过 10 亿的用户。国际支付宝由阿里巴巴和支付宝联合开发，拥有极大的品牌优势。

5）服务范围广

目前支付宝已经从一个支付工具成长为家喻户晓的一站式生活服务平台。除了线上支付，支付宝已经将其支付技术分享给全球数量众多的线下传统商业和公共服务机构。支付宝的跨境支付、境外扫码付等多项服务，已经覆盖全球超过 50 个国家和地区。支付宝的境外退税服务已经覆盖全球 35 个国家和地区。国际支付宝与超过 250 家金融机构和支付解决方案提供商合作为中国游客和在中国电商网站上购物的境外用户提供跨境支付服务。目前，国际支付宝支持 27 种不同货币。

2. 国际支付宝的相关服务

在国际支付宝首页下拉，出现如图 6-23 所示的页面，在这个页面中，显示了国际支付宝提供的相关服务店内付款（In-store Payment）、网上支付（Online Payment）、红包 QR 码（Red Packet QR Code）和解决方案（Solutions）。

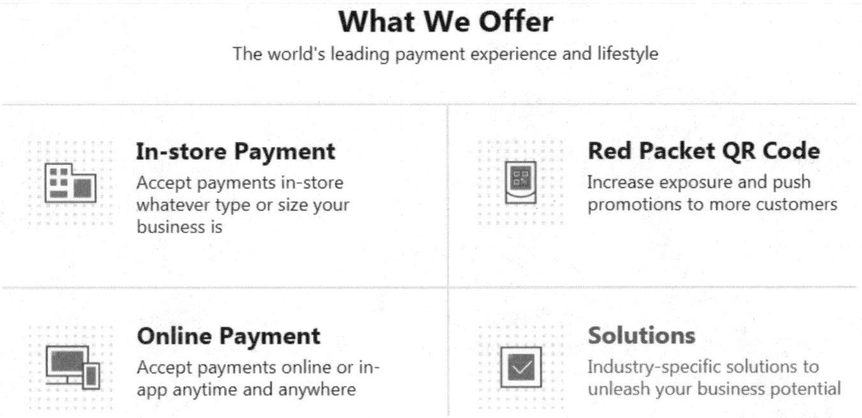
What We Offer
The world's leading payment experience and lifestyle
In-store Payment
Accept payments in-store whatever type or size your business is
Red Packet QR Code
Increase exposure and push promotions to more customers
Online Payment
Accept payments online or in-app anytime and anywhere
Solutions
Industry-specific solutions to unleash your business potential

图 6-23　国际支付宝的相关服务

1）网上支付服务介绍

在国际支付宝提供的 4 种服务中，与跨境业务相关的便是网上支付服务。在网上支付服务下，国际支付宝还提供网络支付（Web Payment）、应用内付款（In-app Payment）和手机网页支付（Wap Payment）3 种服务方式。

（1）网络支付

网络支付页面如图 6-24 所示，买家可使用国际支付宝在网页完成付款。首先买家在商家店铺支付时选择使用国际支付宝付款，然后扫描 QR 码，确认总金额，最后进行支付，完成付款后页面将跳转至商家的网站。

（2）应用内支付

应用内支付页面如图 6-25 所示。买家可以在应用程序内使用国际支付宝支付。首先买家在商家的应用程序中选择使用国际支付宝付款，然后确认总金额并进行支付，支付成功后页面将跳转回商家应用。

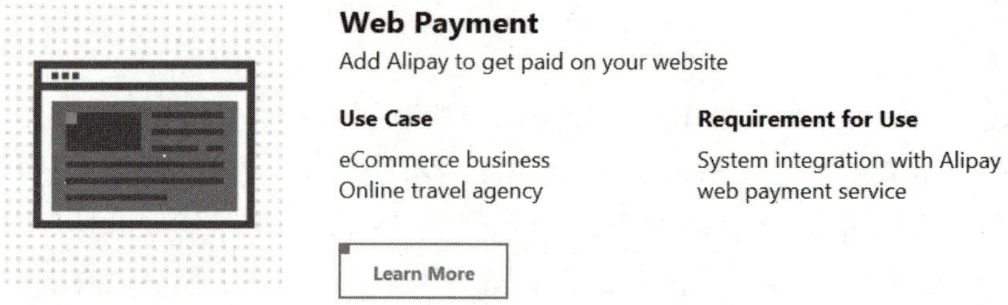

图 6-24　网络支付页面

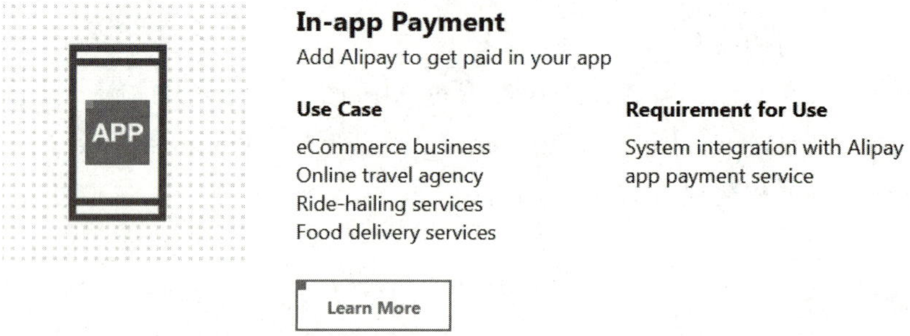

图 6-25　应用内支付页面

（3）手机网页支付

手机网页支付页面如图 6-26 所示，买家在商家移动网址上选择使用国际支付宝付款。买家确总金额认并进行付款，完成支付后页面将跳转回商家移动网址。

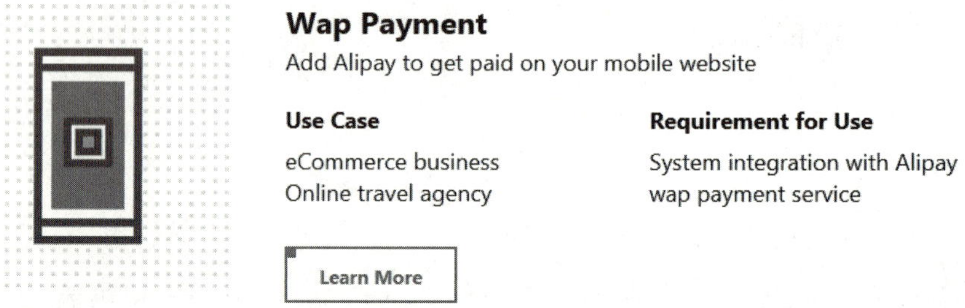

图 6-26　手机网页支付页面

2）网上支付运作说明

在网上支付类别下有网络支付、应用内支付和手机网页支付 3 种服务，现以应用内支付为例说明国际支付宝网上支付如何运作，整个运作流程如图 6-27 所示。

（1）买家在卖家提供的应用程序中签出并选择使用支付宝作为付款方式。

（2）卖家应用把交易请求发送给支付宝。

（3）支付宝接收到指令后将付款链接返回卖家应用程序。

（4）卖家应用程序接收付款链接并进行处理，然后调用支付宝应用程序。

（5）买家在支付宝应用程序中完成付款。

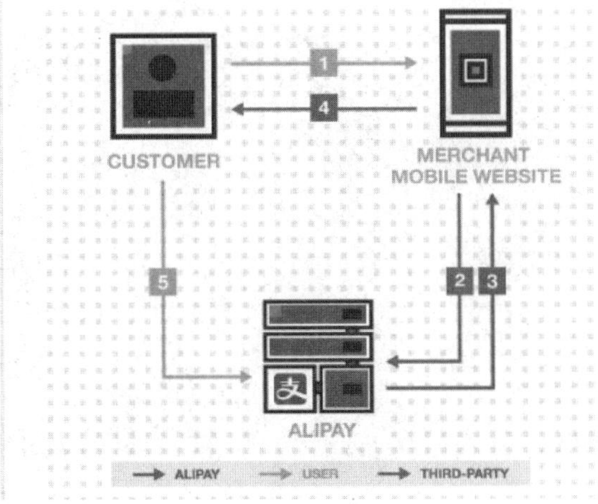

图 6-27　应用内支付运作方式

3）网上支付申请条件

（1）有真实有效的营业执照。

（2）具备用于实现支付宝的有效 URL。

（3）提供有关公司的基本信息，如行业、公司名称、注册国家或地区、地址、联系人和联系信息等。

（4）提供法定代表人和股东的身份证件。

（5）该业务类别必须遵守所有适用法律并符合支付宝的要求。

4）网上支付结算方式

国际支付宝网上支付服务接受的结算货币有美元、欧元、日元、英镑、加元、澳元、新元、瑞士法郎、瑞典克朗、丹麦克朗、挪威克朗、新西兰元、泰铢和港币，一般是按合同约定的结算方式进行结算。

（二）PayPal

PayPal 于 1998 年 12 月由 Peter Thiel 及 Max Levchin 建立，是一个总部位于美国加利福尼亚州圣何塞市的网上第三方支付服务商。PayPal 官网首页如图 6-28 所示。在“普惠金融服务大众”的企业理念的支持下，PayPal 致力于为个人及企业提供普惠金融服务，通过技术创新与战略合作相结合，资金管理和移动创造更好的方式，提供灵活的转账、付款或收款方式。PayPal 允许使用电子邮件来标识身份的用户之间转移资金，改进了传统的邮寄支票或汇款的方法。PayPal 也和一些电子商务网站进行业务合作，成为这些网站的付款方式之一。

1. PayPal 的优势

（1）PayPal 的支付范围覆盖了全球 200 多个国家或地区，可提供 20 多种语言服务，并接受 100 多种货币付款和 56 种货币提现。

（2）PayPal 对用户的信息严格保密，不与任何营销公司进行分享。

https://www.paypal.com/c2/webapps/mpp/home?locale.x=zh_c2
PayPal
个人买家
商家
合作伙伴
常见问题
登录
注册
安全购物
全天候欺诈检测技术;PayPal数百万店铺信用卡快速结账;照常赚取积分。
接受付款
行业领先的防欺诈保护机制;接受200多个国家或地区的信用卡、借记卡、银行账户和PayPal付款;资金即刻到账。
个人账户
商家账户

图 6-28　PayPal 官网首页

（3）PayPal 没有注册费或月费，卖家按交易额支付手续费。使用 PayPal 支付时，付款方不需要支付任何手续费。

（4）PayPal 支付的信息审核十分严格。

（5）PayPal 能即时兑换，款项到账速度快，收付款十分便捷。

2．PayPal 的商家服务

打开 PayPal 官网，在“商家”栏目下可以看到 PayPal 提供多种服务，包括电商平台收款、B2C 商家方案、网站收款、B2B 商家方案和无网站收款等，如图 6-29 所示。

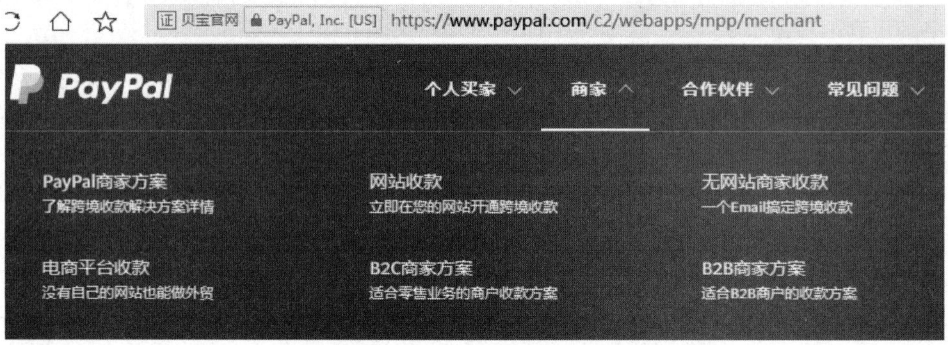
https://www.paypal.com/c2/webapps/mpp/merchant
PayPal
个人买家
商家
合作伙伴
常见问题
PayPal商家方案
了解跨境收款解决方案详情
网站收款
立即在您的网站开通跨境收款
无网站商家收款
一个Email搞定跨境收款
电商平台收款
没有自己的网站也能做外贸
B2C商家方案
适合零售业务的商户收款方案
B2B商家方案
适合B2B商户的收款方案

图 6-29　PayPal 的商家服务

1）PayPal 对 B2C 外贸生意提供的服务

PayPal 针对 B2C 外贸生意提供电子邮件收款、专业账单和个性化链接收款的服务，如图 6-30 所示。

商家使用电子邮件收款时可以向买家发送电子邮件收款请求，以方便买家付款。同时商家也可以使用 PayPal 提供的专业账单服务创建专业账单，向买家收款并跟踪付款情况。此外，PayPal 还提供个性化链接收款服务，在业务过程中，PayPal 为商家创建 PayPal.Me 链接，商家在与买家聊天时或在社交应用中分享该链接，使得收款更快捷。

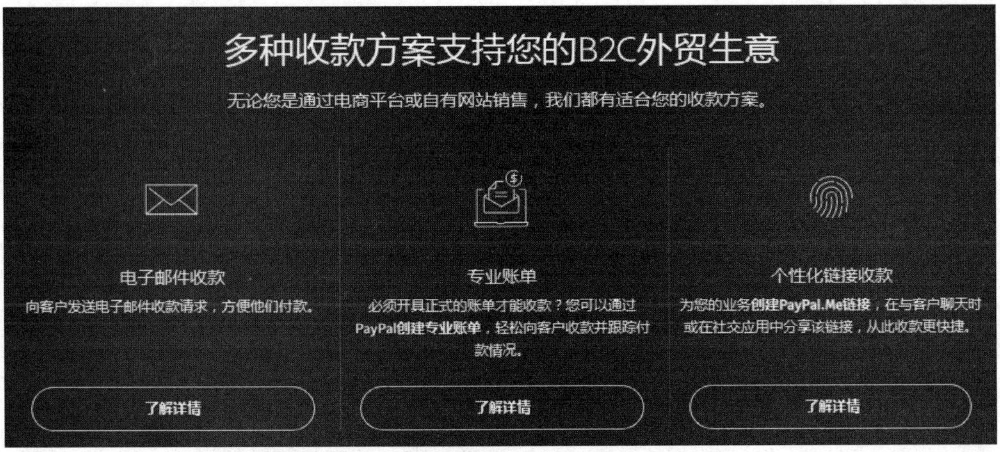
多种收款方案支持您的B2C外贸生意
无论您是通过电商平台或自有网站销售，我们都有适合您的收款方案。
电子邮件收款
向客户发送电子邮件收款请求，方便他们付款。
了解详情
专业账单
必须开具正式的账单才能收款？您可以通过PayPal创建专业账单，轻松向客户收款并跟踪付款情况。
了解详情
个性化链接收款
为您的业务创建PayPal.Me链接，在与客户聊天时或在社交应用中分享该链接，从此收款更快捷。
了解详情

图 6-30 PayPal 对 B2C 外贸生意提供的服务

2）PayPal 对 B2B 外贸生意提供的服务

PayPal 针对 B2B 的外贸生意提供电子邮件收款、个性化链接收款和 PayPal 按钮服务，如图 6-31 所示。

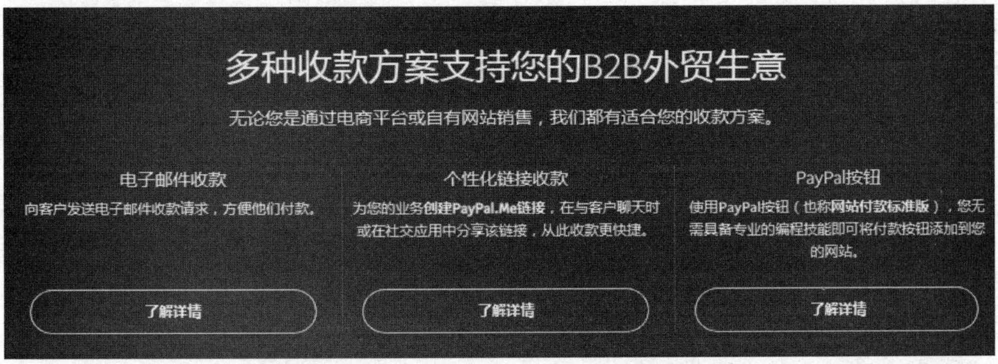
多种收款方案支持您的B2B外贸生意
无论您是通过电商平台或自有网站销售，我们都有适合您的收款方案。
电子邮件收款
向客户发送电子邮件收款请求，方便他们付款。
了解详情
个性化链接收款
为您的业务创建PayPal.Me链接，在与客户聊天时或在社交应用中分享该链接，从此收款更快捷。
了解详情
PayPal按钮
使用PayPal按钮（也称网站付款标准版），您无需具备专业的编程技能即可将付款按钮添加到您的网站。
了解详情

图 6-31 PayPal 对 B2B 外贸生意提供的服务

商家使用电子邮件收款时可以向买家发送电子邮件收款请求，以方便买家付款。商家也可以使用 PayPal 提供的个性化链接收款服务，在商家在和买家聊天沟通时，可以发出此链接，同时也可以在社交媒体软件中发出链接。商家还可以在把 PayPal 放在页面中，使得买家付款更方便快捷。

3. PayPal 的使用费用

商家在使用 PayPal 时，会产生一定的费用。网站收款、电子邮件收款和账单收款的标准如图 6-32 所示。如果商家每个月的月度销售额达到 3 000 美元及以上同时保持良好的账号记录，就可申请优惠商家费率。

PayPal 除了收款时收取费用，还会在商家提现时扣除一笔手续费，扣除的标准如图 6-33 所示。

标准及优惠费率比较 | 货币兑换费 | 提现手续费

如果您的月度销售额达到3 000美元及以上，并且保持良好的账户记录，可以**申请优惠商家费率**。
只需申请一次，日后便会根据您的收款额每月自动调整适用费率，并于次月生效。

网站收款、电子邮件收款和账单收款*

	月销售额（美元）	费率
标准费率	3 000及以下	4.4% + 0.30 美元**
优惠费率	3 000～10,000	3.9% + 0.30 美元**
	10 000～100 000	3.7% + 0.30 美元**
	100 000以上	3.4% + 0.30 美元**

*eBay收款适用费率与表中所列相同。
** 固定费用：使用美元收款时，固定费用为0.30美元。使用其他币种收款时，可在此查看其他币种固定费用。

图 6-32　PayPal 网站收款 、电子邮件收款和账单收款的标准

标准及优惠费率比较 | 货币兑换费 | 提现手续费

您可以方便地提现到中国的银行账户或选择其他提现选项。我们可能会从您的提现金额中扣除一笔手续费。

提现方式	出款币种	手续费
电汇至中国大陆地区的银行账户	美元	每笔35美元
提现至中国香港地区的银行账户	港币	提现1,000港币及以上，免费 提现1,000港币以下，每笔3.50港币
提现至美国的银行账户	美元	每笔35美元
通过支票提现	美元	每笔5美元

图 6-33　PayPal 提现手续费扣除标准

（三）PingPong

杭州呼嘭智能技术有限公司（简称 PingPong）是于 2015 年创立的一家全球收款公司，总部位于中国杭州。这是一家致力于为中国跨境电商卖家提供低成本的境外收款服务的公司。PingPong 为中国跨境卖家提供一站式金融服务，支持亚马逊北美站、日本站、欧洲站，Wish 及 Newegg 等多个平台，PingPong 在美国、欧洲、日本、中国香港等业务区均持有支付牌照，是少数有能力开展多区域支付业务的中资企业。

1．PingPong 商品介绍

（1）跨境收款：PingPong 的跨境收款业务一出现便使得行业常见收款费率从 3%～5% 下降至 1%，令广大中国卖家深受其惠。PingPong 跨境收款最快 5 分钟即可提现到账，并且为卖家提供更多本地化的增值服务和多币种收款服务，目前支持的币种有美元、英镑、欧元、日元、澳元、加元等。

（2）光年："光年"是 PingPong 为跨境卖家量身定制的超前收款商品，包括"加速赚"

和“指日达”子商品。“加速赚”是指亚马逊一出账即可立即提现到账；“指日达”是指亚马逊、Wish平台一出单即可提现到账。

（3）福贸：福贸是PingPong为合作伙伴提供的一站式出口报关退税商品，旨在促进用户外贸流程合规化的同时，享受到国家或地区政策的支持。使用福贸商品，出口退税在1～3个工作日即可到账，卖家净利润有机会再增3%～7%。

（4）VAT服务：收款至PingPong账户后，用PingPong店铺同币种余额直接缴纳VAT，即可直达欧洲7国税务局，节省额外的提现和汇款成本。

（5）跨境收单：使用跨境收单，卖家可以用1个账户便捷管理所有独立站的收单，用1个API，实现50多个币种的交易，收单更加快速高效。

2. 注册PingPong账号需要准备的材料

1）中国内地个人用户注册PingPong账号需要准备的材料

（1）手机号码、电子邮箱。

（2）身份证正反面彩色影印件、本人手持身份证照片。

（3）本人银行储蓄卡。

2）中国内地企业用户注册PingPong账号需要准备的材料

（1）手机号码、电子邮箱。

（2）企业最新营业执照。

（3）法定代表人身份证彩色影印件。

（4）经合规部门审核之后需要提交的股东证件或股权架构图（如适用）。

（5）企业章程（欧洲站适用）。

（6）企业对公银行账户（注意：企业对公账户收人民币需要到外汇管理局做收付汇名录登记，收原币种需要具备进出口资质）。

3）中国香港个人用户注册PingPong账号需要准备的材料

（1）手机号码、电子邮箱。

（2）身份证件正面彩色影印件（支持护照或中国香港永久居民身份证）、用户手持证件照片，若香港人常住地址在内地，需提供港澳居民往来内地通行证。

（3）本人香港银行储蓄卡。

4）中国香港企业用户注册PingPong账号需要准备的材料

（1）手机号码、电子邮箱。

（2）商业登记证（HK Business Registration Ordinance）。

（3）企业注册证书（Certificate of Incorporation）。

（4）NAR最新版、NC1、NNC1、D1+MA，以上4种文件提供一种即可。

（5）董事证件。

（6）经合规部门审核后需提交的股东证件（如适用）。

（7）企业章程（欧洲站适用）。

（8）企业对公账户。

3. PingPong 注册企业账户和个人账户的区别

在 PingPong 上注册企业账户与个人账户的区别主要是支持提现账户不同。个人账户仅支持提现至本人名下账户，企业仅支持提现至公司对公账户。

中国内地个人注册账户仅支持提现人民币至本人名下内地账户（或者提现原币种至本人香港账户）。中国香港个人注册账户仅支持提现原币种至本人名下香港账户。中国内地企业注册账户支持提现人民币（需做收付汇名录登记）及原币种（具备进出口资质）至企业对公账户。中国香港企业注册账户仅支持提现原币种至企业对公账户。

（四）其他支付方式

在跨境交易中，除了国际支付宝 PayPal 和 PingPong，还有其他支付方式，如信用卡支付、T/T 银行汇款、西联汇款（Western Union）支付、Moneybookers 支付和借记卡支付等。

信用卡支付即跨境买家可以使用 VISA 卡或 MasterCard 完成交易订单支付。如果买家使用此方式进行订单支付，平台会将订单款项按照买家付款当天的汇率结算成人民币支付给卖家，如果买家使用 T/T 银行汇款或西联汇款，就会产生一定的汇款的转账手续费，银行提现时也收取一定的费用。Moneybookers 是欧洲的一家电子钱包公司，集成了多种支付方式，欧洲主流使用 Moneybookers 支付。此外，跨境买家在购买时还可以使用借记卡支付，使用借记卡支付时，只能使用账户中的余额进行支付。

二、主流跨境平台的收款方式

（一）亚马逊的收款方式

1. P 卡

P 卡俗称 P 卡，目前是亚马逊收款类官方唯一的合作伙伴，有美元、欧元和英镑三种币种的账户，所有币种均支持多平台店铺，个人和企业身份均可申请。另外，P 卡现在分有卡和无卡账户 2 种，有卡账户收取管理费每年 29.95 美元，无卡账户则不需要收取管理费。P 卡转账无汇损，提现到国内需要 1～2 个工作日，结汇无限制。

P 卡的收费标准分为入账和提现两部分。美元入账收 1%手续费，累积入账 20 万美元则免入账费，欧元和英镑入账无须手续费。

P 卡提现时人民币结汇和外币电汇收取 1%～2%手续费，1～2 天到账。新用户提现费为 2%，提现费随着累计入账的金额增加而逐渐减少，最低可降到 1%（累计入账 300 万美元）。

2. WF 卡

WF 卡也就是 Worldfirst 账户，Worldfirst 是一家注册于英国的顶级国际汇款公司，提供 24 小时中文电话服务。个人或企业身份均可申请 Worldfirst 账户。提现时 WF 卡会将款项自行打到卖家绑定的法人代表私人账户或对公银行卡里。

3．美国银行卡

亚马逊支持申请美国银行卡收款。卖家需要先注册美国公司，国际转款手续费是 45 美元，但是收款金额过大时，有可能面临美国银行机构的监管。

4．Currencie Direct

Currencie Direct 俗称 CD 卡，是欧洲顶级金融管理集团 AZIBO 旗下的一家货币兑换公司，现有英镑、欧元和美元银行账户，个人和企业身份均可申请。如果账户长时间没有使用，或者没有达到指定的交易金额，则需要上交额外费用。

CD 卡账户办理完成后无须缴纳月费和年费。提款无额度限制，卖家可在后台绑定国内银行卡进行提款。

（二）速卖通的收款方式

在速卖通，卖家需要设置两个收款账户，即人民币收款账户和美元收款账户。

买家通过信用卡支付时，根据支付渠道的不同，款项会以美元或人民币的形式进入卖家的国际支付宝账户，然后分别以美元和人民币提现。

买家通过 T/T 银行汇款支付时，款项将以美元的形式放款到卖家的国际支付宝账户。也就是说，买家采用不同的支付方式，货款将打入卖家不同的收款账户。

速卖通绑定支付宝和银行卡就可以提现。提现人民币到支付宝是不收手续费的，但如果提现美元是要收取 15 美元手续费的，绑定的银行卡须是可以支持提现美元的账号。

（三）敦煌网的收款方式

敦煌网的收款只需绑定一张银行卡就可以了。卖家可根据自身经营的需要设置人民币银行账户和美元银行账户，或者只设置其中一个币种的账户。敦煌网要求卖家在设置人民币账户时，输入的银行账号必须与平台身份认证的姓名一致。部分姓名中包含繁体字的卖家，需要跟开户银行确认户名并在填写时保持一致。因为大部分银行系统是不支持户名为繁体字的，所以如果平台的身份认证姓名为繁体字，而银行为简体字，也会导致卖家提现时出现“户名与账号不符”的问题，导致提现失败。

三、跨境交易纠纷与处理

在跨境交易中，买卖双方之间难免会因各种原因出现纠纷。如果卖家希望避免纠纷，一般需要在详情页进行详细说明，把买家须知都写出来。但如果发生了纠纷，就需要积极联系买家，与买家进行协商确认，了解买家提起纠纷的原因。了解到买家提起纠纷的原因后，要积极主动地去解决问题或联系平台进行解决。如果买卖双方无法协调一致，那么可以升级至平台，平台会介入处理双方的交易纠纷。

（一）因商品质量问题产生的纠纷

一般情况下，跨境交易产生纠纷的原因主要有运输时间问题和商品质量问题。因商品质量问题产生的纠纷通常为买家收到商品但是认为商品未达到自己期望，或者收到的实际商品与卖家宣传图片不符合，或者商品本身的质量存在问题，买家要求卖家赔偿或退货。

纠纷原因：客观商品质量问题

举例：一美国买家收到自己订购的衣服后发现衣服面料有严重抽丝问题，买家拍了商品照片并要求退款。

这类纠纷证据确凿，卖家需要向对方道歉再协商退款金额。如果双方就退款金额能达成一致，那么卖家把商定的退款金额退回买家。如果双方就退款金额不能达成一致，则提交平台进行仲裁。

纠纷原因：商品破损

举例：一美国买家收到自己在速卖通网站上购买的咖啡杯，却发现杯子破损且发来拆包照片。

这种情况需要具体分析。如果卖家在寄出时是完好的，则可与国际物流公司商谈赔偿事宜。但卖家仍需要向买家诚恳地道歉。卖家可以根据自己的商品成本给买家退款或重新给买家发货。

（二）因买家未收到货引起的纠纷

这种情况一般是买家认为运输时间超过承诺的运达时间，故要求求退款，但商品依然在运输途中。

在处理物流纠纷之前，首先需要对订单时间进行分析。如果确实超出承诺的运达时间，那么可以与买家协商，看其是否愿意再等待一段时间如果买家接受则纠纷解决，如果买家不接受，可提出让买家继续等待，收到货后进行部分退款，看买家是否同意。如果物流时间未超出承诺的运达时间，那么就可以拒绝此类纠纷。

（三）速卖通纠纷条款

（1）卖家发货并填写发货通知后，买家如果没有收到商品或对收到的商品不满意，最早可以在卖家全部发货 10 天后申请退款（若卖家设置的限时达时间小于 10 天，或者是俄罗斯精品馆订单、本地仓服务订单，则买家最早可以在卖家全部发货后申请退款），买家提交退款申请时会在系统中生成争议流程。

（2）如卖家不同意买家提出的纠纷诉求，则应在买家提起纠纷之日起 7 个自然日内与买家进行自主协商；协商后仍无法解决的，纠纷将在达到上述期限后提交至平台进行仲裁。

（3）对于升级至平台，但被平台依照本规则判定不属于售后宝或无忧物流服务订单的纠纷，买卖双方应在平台做出上述判定之日起接受仲裁。

（4）为提高买家的购物体验和对平台及卖家的信心，平台鼓励卖家积极与买家协商。若出现协商不一致的情况，平台有权主动介入给出建议方案解决。但该等情形下，平台介入不影响买卖家平等协商。

（5）如买卖双方达成退款协议且买家同意退货的，买家应在达成退款协议后 10 天内完成退货发货并填写发货通知，速卖通将按以下情形处理。

> 买家未在 10 天内填写发货通知，则结束退款流程并交易完成；
> 买家在 10 天内填写发货通知且卖家 30 天内确认收货，则根据退款协议执行；
> 买家在 10 天内填写发货通知，30 天内卖家未确认收货且未提出纠纷的，则根据退款协议执行；
> 在买家退货并填写退货信息后的 30 天内，若卖家未收到退货或收到的商品货不对版，卖家也可以提交到速卖通进行纠纷裁决。

（6）部分纠纷在买家提出后，会依照本规则或其他约定由平台先行介入；如平台判定需要卖家承担责任，则卖家应在平台判责后按判定执行处理结果。该等纠纷包括但不限于：

① 享受售后宝服务的订单纠纷；

② 使用无忧物流、符合相关标准，由物流方代为处理的纠纷；

③ 其他依约由平台先行介入的纠纷类型。

案例解析

在进行跨境电商交易时，及时设置好平台的收款方式是非常重要的。目前主流跨境电商支付方式较多，不同的平台也有各自偏好的支付方式。对于买家而言，便捷安全的支付方式能带来较好的购物体验。对于卖家而言，要选择合适的收款方式让跨境交易收款产生的各项成本费用降低，提升利润率。因此学习设置收款账户是非常重要的。

一、设置支付宝收款账户

（1）打开速卖通后台，点击“交易”。在交易页面中下拉，左侧列表会出现“资金账户管理”栏目，如图 6-34 所示。点击其中的“支付宝国际账户”，可以对其进行设置。

图 6-34　速卖通后台“资金账户管理”页面

（2）点击“支付宝国际账户”，出现页面如图 6-35 所示。

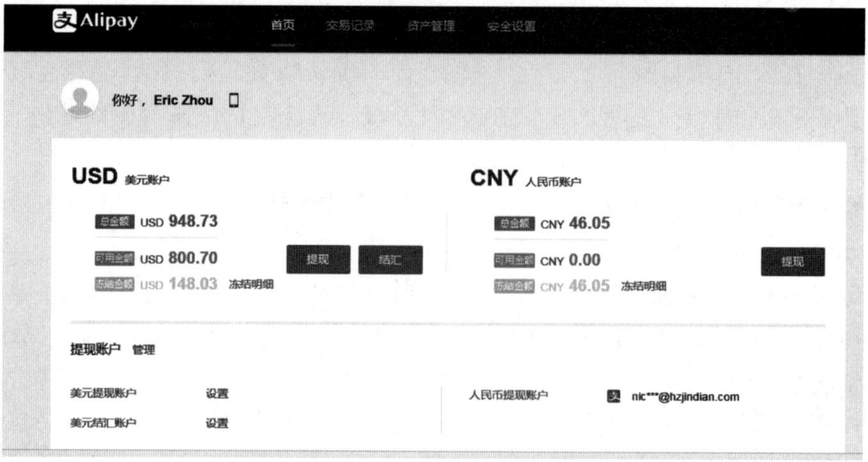

图 6-35　国际支付宝账户设置首页

（3）对国际支付宝提现账户进行设置，如图 6-36 所示，在对应的栏目中填写相关信息即可。

图 6-36　国际支付宝提现账户设置界面

（4）启动 PayPal 账户。打开“启用 PayPal 账户”，在跳出的页面中填写账户基本信息，如图 6-37 所示。

（5）填写完 PayPal 账户基本信息后，再填写 PayPal 账户企业信息，如图 6-38 所示。

（6）信息填写完毕后，点击“提交”即可。

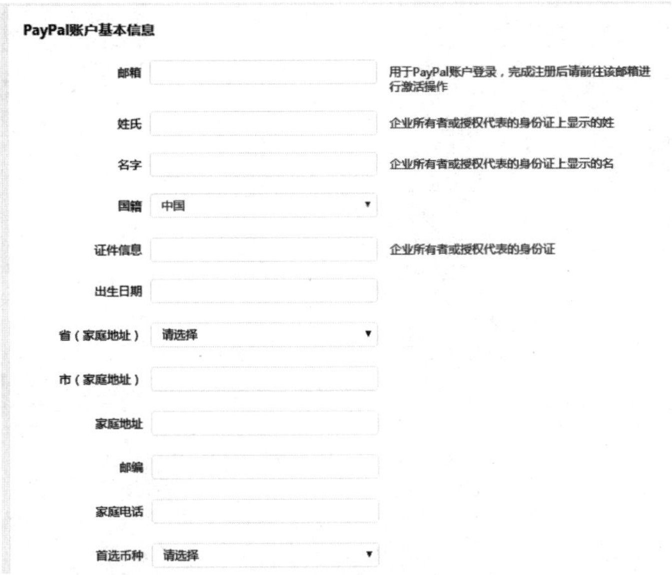

图 6-37　PayPal 账户基本信息填写页面

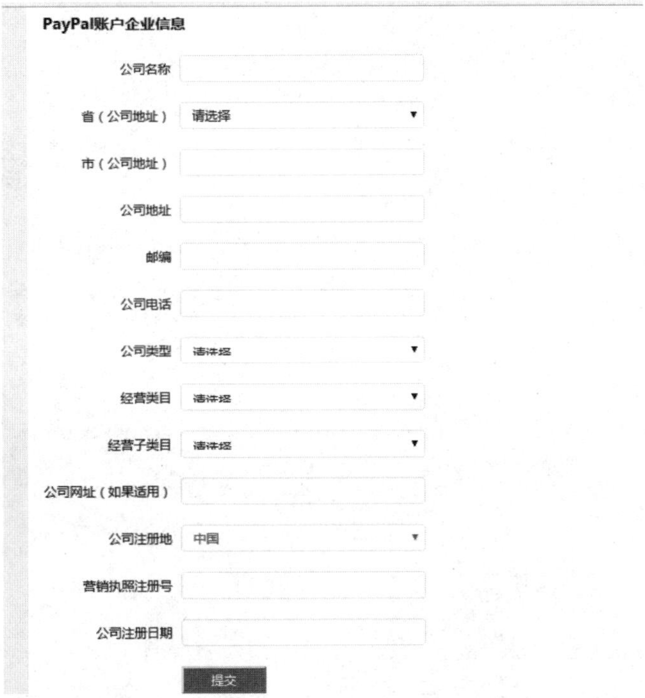

图 6-38　PayPal 账户企业信息填写页面

二、买家如何使用 PayPal

1．注册 PayPal 账号

买家可在 PayPal 官网注册一个账户，按要求填写姓名、邮件地址、输入密码，如图 6-39 所示，点击“Create Account”进行下一步。个人注册账号是完全免费的。

2．关联银行卡或银行账户

个人银行账户只需关联一次即可，在图 6-40 中输入银行卡号或账号、有效日期和验证码。

图 6-39　填写 PayPal 账户注册信息

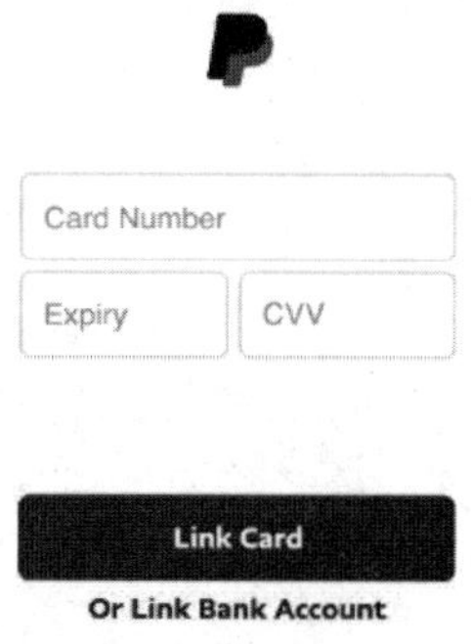

图 6-40　关联银行账户页面

3．使用 PayPal 支付

完成账号注册及银行卡绑定后，就可以使用 PayPal 进行支付。选中自己喜欢的物品，在线提交订单，选择 PayPal 支付方式完成支付，一般带有 PayPal 标识的商品即可使用 PayPal 进行支付。操作界面如图 6-41 所示。

4．收到电子邮件收据

买家完成支付以后，会收到 PayPal 发送的关于订购的信息，卖家会根据买家的购买情况执行订单，如图 6-42 所示。

图 6-41　使用 PayPal 支付操作界面

图 6-42　电子邮件收据

习题演练

一、简答题

1．越来越多的跨境 B2C 平台开始关注买家的反馈和购买体验，这是为什么？

2. 从上述案例中，我们可以总结出什么经验？

二、案例分析题

杭州万向进出口有限公司在速卖通上开设了一家店铺，主营商品为女包及女式钱包。2018 年 11 月中旬，团队在经营的速卖通中开展了一次营销活动。在营销活动尚未结束的情况下，该团队发放了 50 张 10 美元的优惠券。第二天，该团队发现共计收到 60 个订单，但其中 50 个订单金额都只有零点几美元。这个结果显然不正常。经过团队分析，发现优惠券是针对几十美元的包设置的。但是定价在十几美元的钱包也可以把折扣和优惠券同时使用，这就造成十几美元的钱包在打完折后不足 1 美元了。作为买家，当然不会放过这个机会。于是造成了这 50 个订单。

对团队来说，如果发货，则面临亏损。但是经过商议后，团队仍决定接受订单并安排发货，由公司承担损失。最后，店铺也得到了买家的一致好评。其中有一位买家留言称："你们这次活动一定有很大的损失，但是你们真实发货了，你们是诚实的卖家。"

通过这次"失败"的促销活动，团队也得到了意想不到的收获，即建立了自己的口碑和影响力。

请谈谈你对这件事情的看法。

实践操作

实践任务一

有一位法国买家在店铺拍了一件衣服，但是没有付款，小张看到此订单后查看了买家的信息，发现这位买家无不良购买记录，且是自己店铺的新买家，于是她打算写一封站内信给买家，提醒他及时付款，邮件主要内容包括感谢买家订购此商品，以及由于该买家第一次在自己店内订购商品，故给他优惠价打 9.5 折，有效期 2 天。请你根据以上要点用英语给买家写一封站内信。

实践任务二

有一位美国买家在店铺订购了一件上衣，但买家以实物与图片不符为由要求退货退款。鉴于退货会产生高额运费，小张决定给予买家一定的折扣处理该纠纷，该笔订单的金额如下图所示，小张决定给买家以 8 折的优惠价格同时希望买家给予好评。请你根据以上内容，给买家写一回信表明自己的处理意见。

产品	订单状态	操作
订单号：86186579496789 订单时间 2017-09-01 12:22	Ewelina Warchol Offline 纠纷开始时间 2017-10-25 10:35	金额总计 US $ 29.98 (EUR € 25,56)

图 6-43 订单详情

参考文献

[1] 刘伟，武长虹. 跨境电商综试区战略[M]. 杭州：浙江大学出版社，2019.

[2] 韩玲冰，胡一波. 跨境电商物流[M]. 北京：人民邮电出版社，2018.

[3] 史先贺. 亚马逊跨境电商运营手册[M]. 北京：电子工业出版社，2020.

[4] 钟佩滢，童阳帆，檀铭芳. 东南亚、印度跨境电商新平台开拓指南[M]. 北京：中国海关出版社有限公司，2019.

[5] 许辉，张军. 跨境电子商务实务[M]. 北京：北京理工大学出版社，2019.

[6] 柯丽敏，林洁. 跨境电商速卖通立体化实战教程[M]. 杭州：浙江大学出版社，2020.

[7] 居上游，孙从众. 跨境电商理论与实务[M]. 北京：电子工业出版社，2019.

[8] 钟佩滢，童阳帆，檀铭芳. 中东跨境电商新平台开拓指南[M]. 北京：中国海关出版社，2019.

[9] 钟佩滢，童阳帆，檀铭芳. 拉美、非洲跨境电商新平台开拓指南[M]. 北京：中国海关出版社有限公司，2019.

[10] 段建. 跨境电子商务综合实训[M]. 北京：电子工业出版社，2019.

[11] 朱桥艳，赵静，钟飞燕，杨滨，钟祥荣. 跨境电商操作实务[M]. 北京：人民邮电出版社，2018.

[12] 罗俊，黄毅，夏凌霜，朱秀敏，韦世雷，邹其君，仝玺. 跨境买家关系管理[M]. 北京：电子工业出版社，2018.

[13] 纵雨果. 亚马逊跨境电商运营从入门到精通[M]. 北京：电子工业出版社，2018.